一流大学研究文库
WCU SERIES

世界一流大学
基本功能与特殊使命

World-Class Universities

Basic Functions and Unique Mission

田 琳 刘念才 著

上海交通大学出版社
SHANGHAI JIAO TONG UNIVERSITY PRESS

内容提要

本书聚焦于世界一流大学功能,通过对世界一流大学官方文件进行分析、对世界各地的大学管理者以及学者和专家进行访谈、对百名世界一流大学领导开展问卷调查,首次提出了世界一流大学的特有功能/特殊使命——全球化使命(GLOBALIZING),系统揭示了世界一流大学与一般研究型大学在人才培养、科学研究和社会服务三大基本功能上的差异,探索了不同国家和地区世界一流大学在发挥功能上的差异及相关的影响因素,同时也对世界一流大学功能的未来变化进行了预测。本书力图丰富人们对世界一流大学功能及其内涵的理性认识并为世界各国建设世界一流大学提供启示。

本书主要面向高等教育领域的管理者、专业教师、科研人员、研究生以及对世界一流大学问题感兴趣的广大读者。

图书在版编目(CIP)数据

世界一流大学：基本功能与特殊使命 / 田琳,刘念才著. —上海：上海交通大学出版社,2022.01
(一流大学研究文库)
ISBN 978 - 7 - 313 - 25806 - 9

Ⅰ.①世… Ⅱ.①田… ②刘… Ⅲ.①高等学校-研究-世界 Ⅳ.①G649.1

中国版本图书馆 CIP 数据核字(2021)第 249197 号

世界一流大学：基本功能与特殊使命

SHIJIE YILIU DAXUE: JIBEN GONGNENG YU TESHU SHIMING

著 者：田 琳 刘念才			
出版发行：上海交通大学出版社		地 址：上海市番禺路 951 号
邮政编码：200030		电 话：021 - 64071208
印 制：常熟市文化印刷有限公司		经 销：全国新华书店
开 本：710 mm×1000 mm 1/16		印 张：17.75
字 数：290 千字		
版 次：2022 年 1 月第 1 版		印 次：2022 年 1 月第 1 次印刷
书 号：ISBN 978 - 7 - 313 - 25806 - 9		
定 价：78.00 元		

前　言

　　世界一流大学（World-Class Universities，WCUs）也被称为全球研究型大学（Global Research Universities），这些大学有公认的、区别于其他（研究型）大学的主要特征，包括：① 人才汇聚；② 资源丰富；③ 全球参与；④ 国际声誉；⑤ 良好治理。随着时代的发展，世界一流大学在提升国家软实力、增强国家国际竞争力上发挥着越来越重要的作用。学界对世界一流大学的关注只增不减，但似乎没有从对比分析和国际比较视角出发，通过实证研究方法，系统、全面地探索世界一流大学的功能。

　　本书以结构功能主义为指导，通过文献资料法、访谈法和问卷法系统探索了世界一流大学的功能。具体而言，本书对比分析了 43 所世界一流大学和 40 所一般研究型大学四类官方文件的文本（校长寄语、使命宣言、愿景描述、战略规划）；在此基础上，深入访谈了 74 位来自不同国家和地区的校领导、学者和专家；并向世界一流大学校领导和国际（学术）专家发放了网络问卷（N＝118）以对上述质性结果进行验证。

　　本书是在博士论文基础上完善而成，共分为八章。

　　第一章为绪论，主要介绍了本研究的研究背景与意义、概念界定、理论基础、研究问题和分析框架等内容。

　　第二章为文献综述，首先梳理了大学功能的历史演变，然后厘清了现代大学功能的内涵、发展及具体表现，接着阐述了世界一流大学的功能和使命，最后归纳了大学功能的（未来）变化及其影响因素。

　　第三章为研究方法，首先概述了本研究所采用的研究方法并阐明了具体的研究思路和步骤，然后详细介绍了每种方法的数据收集和分析过程。

第四章至第七章每一章对应一个具体的研究问题：

第四章主要讨论了世界一流大学与一般研究型大学在三大基本功能（人才培养、科学研究和社会服务）上的差异。

第五章对世界一流大学的特有功能/特殊使命进行了深入分析和讨论。

第六章首先讨论了世界一流大学在发挥各项功能上的差异，重点关注中国、美国和欧洲一流大学；然后详细分析了造成以上差异的因素。

第七章首先讨论了世界一流大学功能在未来可能发生的变化，然后分析了影响世界一流大学功能未来变化的各项因素。

第八章为研究的主要结论与展望，总结了本研究的主要结论，同时指出了研究中存在的不足并阐述了后续的研究展望。

总的来说，对世界一流大学的功能进行全面、系统的探索，有助于丰富人们对世界一流大学功能及其内涵的理性认识，充实高等教育理论；同时，着眼"全球化""国际化""知识经济""科技化和智能化"等诸多时代特征，了解世界一流大学如何在不断变化的时代背景下发挥作用，这既能为世界各国建设世界一流大学提供指导，又能为我国的"双一流"建设提供启示；在此背景下，展望世界一流大学功能的未来变化，有助于人们更好地把握世界一流大学和高等教育未来的发展路径。

本书的创新性主要体现在研究内容上。首先，本书基于结构功能主义，采用混合研究法，探索了世界一流大学特有的、区别于一般研究型大学的特有功能/特殊使命，总结了世界一流大学特有功能/特殊使命的两种表现形式和四个本质特征。本研究的结论有助于人们了解世界一流大学作为一个整体或集体所具备的区别于其他高等教育机构的功能/使命，有助于从功能视角合理定位一所大学是否属于"世界一流"。其次，本研究系统论述并深入分析了世界一流大学与一般研究型大学在三大基本功能上的差异。本书研究表明，功能与结构之间存在着互动关系，虽然本书的主要关注点是世界一流大学的功能，但仍从内部结构和外部环境两个方面探讨了影响世界一流大学功能的因素，是较为系统、全面的有关世界一流大学功能的研究。

田琳　刘念才
2021 年 5 月

目　录

图　录

表　录

第一章

绪　论

第一节　研究背景与意义

一、研究背景

1. 世界一流大学在全球范围内备受瞩目

近二十年来,"世界一流大学"成为热门词汇,这些大学常被认为是全球范围内顶尖的研究型大学,汇聚了优秀的人才、丰富的资源,并拥有良好的管理模式,这同时也反映了世界一流大学在学术领域的声誉和优势。[①] 随着时代的发展,世界一流大学在提升国家软实力、增强国家国际竞争力上发挥着日益重要的作用。

学者们对世界一流大学进行了广泛且深入的讨论,主要包括世界一流大学的定义与特征、世界一流大学的发展历程、世界一流大学在不同国家的建设方案等。[②] 与此同时,世界各国开始了建设世界一流大学的进程,例如韩国的"智力韩国 21 工程"(Brain Korea 21)(1996 年)、日本的"21 世纪与全球 COE 计划"(21st Century and Global COE Program)(2002 年)、德国的"卓越计划"(Exzellenzinitiative)(2004 年)、英国的"科研卓越框架"(Research Excellence Framework,简称 REF)(2014 年)和中国的世界一流大学和一流学科(简称"双一流")建设项目(2015 年)等。以上举措的共性在于把建设世界一流大学作为

[①] SALMI J. The road to academic excellence:Lessons of experience[M]//ALTBACH P, SALMI J. The road to academic excellence:The making of world-class research universities. Washington, D. C.:World Bank Publications,2011:323 - 347.

[②] WANG Q, CHENG Y, LIU N C. Building world-class universities:Different approaches to a shared goal[M]. Rotterdam:Brill Sense Publishers,2013:1 - 12.

发展目标,在不同程度上倡导和推行追赶计划,抢占科学和技术进步的制高点,以谋求经济和社会的进步与发展;与此同时,各国政府增加了对大学的投入,建立卓越研究中心,改善科研环境,培养创新型人才,从而提升本国高等教育的全球竞争力。

由此可见,无论是在学术讨论中还是在实践中,世界一流大学都备受关注。当然,这与世界一流大学所发挥的积极作用密不可分。世界一流大学能将其卓越的学术成就转化为现实影响已成为共识,这种影响不仅存在于学术层面,也涉及政治、经济、文化和社会发展等多个方面。但需要注意的是,有关世界一流大学"学术成就"的讨论更多集中于其科研成果之上,也就是说,人们普遍认为世界一流大学的社会贡献与其科学研究密切相关。

2. 缺乏对世界一流大学功能的系统性认识

事实上,世界一流大学常被视为国内和国际顶尖的研究中心,这些大学聚焦富有挑战性的研究课题并产出高质量的科研成果,从而推动社会的发展与进步。[①] 因此,试图建设世界一流大学的国家通常会集中资源优先考虑提升大学的科研能力,且人们普遍认为增加科研成果的产出可以相应提高大学在国际排名中的位次。[②③] 在此背景下,有关建设和发展世界一流大学的文献常侧重于大学的科研能力和成果。[④] 但是,从世界高等教育发展史看,世界一流大学对世界高等教育的影响不仅是在科研方面,更能体现其引领世界潮流的往往是"教育思想的引领和与之相应的教育制度创新"。[⑤] 并且,在其发展过程中,世界一流大学一直在努力回应其他要求,如提供高质量的教育和社会服务等。[⑥] 因此,世界一流大学之"一流"并非只体现在其科研水平上,先进的教育理念、创新性的人才

---

① LEE J. Creating world-class universities：Implications for developing countries[J]. Prospects, 2013, 43(2)：233-249.

② LEE J. Creating world-class universities：Implications for developing countries[J]. Prospects, 2013, 43(2)：233-249.

③ MARLIN C. World-class research performance through research focus and the strategic use of research resources[M]//LIU N C, WANG Q, CHENG Y. Paths to a world-class university：Lessons from practices and experiences. Rotterdam：Sense Publishers, 2011：195-203.

④ PALFREYMAN D, TAPPER T. What is an elite or leading global university？[M]//PALFREYMAN D, TAPPER T. Structuring mass higher education：The role of elite institutions. New York：Routledge, 2009：203-218.

⑤ 邬大光.大学人才培养须走出自己的路[N].光明日报,2018-06-19(13).

⑥ LEE J. Creating world-class universities：Implications for developing countries[J]. Prospects, 2013, 43(2)：233-249.

培养模式、广泛的社会参与和国际合作也是世界一流大学区别于其他一般研究型大学的特征。这或许从侧面反映了一个问题：人们由于过度强调世界一流大学的科学研究功能而忽视了世界一流大学在其他方面的重要贡献。原因在于大多数人对世界一流大学的认识并不清晰，也未必了解世界一流大学如何利用其特点发挥功能。与此同时，大学功能虽是一个被广泛讨论的主题，但专注于世界一流大学功能的系统性研究尚不多见。虽然已有研究在讨论世界一流大学的建设及其社会贡献时部分涉及了世界一流大学的功能，也有部分研究专注于世界一流大学的某项具体功能（如人才培养功能），但这对于想要全面、系统地了解世界一流大学的功能是远远不够的。

以上关于世界一流大学功能的现实情况和理论研究中存在的问题清楚表明，更新对世界一流大学的认识极有必要，特别是从功能视角加深对世界一流大学的认识。

3. 充分了解世界一流大学功能的重要性

在此背景下，我们亟须从功能视角探讨什么是世界一流大学，与一般研究型大学相比，世界一流大学发挥着何种不同的功能，世界一流大学如何发挥其功能促进（未来）社会的进步与发展。这些问题都与世界一流大学的功能密切相关。总的来说，系统、全面地探索世界一流大学的功能具有重要的理论价值和现实意义，主要包括：

第一，大学的理念和价值蕴含于大学的功能之中，大学功能既是大学的基本理论问题，也是大学实践的出发点，[1]对世界一流大学功能的探索有助于对"什么是世界一流大学"形成更为客观准确的认识。

第二，不同的功能观意味着不同的大学发展定位，对大学功能的研究是建立在大学自身特点与社会发展需求互动的基础上的。[2] 鉴于世界一流大学有着不同于一般研究型大学的特点且其也在积极回应不断变化的社会需求，因此，对世界一流大学功能的探索有助于解答"（区别于其他大学）世界一流大学能做什么"的问题。这与结构功能主义视角一致，即大学在社会系统中的定位（大学的社会分工），取决于大学功能的发挥。[3] 因此，研究世界一流大学的功

① 任燕红.大学功能的整体性及其重建[D].重庆：西南大学,2012：1.
② 任燕红.大学功能的整体性及其重建[D].重庆：西南大学,2012：6.
③ 杨小英.结构功能主义视域下我国大学的功能拓展与结构调整[J].当代教育与文化,2014,6(6)：87-90.

能有助于把握世界一流大学在社会系统中的定位并了解其对社会发展所发挥的积极作用。

第三，在错综复杂的时代背景下，整个世界充满着越来越多的不确定性。尽管全球化与国际化仍占据主流，但逆全球化与民族主义开始在世界范围内抬头。与此同时，虚假新闻和信息充斥着人们的生活，气候与环境问题不断增加……所有这些都要求作为全球研究型大学的世界一流大学承担更多责任，从而在维持全球社会的稳定、推动全球社会的发展、增进人类福祉等方面发挥应有作用——这与世界一流大学如何更好地发挥其功能密切相关。[①] 由此可见，世界一流大学的功能问题既是一个时代性问题，也是一个世界性问题，既宏大，又具体且紧迫。

第四，就我国当前的现实情况而言，加快建设世界一流大学和一流学科是我国在全球化向纵深发展、高等教育国际化成为当代世界高等教育主流发展趋势背景下布局的国家战略。为此，我们需要更加清晰地了解世界一流大学的功能，了解世界一流大学如何发挥作用以及如何更好地发挥作用。也就是说，从功能视角出发，探索建设世界一流大学的路径是动态的而非静止的，是多元化的而非单一性的。这既符合当代全球高等教育发展的趋势，也是我国高等教育发展的现实所需。在充分了解世界一流大学功能的前提下，根据自身实际情况、结合自身特点，才能找准我国世界一流大学建设的方向和路径。

二、研究意义

本研究的研究意义主要体现在理论和实践两个方面。

在理论层面，从对比分析视角出发，采用混合研究法，对世界一流大学的功能进行探索，有助于丰富人们对世界一流大学功能及其内涵的理性认识，充实高等教育理论；同时，着眼"全球化""国际化""知识经济""科技化和智能化"等诸多时代特征，展望世界一流大学功能的未来变化，有助于人们更好地把握世界一流大学和高等教育未来的发展路径。

在实践层面，首先，通过探讨世界一流大学的功能，对世界一流大学的特定

[①] TIAN L. World-class universities：A dual identity related to global common good(s)[M]//WU Y, WANG Q, LIU N C. World-Class Universities：Towards a Global Common Good and Seeking National and Institutional Contributions. Rotterdam：Brill Sense Publishers，2019：93 - 113.

能力及其界限形成一个比较客观准确的认识,在此基础上使世界一流大学的特定能力发挥到最大化,从而使世界一流大学的贡献最大化;其次,深入研究世界一流大学功能有助于更好地揭示世界一流大学的内涵,了解世界一流大学如何在不断变化的时代背景下发挥作用,这既能为世界各国建设世界一流大学提供参考,又能为我国的"双一流"建设提供启示。

第二节 概 念 界 定

一、研究型大学

学者们将研究型大学定义为:给予科研和研究生教育优先权,以高质量的科研项目和成果来体现其核心素质和竞争力,力求培养出类拔萃人才的一种高等学校类型。[1][2][3] 研究型大学不仅是从事研究的重要机构,也是提供正式学术训练、建立学术伙伴关系、培养博士研究生的机构;其工作质量应具有足够的竞争力,以吸引研究生和研究资助。[4]

1809 年建立的柏林大学(后也称"柏林洪堡大学")被视为现代(研究型)大学的开端。[5] 柏林大学践行了一系列新的教育理念,如独立、自由与合作三者相统一,教学与科研相结合,科学与其他学科的统一。[6][7] 创校者洪堡(Humboldt)反对传统大学对学生独立个性的扼杀,主张充分发挥教师和学生的独创精神。他主张学术自由,不受外界干涉。同时,他提倡在教学和科研中进行合作,以更好地发挥个人长处、减少片面性。洪堡反对传统大学将传授知识作为主要功能,

[1] ALTBACH P. Peripheries and centers: Research universities in developing countries[J]. Asia Pacific Education Review, 2009, 10: 15 - 27.
[2] ALTBACH P. The past, present, and future of the research university[M]//ALTBACH P, SALMI J. The road to academic excellence: The making of world-class research universities. Washington, DC.: The World Bank, 2011: 11 - 32.
[3] SALMI J. The challenge of establishing world-class universities[M]. Washington, D. C.: World Bank Publications, 2009: 2 - 3, 13.
[4] RHODES F. The creation of the future: The role of the American university[M]. Ithaca: Cornell University Press, 2001: 56.
[5] PALETSCHEK S. The writing of university history and university jubilees: German examples[J]. Stadium, 2013, 5(3): 142 - 155.
[6] ÖSTLING J. Humboldt and the modern German university: An intellectual history[M]. Sweden: Lund University Press, 2018: 9.
[7] ATKINSON R C, BLANPIED W A. Research universities: Core of the US science and technology system[J]. Technology in Society, 2008, 30(1): 30 - 48.

他认为大学必须具有科学研究的功能，这是大学的根本价值所在。① 洪堡的教育理念不仅对柏林大学的崛起产生了重要影响，而且成为所有现代大学走向世界一流的共同经验。这些极富创见的教育理念使柏林大学在很短的时间内跨入一流大学行列，成为 19 世纪世界高等教育发展的典范。随后，诸如英国、法国、美国和日本等国开始效仿"德国模式"，以建立现代的研究型大学并逐步实现世界一流。②③ 例如，美国在 1876 年创建了第一所主要以研究生培养和从事科学研究为办学宗旨的大学——约翰斯·霍普金斯大学（Johns Hopkins University，简称霍普金斯大学）。这是美国大学首次把研究生培养放在首位，使授予博士学位和开展科学研究成为现代大学的重要标志之一，同时也是学者们首次能够在自己的专业领域里把教育和创造性研究结合起来。因此，霍普金斯大学开启了美国研究生教育的先河，是典型的研究型大学。④⑤ 霍普金斯大学的创立标志着研究生教育和科学研究在美国大学正式开启。直至 20 世纪，德国模式开始衰落，美国研究型大学模式逐渐成为世界各国大学竞相模仿的对象，但德国大学开创性的教育理念奠定了现代大学不断发展的基石。⑥ 此外，美国的"赠地大学"⑦模式也相当成功，它将以下两点结合在一起——洪堡对研究和科学的重视以及国家基于公共服务和应用技术理念以支持高等教育的关键作用。⑧ 由传统的赠地大学演变而成的杰出的美国公立研究型大学，如 19 世纪后期建立的威斯康星大学麦迪逊分校（the University of Wisconsin-Madison）和加州大学伯克利分校（the University of California-Berkeley）为直接的公共服务和技术应用打开了大门。这些大学用更具社会参与性的部门结构取代了"阶级分明的德国讲席

---

① HÜTHER O, KRÜCKEN G. Higher education in Germany：Recent developments in an international perspective[M]. Berlin：Springer, 2018：1.

② ATKINSON R C, BLANPIED W A. Research universities：Core of the US science and technology system[J]. Technology in Society, 2008, 30(1)：30-48.

③ ALTBACH P. Peripheries and centers：Research universities in developing countries[J]. Asia Pacific Education Review, 2009, 10：15-27.

④ 陈洪捷.德国古典大学观及其对中国大学的影响[M].北京：北京大学出版社,2002：28-34.

⑤ 宋洁绚.我国研究型大学科研发展研究[D]武汉：华中科技大学,2005：21.

⑥ HÜTHER O, KRÜCKEN G. Higher education in Germany：Recent developments in an international perspective[M]. Berlin：Springer, 2018：1-3.

⑦ 赠地大学（land-grant universities、land-grant colleges、land-grant institutions）是指由美国国会在 1862 年通过的《莫雷尔法案》（Morrill Acts）指定的获得国会资助的美国高等教育机构。

⑧ ALTBACH P. The American academic model in comparative perspective[M]//ALTBACH P, GUMPORT P G, JOHNSTONE D B. Defense of American Higher Education. Baltimore：Johns Hopkins University Press, 2001：11-37.

系统"(hierarchical German chair system),使科学实现了"民主化"。阿特巴赫(Altbach)认为,德国和美国研究型大学(有时也包括沿袭德国模式的日本研究型大学)概念的互动和变化在很大程度上决定了当今研究型大学的特征。①

在大多数情况下,研究型大学是由政府资助的公立院校。只有在美国和其他一些国家,如日本和智利,私立研究型大学才得以存在。但即便是在美国,一些私立大学的科研项目也得到了政府的竞争性专项科研经费的支持。② 因此,为便于进行国际比较,本研究主要聚焦于公立研究型大学。

阿特巴赫、信(Shin)和科姆(Kehm)等学者认为几乎所有的世界一流大学都始于研究型大学,因为世界一流大学具备研究型大学的特质并超越了传统的研究型大学。③④ 世界一流大学是全球范围内顶尖的研究型大学,是学术系统的核心组成部分,在高等教育系统中发挥着关键性作用,培养推动社会发展和创造新知识的专业人才、科学家和研究人员以支持国家创新体系。⑤ 但值得注意的是,研究型大学不一定都是世界一流大学,因为"世界一流"的建立并非朝夕之功,不仅需要科研产出等"硬指标",也需要声誉等"软指标"。也就是说,衡量"世界一流"的标准是综合性的。⑥ 因此,在本书中,顶尖的全球研究型大学可被称为"世界一流大学",而普通的研究型大学可被称为"一般研究型大学"。一般研究型大学的定义如下:① 质性定义:优先发展科研和研究生教育,致力于高质量的人才培养与科技研发,同时聚焦本土发展,与所在城市和国家有更为密切联系的大学;② 量化/操作化定义:名列三大国际排名(ARWU、THE 和 QS)⑦200 位以

① ALTBACH P. Peripheries and centers: Research universities in developing countries[J]. Asia Pacific Education Review,2009,10:15-27.
② ALTBACH P. Peripheries and centers: Research universities in developing countries[J]. Asia Pacific Education Review,2009,10:15-27.
③ ALTBACH P. Empires of knowledge and development[M]//ALTBACH P, BALÁN J. World class worldwide: Transforming research universities in Asia and Latin America. Baltimore: Johns Hopkins University Press,2007:1-28.
④ SHIN J C, KEHM B M. Institutionalization of world-class university in global competition[M]. Dordrecht, Heidelberg, New York, London: Springer,2013:17-18.
⑤ ALTBACH P, BALÁN J. World class worldwide: Transforming research universities in Asia and Latin America[M]. Baltimore: Johns Hopkins University Press,2007:6-7.
⑥ WELCH A R. Contributing to the Southeast Asian knowledge economy? Australian offshore campuses in Malaysia and Vietnam[M]//NELSON A R, WEI I P. The global university: Past, present, and future perspectives. New York: Palgrave Macmillan,2012:55-81.
⑦ 注:三大国际排名指的是:世界大学学术排名,Academic Ranking of World Universities,简称ARWU;泰晤士高等教育排名,Times Higher Education World University Rankings,简称THE;QS世界大学排名,QS World University Rankings,简称QS。

后且从未自称为"世界一流大学"的大学。除特别说明外,在本书中所提及的研究型大学均指"一般研究型大学"。

二、世界一流大学

近二十年来,"世界一流大学"成为热门词汇,人们以此来描述高等教育中顶尖的研究型大学。[①] 学者们将世界一流大学定义为:致力于在各个学科和领域中创造和传播知识,提供各阶段的精英教育,满足国家需求并促进全球公共利益的学术机构。[②③] 但是,成为世界一流大学不是靠自我标榜就能实现的,所谓的"精英"地位是基于国际社会的普遍认可而被赋予的[④]。大量学者探讨了世界一流大学的特征和构成要素,可以概括为:① 人才汇聚;② 资源丰富;③ 全球参与;④ 国际声誉;⑤ 良好治理。[⑤⑥⑦⑧⑨]

对学者、院校管理者及政策制定者而言,定义一所大学是否是"世界一流"的常用办法就是参考大学排行榜,例如始创于上海交通大学的"世界大学学术排名"(ARWU)、英国"泰晤士高等教育排名"(THE)以及英国"QS 世界大学排名"(QS)等。尽管这些排名在评估大学实力上采用的方法各异,但总的来说,世界大学排名都强调教育质量、国际化、科研产出、声誉和影响等内容。[⑩] 在市场化

① SALMI J. The road to academic excellence:Lessons of experience[M]//ALTBACH P, SALMI J. The road to academic excellence:The making of world-class research universities. Washington, D. C.:World Bank Publications, 2011:323 - 347.

② ALTBACH P. Peripheries and centers:Research universities in developing countries[J]. Asia Pacific Education Review, 2009, 10:15 - 27.

③ LIU N C. Building up world-class universities:A comparison. Presentation in 2008 - 2009[R]. Research Institute for Higher Education, Hiroshima University, 2009.

④ ALTBACH P. The Costs and Benefits of World-Class Universities, Academe, 90 (1)[J/OL].[2016 - 07 - 04]. http://bcct.unam.mx/adriana/bibliografia%20parte%202/ALTBACH,%20P.pdf.

⑤ SALMI J. The challenge of establishing world-class universities[M]. Washington, D. C.:World Bank Publications, 2009:8.

⑥ MARGINSON S. Higher education in East Asia and Singapore:Rise of the Confucian model[J]. Higher education, 61(5):587 - 611, 2011.

⑦ LEE J. Creating world-class universities:Implications for developing countries[J]. Prospects, 2013, 43(2):233 - 249.

⑧ WANG Q, CHENG Y, LIU N C. Building world-class universities:Different approaches to a shared goal[M]//WANG Q, CHENG Y, LIU N C. Building world-class universities:Different approaches to a shared goal. Rotterdam:Brill Sense Publishers, 2013:1 - 10.

⑨ JIANG X H, CHENG Y, WANG Q. Transforming to excellence:Ecole Polytechnique Federale de Lausanne (EPFL)[J]. Higher Education Policy, 2021, 34:174 - 194.

⑩ SALMI J. The challenge of establishing world-class universities[M]. Washington, D. C.:World Bank Publications, 2009:16.

的全球教育格局中,全球大学排名已成为证明和宣传大学水准的有力指标。[①]
例如,依据"世界大学学术排名",前 20 名的大学可被称为世界顶尖大学(World
Top Universities),处于第 21 名至 100 名的大学可被称为世界一流大学(World-
Class Universities),这些大学在代表原创性研究水平的学术指标上具有突出优
势,有多名获奖校友、数名获奖教师、有数十名被引用率最高的教师以及每年在
《自然》《科学》杂志上发表多篇论文。[②]

　　因此,对许多大学而言,排名位次意味着大学的世界一流地位,成为"世界一
流"就必须提升排名位次。[③][④] 然而,信和科姆指出,当今社会排名虽然成为定义
世界一流大学的方法之一,但是,排名位次并非就代表着"世界一流"。尽管排名
遵循一定的标准,需要量化的指标,但评价一所大学的综合实力也包含着一些不
易量化的内容。[⑤] 因此,在本研究中,世界一流大学的定义如下:① 质性定义:
全球范围内顶尖的研究型大学,是学术系统的核心组成部分;汇聚了优秀的人才
和丰富的资源,有着良好的管理和卓越的学术声誉及表现;② 量化/操作化定
义:三大国际排名(ARWU、THE 和 QS)中前 100 位且自称为世界一流大学的
大学。具体而言,中国一流大学指的是三大世界排名中前 100 位且自称为世界
一流大学的中国大学;美国一流大学指的是三大世界排名中前 100 位且自称为
世界一流大学的美国大学;欧洲一流大学指的是三大世界排名中前 100 位且自
称为世界一流大学的欧洲大学。

三、大学功能

　　在《现代汉语词典》中,功能被定义为"事物或方法所发挥的有利的作用、效
能"。[⑥] 在此基础上,"功能"表示的是事物或方法对外界和他物发挥的有利作

①　CHAN D, LO W. University restructuring in East Asia:Trends, challenges and prospects[J]. Policy
　　Futures in Education, 2008, 6(5):641-652.
②　刘念才,程莹,刘莉.世界大学学术排名的现状与未来[J].清华大学教育研究,2005,26(3):8-15.
③　MOK K H. Global aspirations and strategizing for world-class status:New modes of higher-education
　　governance and the emergence of regulatory regionalism in East Asia[M]//NELSON A R, WEI I P.
　　The global university. New York:Palgrave Macmillan, 2012:25-53.
④　XAVIER C A, ALSAGOFF L. Constructing "world-class" as "global":A case study of the National
　　University of Singapore[J]. Educational Research for Policy and Practice, 2013, 12(3):225-238.
⑤　SHIN J C, KEHM B M. Institutionalization of world-class university in global competition[M].
　　Dordrecht, Heidelberg, New York, London:Springer, 2013:208-209, 282.
⑥　丁声树.现代汉语词典(第七版)[M].北京:商务印书馆,2016:454.

用。因此，"功能"不是一个中性词，而是一个表示正向作用的词。有学者认为，大学的功能指的是大学所具有的功效以及能够发挥这种功效的能力的总称，也即大学对人类社会发展和人的发展所发挥的作用。大学的功能主要在于：为社会培养高质量人才，从而促进社会和人的发展。①②③

在有关大学功能的文献中存在着"功能"与"职能"的混用。"职能"一词在《现代汉语词典》中的释义为"人、事物、机构应有的作用、功能"。④　"职能"是个带有"职责"性的、强调"应有作用"的中性词。朱国仁认为，大学的职能是大学依据其社会分工所应承担的工作及具备的能力。同时，作为社会机构，大学职能的发挥受到社会现实的制约。⑤　同样，刘宝存认为，大学的职能是指大学作为一种社会机构所应承担的职责和应发挥的作用。⑥

章仁彪从教育哲学的观点出发，认为两者的主要区别在于"功能"之"功"含有"功效之意"，强调实际产生的有利作用，带有价值评判上的肯定；"职能"之"职"则带有职务或责任之意，其使用应有较为严格的限定。"功能"重在强调对外产生的效用；"职能"重在表示组织内在的规定和要求。因此，产生正面效果的"职能"就成了"功能"。大学的"职能"应被包含在"功能"之中，大学的实际"功能"总是会超出大学"职能"的所限范围。例如，人才培养是大学的基本职能之一，是大学必须履行和完成的职责。但科学研究更多是研究型大学的职能，不一定是所有大学的职能。教学型大学进行科学研究的目的在于产生研究创新的"功效"，但一般不作为其应该履行的职责。⑦　因此，从这一角度出发，科学研究更应被认为是大学的功能之一。在英文中，两者均用"function"（功能/职能）表示，可见，两者的内涵紧密联系而又具有转化性。根据《美国传统词典》的解释，"功能/职能"（function）一词指的是"某一组织配备的或采用的自然而然的或是适当的行为"；⑧在《新牛津英语词典》中，该词被解释为"某一组织的特有活动、目

---

①　戚万学.高等教育学[M].济南：山东大学出版社,2008：143,150.
②　杨德广,谢安邦.高等教育学[M].北京：高等教育出版社,2009：78-79.
③　任燕红.大学功能的整体性及其重建[D].重庆：西南大学,2012：37-38.
④　丁声树.现代汉语词典(第七版)[M].北京：商务印书馆,2016：1682.
⑤　朱国仁.高等学校职能论[M].黑龙江：黑龙江教育出版社,1999：40-43.
⑥　刘宝存.大学理念的传统与变革[M].北京：教育科学出版社,2004：233-234.
⑦　章仁彪.走出"象牙塔"之后：大学的功能与责任[J].复旦教育论坛,2005,(3)：40-43.
⑧　SOUKHANOV A H, ELLIS K, SEVERYNSE M. The American heritage dictionary of the English language[M]. Houghton Mifflin, 1992：533.

的或任务；与其运作方式相关"。①

所以，大学作为一种社会机构和学术组织，具备其特有的职能；在与外部社会的互动中，大学根据社会需求和变化发挥其作用，产生正面的效果及影响，这就是大学的功能。而本研究探索大学功能或职能的目的在于期望促进大学正面作用的充分发挥，因此，本研究选用大学功能作为研究的主题词并将其定义为：大学作为一种社会机构和学术组织对人和社会的发展所具有的功效及实际发挥这种功效的能力。

四、大学的三大基本功能

在研究大学功能时，学者们的出发点各不相同，主要包括：① 以大学的活动本身为起点，将大学从事的活动归纳起来，从而提出大学的人才培养、科学研究和社会服务三大功能。②③④ ② 从知识的产生、保存、传播、应用等过程确立大学的功能体系，认为大学的主要功能包括知识的获得、传递和应用。⑤⑥ ③ 以高等教育价值观为起点，认为大学的功能包括培养人才与发展个性、文化创新和文化涵化、社会批判等内容。⑦ 本研究认为，以上观点各有其意义，但大学的功能应是社会需求与大学内部逻辑的统一。原因如下：第一，大学是人们根据社会发展需求建立起来的社会机构，大学必须要行使社会赋予的功能；第二，社会发展是一个动态的过程，社会发展的需求具备多样性且处于持续变化之中，这就要求大学功能随社会变迁而不断变化，以更好地实现其存在价值；第三，大学是学术机构，这就决定了大学只能有选择地满足社会需求，发挥相对有限的功能。因此，大学的功能应该是社会需求与大学内部逻辑所决定的。基于此，本研究认为大学的三大基本功能包括：人才培养（education）、科学研究（research）和社会服

① PEARSALL J, HANKS P. The new Oxford dictionary of English[M]. Oxford：Clarendon Press，1998：743.
② KERR C. The uses of the university[M]. Cambridge：Harvard University Press，1982：1-5.
③ 朱国仁.论高等学校职能的限度[J].教育研究，1999，(1)：41-48.
④ 约翰·布鲁贝克.高等教育哲学.(王承绪，郑继伟 & 张维平，译)[M].杭州：浙江教育出版社，2001：17-18.
⑤ PERKINS J A. The university in transition[M]. Princeton, N.J.：Princeton University Press，1966：52.
⑥ 徐辉.试析现代高等学校的六项基本职能[J].高等教育研究，1993，14(4)：16-18.
⑦ 邓耀彩.个人与文化：高校社会职能的两个出发点——兼与徐辉同志商榷[J].高等教育研究，1995，(1)：27-31.

务(service)。由于大学功能并非一成不变,它在不同历史时期具有不同的表现和侧重点;因此,大学的三大基本功能是不断变化的社会需求与大学内部逻辑相互碰撞的结果。具体而言,人才培养是大学最基本的功能,指的是大学培养对社会有价值的人才。这是大学得以存在的根据和理由,也是大学区别于其他社会机构的本质特征。科学研究指的是大学为了发现新的知识、思想和技术而开展的活动,这是大学作为最高层次的教育机构培养高级专门人才的需要,也是实现大学人才培养功能的能力基础。①② 需要指出的是,这里的科学研究包含各个学科和领域的研究,不局限于自然科学领域。社会服务是前两个功能的延伸,大学的社会服务功能是指大学利用其培养的人才和产生的前沿知识、思想和技术来对社会的发展做出贡献。③

第三节　理 论 基 础

一、结构功能主义概述

现代西方社会理论中的一个重要流派是结构功能主义（Structural Functionalism）。帕森斯(Parsons)是结构功能主义的集大成者,他使之发展成为一种真正系统的理论。结构功能主义主张用功能来认识和分析世界,从结构与功能二者之间的相互关系出发,深入分析并广泛讨论关于社会系统中存在的一系列重要问题。④ 结构功能主义理论把社会看作是由一定结构和组织化形式的系统所构成的整体,构成社会的各组成部分是以有序的方式相互关联的,它们对整个社会发挥功能。结构功能主义把结构与功能的统一作为追求,把社会整体的一致性以及在此基础上获得的整个社会系统的和谐与均衡作为理论的落脚点。⑤

帕森斯和斯梅尔瑟(Smelser)认为,社会是趋向"价值一致"的系统,社会的

① 顾建民.大学职能的分析及其结构意义[J].全球教育展望,2001,(8)：68-72.
② 袁广林.大学职能的界说依据[J].现代教育管理,2010,(5)：8-11.
③ 林文强,林励,杜荔.中国大学之道：提升大学与大学生的社会存在价值[M].沈阳：东北大学出版社,2013：16.
④ 任燕红.大学功能的整体性及其重建[D].重庆：西南大学,2012：53.
⑤ PARSONS T，SMELSER N. Economy and society：A study in the integration of economic and social theory[M]. London：Routledge, 1956：8.

各个机构(子系统)都具有一定的功能;事实上,社会就是社会结构以及这些子系统的功能相互作用的综合。如果社会要持续运转,就必须满足某些基本需要,这些需要被称为功能性前提(或子行动系统)①,包括适应(Adaption,简称 A)、目标达成(Goal attainment,简称 G)、整合(Integration,简称 I)和潜在模式维持(即"模式维持"或"维模")(Latent pattern maintenance,简称 L)。② 这也是帕森斯社会行动理论的分析基础,他认为一个集体是一种特殊的社会系统,其特点是具备以和谐方式采取行动的能力,这意味着可以动员集体的力量实现一个明确的、特定的目的。③④ 在他的理论中,一个行动系统,特别是一个社会系统是在以上四个基本系统问题的支配下发挥作用,也就是通常所说的 AGIL 四项基本内容。具体而言,适应(A)有关系统和外部环境的互动,涉及的是该系统的长远利益。适应不只是为了维持系统的持续运作,也与系统未来的发展潜力有关;不只是关于系统实际运作的能力,也有关于系统的稳定性以及周围环境的现实需求;不只是为了满足特定的某个环境的需求,而是满足不断变化的外部环境的各种需求;不是对外部环境变化的被动调整,而是涉及各种能力模式的开发以及对外部环境可利用资源的汲取。目标达成(G)指的是系统(为未来)设定目标并做出相应决策。目标达成有关需求匹配和行动执行(能力生成),系统基于内、外部需求,激发或是生成相应的能力、做出决策并执行决策。整合(I)强调的是一个稳定、一致、协调的内部环境,涉及由导向团结的内推力形成的力量,从而使系统各部分协调为一个起作用的整体。模式维持(L)与信仰体系和价值观有关,即根据某些规范与原则,维持系统行动秩序与活动方式的连续性。⑤⑥

帕森斯从"环境"和"资源"两个维度对社会系统进行了划分:在环境维度(纵轴)上,按照社会系统与环境的关系及互动可分为内部(internal)和外部(external)行动两类子系统。总的来说,一个行动系统的内部是趋于稳定的,外

① 注:虽然这四个要素有时也被直接称为"功能",但实际上它们更多与一个系统保持正常运作、发挥相应的功能有关,故在此将其称为"功能性前提"或是"行动系统中的子系统"。
② PARSONS T, SMELSER N. Economy and society:A study in the integration of economic and social theory[M]. London:Routledge,1956:16.
③ PARSONS T. The Social system[M]. London:Routledge & Kegan Paul Ltd,1951:2.
④ PARSONS T. Structure and process in modern societies[M]. New York:The Free Press,1965:6.
⑤ PARSONS T. Structure and process in modern societies[M]. New York:The Free Press,1965:21.
⑥ PARSONS T, PLATT G M. The American university[M]. Cambridge, Mass.:Harvard University Press,1973:12.

部则是无序且充满变化的；行动系统本身是开放式的，存在着与周围环境的输入与输出的持续交换。外部行动子系统开展并调节整个系统与所在环境之间必要的互动，而内部行动子系统开展并调节系统内部行动和各子系统之间的互动。在资源维度（横轴）上，依据社会系统处理资源的方式将社会系统分为工具性（instrumental）和消费性（consummatory）行动两类子系统。工具性子系统根据社会系统未来的需求获取和开发资源，而消费性子系统运用这些资源来行使内部和外部系统的功能。这意味着系统的存在和持续运作必须满足一定的条件并利用环境中的可用资源，强调的是能量的输入和合理的利用，从而使系统的正常运作得以维持（见图 1-1）。[1] 综合以上论述可以发现，AGIL 模型中的整合（I）与系统的内部结构相关，而适应（A）则与系统的外部环境相关。

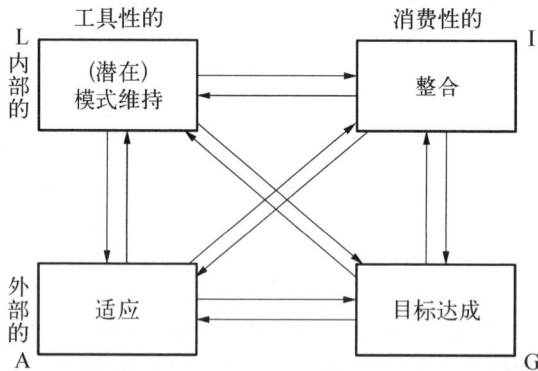

图 1-1　基于结构功能主义的 AGIL 社会行动系统[2]

在此背景下，帕森斯和普莱特（Platt）认为，AGIL 模型可被视作由控制论占主导的层次系统（cybernetic hierarchy）并可从两种角度进行解读。第一，从"信息性"（informational）视角来看，其四个子行动系统的顺序应该呈现为"L-I-G-A"。这意味着信息（实质上更多与文化和价值观相关）在这一系统中占据主导，"模式维持（L）"可以控制或是界定"整合（I）"，接着影响"目标达成（G）"和"适应（A）"。也就是说，文化和价值观不会决定社会系统，但会"界定"社会系统，对其产生巨大影响。第二，从"能量"（energy）视角来看，AGIL 模型被认为

[1]　PARSONS T, PLATT G M. The American university[M]. Cambridge, Mass.: Harvard University Press, 1973: 11.

[2]　PARSONS T, PLATT G M. The American university[M]. Cambridge, Mass.: Harvard University Press, 1973: 12.

是基于"条件性"(conditional)的行动系统,四个子行动系统的顺序将变为"A－G－I－L"。在这一视角下,"适应(A)"将处于控制论层次的最高级别,即外部环境变化对系统带来的影响最大。帕森斯认为,从长远角度来看,信息量高的系统(即遵循"L－I－G－A"序列的系统)将优于能量高的系统。①

帕森斯和普莱特认为,就概括性的、总体性的行动系统而言,它包含行为有机体、人格系统、社会系统和文化系统四个子系统(各个子系统也可看作是一个独立系统),它们分属 AGIL 中的四个部分。鉴于高等教育和大学更多与制度化或成为惯例的认知有关,因此,高等教育和大学更多与社会系统和文化系统相关。② 在文化上,高等教育和大学从属于文化系统中的认知子系统,与"适应(A)"相关;而在社会层面,高等教育和大学从属于社会系统中的信托子系统,与"模式维持(L)"相关。当然,无论是文化系统中的认知子系统还是社会系统中的信托子系统都还可以继续分化,其内部也会包含相对更低层次的子系统,这些子系统也同样要满足 AGIL 四项功能性前提或是具备相应的子行动系统,而越是复杂的社会(系统),分化的层次就越细。③

二、结构功能主义在高等教育领域的应用

总的来说,结构功能主义关注整体与系统、结构与功能的关系,在高等教育研究中得到了广泛应用,成为一种最为普遍的理论范式。在结构功能主义视角下,高等教育系统作为社会系统的一个子系统,始终处于与周围环境的普遍联系之中。高等教育系统的整体属性取决于系统中各要素间的关系,即系统的结构,它是系统内部各要素相互联系或相互作用的方式,从高等教育内部反映高等教育的整体性。虽然各结构要素间的相互作用各不相同,但协同作用仍是最重要的。通过各结构要素间的协同作用,系统得以形成整体,具备内在的规定性和稳定性。④ 高等教育的结构影响高等教育的功能,另一方面,功能也反作用于结构,影响着结构的存在和变动。当外部环境(如社会、政治和经济变化)对高等教

---

① PARSONS T, PLATT G M. The American university[M]. Cambridge, Mass.：Harvard University Press，1973：13.
② 注：文化系统可再分化为本构子系统、道德评估系统、认知子系统和表达子系统;社会系统可再分化为经济子系统、政治子系统、社会社区子系统和信托子系统。
③ PARSONS T, PLATT G M. The American university[M]. Cambridge, Mass.：Harvard University Press，1973：33.
④ 赵文华.高等教育系统论[M].桂林：广西师范大学出版社,2001：113－114.

育功能提出新的要求时，功能的变化也会促进结构的调整。①② 由此可见，高等教育的功能实际上是受到了两种因素的影响，即系统内部的结构以及系统外部的环境。总的来说，结构与功能之间的关系更像是一种互动关系，结构的状况影响着功能的实现，而功能的相应调整也会反作用于结构，引起结构的变化。因此，认为结构与功能谁更重要或者谁必须依靠谁、结构决定功能和功能决定结构的两种倾向都是要避免的。③

在此基础上，开展高等教育活动的主体—大学—作为高等教育"整体"的一个重要"部分"，也即一个子系统，具有维持高等教育系统正常运转的功能。同时，大学既受到高等教育系统的影响，也受到社会大系统的影响。也就是说，大学也是社会这一"整体"的一"部分"，大学的功能随着社会的发展而变化，不断回应着社会的需求。大学的功能是大学与其社会关系的集中体现，随着社会发展与进步，大学的功能呈现出由单一性到多元化的发展轨迹。大学所发挥的功能不仅维持着其所处的社会大系统的正常运转，也体现了大学在社会系统中的定位，即大学的社会分工。多位学者认为，结构功能主义既研究大学的具体功能，又重视大学功能的整体性，以此来合理定位一所大学。④⑤ 不同类别的大学正是基于侧重不同的功能定位，才使其在社会系统中的定位得以实现。当然，与高等教育系统受到的影响一样，大学功能除了受到外部环境（如社会、政治和经济等）的影响外，也受到了大学自身内部结构的影响；与此同时，大学功能的变化也会促进大学内部结构的调整。大学内部的结构也可被视作微观结构，指的是大学内部各组成部分之间的联系方式及比例关系，主要包括人员结构、权力结构和组织结构等。⑥ 总的来说，在结构功能主义视角下，大学是一个相对稳定的、小规模的（社会）系统，具备特定的结构并发挥着相应的功能，包括人才培养、科学研究和社会服务等。基于此，本研究构建了基于 AGIL 模型的大学功能系统（见图 1-2），其中，整合（I）与大学内部结构相关，而适应（A）与大学外部环境相关。

---

① 赵文华.高等教育系统论[M].桂林：广西师范大学出版社,2001：114-115.
② 张国强.失调与重构：高等教育功能的历史省思[M].武汉：华中师范大学出版社,2018：47.
③ 袁兴国.结构与功能的矛盾：我国高等教育人才培养研究的社会学视角[J].中国高教研究,2008,(10)：49-51.
④ 任燕红.大学功能的整体性及其重建[D].重庆：西南大学,2012：60.
⑤ 杨小英.结构功能主义视域下我国大学的功能拓展与结构调整[J].当代教育与文化,2014,6(6)：87-90.
⑥ 张国强.失调与重构：高等教育功能的历史省思[M].武汉：华中师范大学出版社,2018：27,46.

内部

L 模式维持

I 整合

文化
价值观念

内外部资源
（资金、教师、产学研合作）

维持；保障

推动；阻碍

实践载体

协调

大学的功能系统

人才、知识、服务

活动

信息；资源

引导；促进

外部社会
（城市、国家、全球）

宗旨
目标

外部

A 适应

G 目标达成

工具性

消费性

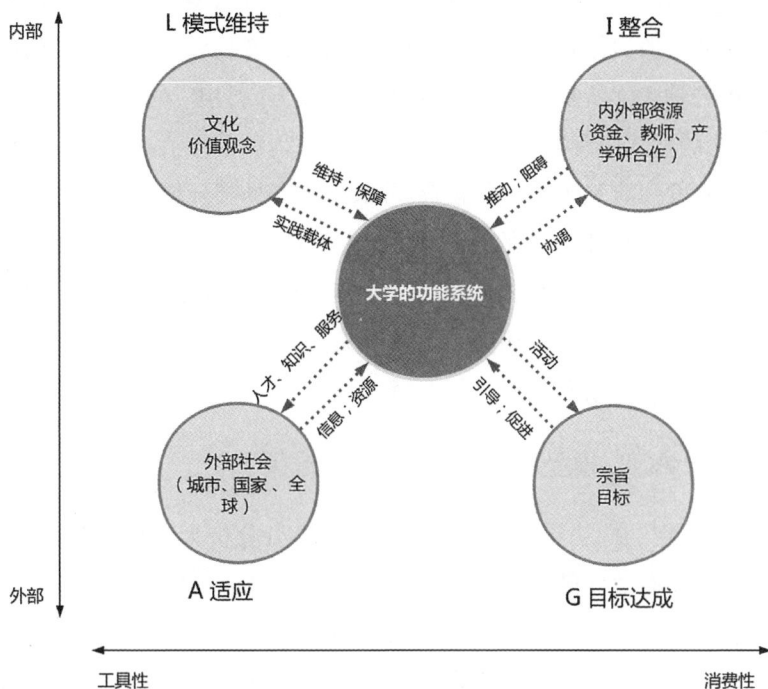

图 1-2 基于 AGIL 模型的大学功能系统

在该系统中，大学的正常运作、功能的实现与发挥需要满足四个前提：① 适应。大学从外部社会获取信息和资源并依据外部社会的需求和变化培养和输送人才、创造新的知识并提供社会服务。② 目标达成。大学作为一种特殊的社会机构，肩负着重要的历史责任和时代使命，并具备相应的目标和宗旨。大学的目标引导着大学功能的发挥，大学为发挥其功能而开展的各项活动也是为了实现相应的目标。③ 整合。大学通过协调内外部资源（外部资源包括政府拨款和社会捐助等，内部资源包括人力资源和学术资源等）发挥其功能，从而达到培养人才、创造新知识的目标，并为社会发展做出贡献。④ 模式维持。大学特有的文化与价值观为大学的存在与发展提供了保障，维持着大学作为一种特殊社会机构的重要角色；同时，大学也通过发挥其功能向内外部传递先进的文化与理念，影响着个人及社会的发展与进步。

基于上述分析和赵文华对高等教育系统结构与功能的论述可以发现，结构功能主义视角下的大学功能实质上包含了以下三个方面的内容，即大学的功能期待、功能发挥和功能效应①。功能期待是大学和社会对高等教育活动所期望的价值追求和价值目标,功能期待实质上是大学开展高等教育活动目的的确立。功能发挥指的是大学所承载的功能期待必须通过开展相应的高等教育活动来实现,大学功能的发挥过程同时也是目的的整合过程和具体活动的开展过程;而大学功能的正常发挥有赖于大学的教育理念、稳定的外部环境和大学的内部结构。大学的功能效应是功能发挥的结果,具有客观性、多面性和多层次性。也就是说,AGIL 模型中的目标达成与功能发挥和功能效应相关,适应、整合及模式维持则与功能期待和功能发挥相关。由此可见,采用 AGIL 模型对大学功能进行分析具有可行性和有效性。

三、基于 AGIL 模型的大学功能分析框架

事实上,利用结构功能主义理论和 AGIL 模型分析大学功能及其具体实践活动的可行性和有效性已得到了诸多已有研究的验证。例如,任燕红的研究表明,结构功能主义为分析大学功能提供了独特的视角和理论框架,有助于加深人们对大学具体功能和大学功能整体性的认识。② 帕森斯和普莱特基于结构功能主义视角下的 AGIL 模型对美国大学的性质和功能进行了深入分析并由此确定了美国大学总体功能,包括：科研与研究生训练、社会贡献、通识教育和专业教育四个部分。他们的分析基于大学对"认知理性"(cognitive rationality)这一价值观的影响以及在此基础上大学对社会系统所产生的总的影响。③ 即便帕森斯和普莱特也提及了美国大学内部的结构与功能之间的关系,如美国大学研究生院和本科生院相结合的形式、大学中学院和行政部门的设置、学科和相关系所的多样性等对美国大学功能带来的影响,④但他们未在此基础上进行更为深入的分析,也未从结构功能主义出发系统论述大学内部结构和外部社会环境对大学功能带来的影响。但即便如此,这项研究仍为分析大学功能,尤其是大学的三大基本功能(人才培养、科学研究和社会服务)开辟了新的视角并提供了启示。在

---

① 赵文华.高等教育系统论[M].桂林：广西师范大学出版社,2001：146.
② 任燕红.大学功能的整体性及其重建[D].重庆：西南大学,2012：60.
③ PARSONS T, PLATT G M. The American university[M]. Cambridge, Mass.：Harvard University Press, 1973：91 - 92.
④ PARSONS T, PLATT G M. The American university[M]. Cambridge, Mass.：Harvard University Press, 1973：105 - 111.

此基础上，多位中国学者对这一分析方法进行了细化。例如，徐厚峰借鉴结构功能主义理论，把中国大学的创新人才培养视为一个行动系统，基于 AGIL 模型分析了中国高校创新人才培养的现状，试图找出创新人才培养中存在的问题并依据该模型提出相应的解决对策。① 李俊龙等学者利用 AGIL 模型对大学 MOOC 教学系统进行了分析。他们认为，MOOC 教学是大学人才培养（功能）系统的一个子系统，其功能的正常发挥受到内外部力量共同的影响和制约。他们将大学 MOOC 教学所涉及的教师、学生、教学计划和目标、教学方式、课程资源、教务部门等多项内容纳入 AGIL 模型中进行分析，并以此构建了基于 AGIL 模型的大学 MOOC 教学分析框架，包括教学适应性（A）、教学目标（G）、整合（I）和模式维持（L）四个部分。② 孙健和褚艾晶将研究生教育视为社会系统中的子系统并借鉴 AGIL 模型对其进行分析和讨论，分别从研究生教育适应社会需求变化的情况、研究生教育的培养目标、相应资源的整合、文化价值维持和学校制度规范等方面展开了分析。③

由此可见，利用结构功能主义理论和 AGIL 模型对大学功能及其具体的实践活动进行分析具备可行性和有效性，这一视角下的大学功能及其具体的实践活动本身也是结构性的，由不同要素组成。鉴于现代大学的三大基本功能（人才培养、科学研究和社会服务）在历史发展过程中呈现出相对的稳定性，各项功能也可被分别看作一个稳定的系统（整体）并包含一系列具体的教育实践活动④。例如，人才培养本身可被视作一个行动系统，包含人才培养的目标、人才培养的基本原则和规范、人才培养的条件以及人才培养的手段等要素。⑤ 在此基础上，结合图 1-2 以及帕森斯和普莱特对 AGIL 模型中各子行动系统（功能性前提）主要特征的归纳，⑥本研究总结了与大学功能有关的四个子行动系统的关键组成要素，以作为分析现代大学各项功能的框架（见表 1-1）。

① 徐厚峰.基于 AGIL 模型的我国高校创新人才培养研究[D].甘肃：兰州大学,2013：24-31.
② 李俊龙,王力,傅雷鸣,等.AGIL 模型视角下推进高校应用 MOOC 教学的策略选择[J].现代远程教育研究,2016,(2)：53-60.
③ 孙健,褚艾晶.基于 AGIL 模型的研究生教育发展战略分析[J].中国高教研究,2011,(10)：34-36.
④ 注：依据上文中的解释，结构功能主义视角下的大学功能包含三个方面的内容，即功能期待、功能发挥和功能效应，涉及具体的教育活动、内容及相应的目的和结果等，这有助于我们对大学功能展开全面和系统的分析。
⑤ 谢维和.教育活动的社会学分析[M].北京：教育科学出版社,2000：77-80.
⑥ PARSONS T, PLATT G M. The American university[M]. Cambridge, Mass.：Harvard University Press，1973：91-92.

表 1-1   基于 AGIL 模型的现代大学功能分析框架

AGIL	内　　容
A 适应	对外界的回应(有时是从外部环境中获得所需资源)
G 目标达成	制定可实现的目标并调动资源和引导成员实现目标(某一子功能系统的目标,如培养的人才类型、层次、质量、水平等)
I 整合	实现目标的资源、途径、方法等,包括师资、经费、实践方法和途径等
L 模式维持	大学的价值观、理念、文化和支持性政策等

第四节　研究问题与分析框架

一、研究问题

研究世界一流大学的功能具有重要的理论价值和现实意义。已有研究对大学功能进行了深入讨论,为本研究奠定了良好的基础。但尚未有研究从对比分析和国际比较视角出发,通过实证研究方法,全面、系统地探索世界一流大学的功能;同时,也少有研究专门关注世界一流大学功能的未来变化及相应的影响因素。基于此,本研究拟解决的问题如下:

第一,世界一流大学与一般研究型大学在三大基本功能上有何差异？该问题关注的是世界一流大学与一般研究型大学在人才培养、科学研究和社会服务三大基本功能上的差异。

第二,除三大基本功能外,世界一流大学有哪些特有功能？该问题关注的是除人才培养、科学研究和社会服务三大基本功能外,世界一流大学是否具有特有的、其他研究型大学没有或是不明显的功能。

第二,在不同国家和地区(中国、美国、欧洲),世界一流大学在发挥其功能上有何不同？该问题关注的是中国、美国和欧洲一流大学在发挥功能上具备的差异以及造成这些差异的因素。

第四,世界一流大学的功能在未来会有哪些变化？有哪些因素将会影响世界一流大学功能未来变化？该问题针对的是世界一流大学功能未来可能产生的变化以及造成这些变化的因素。

二、分析框架

依据上述四个研究问题,本研究构建了基于结构功能主义理论的分析框架(见图1-3)。基于此,结构功能主义理论在本研究中的主要作用如下:第一,有助于探索结构与功能之间的互动关系,强调大学内部结构与其功能的对应关系,如不同类型的大学所发挥的功能具备差异,大学的不同功能也侧面反映出不同的大学结构;第二,把大学功能作为一个整体来研究并凸显出外部环境和内部结构所带来的影响,同时强调大学的功能体现大学在社会系统中的定位;第三,有助于研究社会结构、大学结构与大学功能之间的互动关系,注重分析和探究大学功能与大学内部结构及外部社会环境之间的关系,比较研究不同国家大学所发挥的功能与其社会结构之间的关系,如历史、文化、政治、经济等因素对大学功能所带来的影响。需要注意的是,本研究重点关注的是世界一流大学的"功能"而非"结构";当然,本研究在深入分析和讨论世界一流大学功能的基础上,也会部

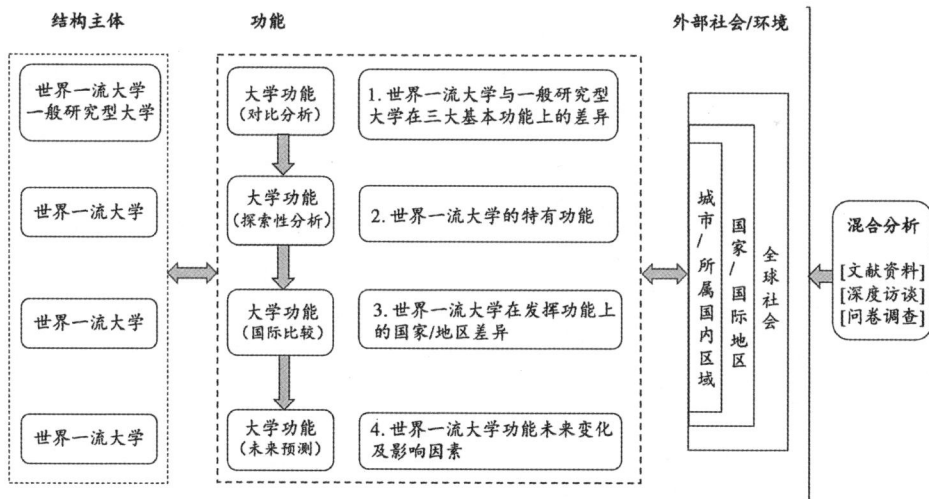

图1-3　基于结构功能主义理论的研究分析框架①

---

① 需要注意的是,本研究中的大学"内部结构"并非严格意义上的大学内部的人员结构、权力结构和组织结构等,而是与上述这些内容相关的信息;另外,虽然在该分析框架中呈现的外部社会/环境更多与"空间"概念有关,但事实上,这里的外部社会/环境也包含特定空间中的文化、经济、历史和政治等内容;并且,基于结构功能主义理论,大学的内部结构和外部社会/环境可同属"结构"范畴,因为在外部社会/环境中也存在相应的社会结构,它们也对大学功能造成影响。在此基础上,大学内部结构可被视作"微观结构",而外部社会/环境可被视作"宏观结构"。

分涉及与世界一流大学结构相关的问题并将其作为影响大学功能的因素进行讨论，但这不是本研究的主要关注点。

当然，基于结构功能主义理论的分析框架也存在着一定的缺陷：第一，它是一个相对封闭的分析框架，要求所有系统中的成员形成共同的价值观念并做出具有互补性的反应；它要求每个行动者都忠实履行文化和社会提出的职责，以保障各种功能的发挥；第二，很大程度上，该分析框架是保守且非历史性的，基本倾向是维持系统的稳定；结构功能主义虽然关注社会变革和进化的过程，但很大程度上仍然强调社会与系统的和谐发展，部分忽略了社会系统中的冲突与竞争。①② 但不可否认的是，结构功能主义为本研究提供了一个相对客观、自然的视角，注重结构与功能之间的对应以及互动关系，并强调系统内、外部影响以及更大范围内的国际比较。

---

① CHILCOTT J H. Structural Functionalism as a Heuristic Device[J]. Anthropology & Education Quarterly, 1998, 29(1): 103 - 111.
② 王景. 比较教育学中的结构功能主义[J]. 现代教育科学, 2006,(12): 114 - 115.

第二章
文献综述

本研究的文献综述部分主要围绕拟研究的核心章节进行展开,从以下四个方面对已有的研究文献进行梳理与归纳:① 大学功能的历史演变,主要关注大学功能在历史发展过程中的演变;这部分内容与第一个和第三个研究问题相关;② 现代大学功能的内涵、发展及具体表现,深入分析了现代大学的三大基本功能(人才培养、科学研究和社会服务)及其他功能/新功能的内涵、发展和具体表现;这部分内容与第一个和第二个研究问题相关;③ 世界一流大学的功能与使命,这是与本研究最为直接相关的内容,主要关注的是世界一流大学各项功能的定位、特点及其肩负的使命;这部分内容与第二个和第三个研究问题相关;④ 大学功能变化的影响因素,从历史演变和未来发展两个角度归纳了影响大学功能变化的因素并部分涉及大学功能未来变化的具体内容;这部分内容与第四个研究问题相关。

第一节　大学功能的历史演变

一、三大基本功能的演变过程

克尔(Kerr)和斯科特(Scott)指出,大学是从中世纪一直延续到现代的唯一组织,大学延续至今是由于其适应性(adaptability)而非其延续性(durability),而伟大的大学必定是那些能够快速、有效地适应环境变化的大学。①② 从大学的发展史来看,不断承担起新的功能是大学延续至今而不致衰败的根本原因。每

---

① KERR C. The uses of the university[M]. Cambridge: Harvard University Press, 1982: 1-5.
② SCOTT P. The changing role of the university in the production of new knowledge[J]. Tertiary Education and Management, 1997, 3(1): 5-14.

一次新的功能的承担，就是大学顺应社会需要的一次"进化"，也是大学发展方向的一次转型。①

克尔以现代大学演变的三个阶段来对应其存在状态的三种模式，即早先的英国模式、随后的德国模式和后来的美国模式，或者说是近代的纽曼（Newman）模式、现代的洪堡模式和当代的克尔模式。② 克尔认为，大学理念是随时代不断发展的，在纽曼那里，大学只是"乡村"（英国模式），在洪堡和弗莱克斯纳（Flexner）那里，大学也只是"市镇"（德国模式），而当代的大学则是一个五光十色的"城市"了（美国模式）③。阿伯特（Abbott）——一位著名的英国牧师和编辑——曾对英国、德国和美国大学的不同理念进行了总结。他认为，英国大学开展学术活动，探寻新的学问和知识是为了求得自身发展；德国大学则是为了追求知识本身的价值，即纯粹的知识探索；而美国大学是把知识作为服务社会的工具。④ 现代大学理念与模式的改变从侧面反映了大学功能不断变化的历史轨迹，即从单一的"人才培养"功能演变为"人才培养""科学研究"和"社会服务"三大基本功能。

1. 大学的"单功能"阶段

大学的"单功能"阶段以纽曼的思想为主导，时间是从 11 世纪末大学产生至18 世纪末、19 世纪初，即古典大学阶段。在这一时期，大学是主要的教学机构。建立于 1088 年的博洛尼亚大学（the University of Bologna）被认为是世界上第一所授予学位的大学，当时，该大学主要承担人才培养的任务。大学是教会、法律系统和医学领域专业人士的高级培训场所。⑤ 虽然这一时期的大学向学生提供的是不断重新诠释的知识（continually reinterpreted knowledge），但这种知识很少通过实证研究获得。在此期间，人才培养（教授、传播知识）是大学的唯一功能，它既是大学的固有功能也是最基本的功能。⑥ 这一阶段以纽曼的思想为主导，纽曼认为，大学的目的是理智而非道德的，大学以传播和推广知识而非增进知识为目的。他认为大学的本质是"教育的场所"（a place of education），大学为

---

① 席酉民，郭菊娥，李怀组.现代大学功能和创新文化研究[M].北京：中国人民大学出版社，2008：20.
② KERR C. The uses of the university[M]. Cambridge：Harvard University Press, 1982：1-5.
③ KERR C. The uses of the university[M]. Cambridge：Harvard University Press, 1982：1-5.
④ RUDOLPH F. The American college and university：A history. Athens, Ga.：The University of Georgia Press[M], 1990：356.
⑤ GELLERT C. Faculty research[M]//CLARK B R, NEAVE G. The encyclopedia of higher education. Oxford：Pergamon Press, 1992：1634-1641.
⑥ 王英杰，刘宝存.世界一流大学的形成与发展[M].太原：山西教育出版社，2008：370.

传授知识而非科学研究而建立。他反对在大学里进行科学研究,他认为大学的首要任务就是教授知识,并断言"探索和教学是两种完全不同的功能"。① 在当时,大学的功能相当有限,大学并未把发展科学纳入自己的功能之中,外部社会也不认为大学是进行科学研究的机构。但是,与纽曼生活在同时代的赫胥黎(Huxley)则是一位持有不同意见的科学家,他认为研究人员的培养应在高等教育中占有一席之地。同样,洪堡也反对传统大学将传授知识作为主要功能,认为大学必须具有科学研究的功能。②

2. 大学的"双功能"阶段

受到16至18世纪科学革命的推动,社会对大学的人才培养提出了新的要求,大学的理念和教学方式也发生了重大变化。科学研究和研究生教育逐渐受到重视,大学肩负起了人才培养和科学研究的双重任务,进入"双功能"阶段。1809年,柏林大学的建立开辟了德国高等教育的新纪元,同时也标志着现代大学的开端。柏林大学确立了以"教学与科研相结合"为核心的柏林洪堡大学思想,大学的功能不再局限于教授和传播知识,而要发展科学。洪堡反对传统大学将传授知识作为主要功能,他认为大学的主要任务是追求真理,大学必须具有科学研究的功能,这是大学的根本价值所在。③ 洪堡提出了一个基本原理,即"任命最优秀的知识分子,并让他们自由地开展研究"。这一原理包含了三项原则:首先,科研和教学相统一的原则验证了原创知识的重要性;其次,学术自由原则得以发展;再次,由天文学、生物学、植物学、化学、古典文学、地质学、历史学、数学、语言学、哲学、物理学和政治学等学科组成的文学和理学中心提高了传统(人文)文科院系的地位,使其与神学、法律和医学院系达到了同一水平,从而提升了纯粹的研究。④ 自此,科学研究作为大学的新功能逐渐被人们所接受,同时也开始对其他大学产生影响。⑤⑥

---

① NEWMAN J H. The idea of a university[M]. New Haven, London: Yale University Press, 1996: 99.
② ALTBACH P. Peripheries and centers: Research universities in developing countries[J]. Asia Pacific Education Review, 2009, 10: 15 - 27.
③ HÜTHER O, KRÜCKEN G. Higher education in Germany: Recent developments in an international perspective[M]. Berlin: Springer, 2018: 1 - 3.
④ FALLON D. The German university: A heroic idea in conflict with the modern world[M]. Boulder: Colorado Associated University Press, 1980: 19.
⑤ 王英杰,刘宝存.世界一流大学的形成与发展[M].太原:山西教育出版社,2008: 374.
⑥ ÖSTLING J. Humboldt and the modern German university: An intellectual history[M]. Sweden: Lund University Press, 2018: 9 - 10.

1876 年,以德国大学为榜样,美国创办了约翰斯·霍普金斯大学。在办校伊始,校长吉尔曼(Gilman)就宣布"研究生教育和高一级教育是大学最重要的使命"。大学的目的在于"最自由地促进一切有益知识的发展……鼓励科研,提高学者的水平"。① 之后,弗莱克斯纳对"洪堡式"大学理念进行了系统的阐述,他特别强调洪堡式的"现代大学"区别于纽曼的"理想大学"的特征,指出了"科学研究"对大学的重要性,肯定了科学研究是大学的重要功能之一;另一方面,他也强调大学人才培养的重要地位,认为任何成功的研究中心都不能替代大学。这充分体现了大学的功能不只局限于科学研究,人才培养也占据重要地位。② 同样,梅贻琦也认为大学有两项功能,即人才培养和学术研究。他认为大学在培养人才上应该通专并重,侧重于通。大学培养的人才不仅是为了从事某种职业而具有一技之长的人才,也应该是具备牢固基础知识、全面发展的人才;此外,大学应该成为追求真理、探究高深学问的场所,大学也应是不同观点、不同学派学者荟萃的空间。③

3. 大学的"三功能"阶段

19 世纪 60 年代,以 1862 年美国《莫雷尔法案》的颁布和 1904 年"威斯康星理念"(the Wisconsin Idea)的提出为代表,这一时期的大学有人才培养、科学研究和社会服务三大功能,进入"三功能"阶段。19 世纪后期,整个社会处于快速发展之中,对人才、知识和科技的依赖程度越来越高。社会已不满足于大学通过人才培养和科学研究所做的贡献,要求大学介入社会的政治、经济和文化生活中。这一要求并非否定大学最初的两项功能,而是要求大学在培养人才和开展科学研究的基础之上进一步推广大学教育,充分挖掘大学的人才资源和科研成果,服务于社会发展。④ 1862 年,美国国会通过了《莫雷尔法案》,向各州赠送土地以建立赠地学院。⑤ 赠地学院的办学理念非常明确,即秉承实用主义的原则,根据所在地区的实际需要提供相关的人才、技术和服务,以促进当地的工农业生产。⑥ 赠地学

---

① 赵祥麟.外国教育家评传(第 3 卷)[M].上海:上海教育出版社,1992:469.
② FLEXNER A. Universities:American, English, German[M]. Transaction Publishers, 1994:312.
③ 刘述礼,黄延复.梅贻琦教育论著选[M].北京:人民教育出版社,1993:71.
④ 王英杰,刘宝存.世界一流大学的形成与发展[M].太原:山西教育出版社,2008:375.
⑤ 注:赠地学院(land-grant colleges)也被称为赠地大学(land-grant universities),因为这些学院后来多半发展为州立大学,成为美国高等教育的一支重要力量,为美国的经济腾飞做出了重大贡献。
⑥ PINHEIRO R, LANGA P V, PAUSITS A. One and two equals three? The third mission of higher education institutions[J]. European Journal of Higher Education, 2015, 5(3):233 - 249.

院的出现开创了大学为社会服务的先河,改变了大学传统的人才培养模式和"象牙塔"式的办学理念。1905 年,威斯康星大学校长查尔斯·范·海斯(Charles Van Hise)在其演讲中明确提出"大学是为社会服务的工具……当大学的有益影响能够到达整个州的每一个家庭时,我才会真正感到满意"。[①] 他倡导大学通过推广和传播知识、专家服务等形式直接为社会服务,这正是"威斯康星理念"的雏形。1912 年,威斯康星大学教授查尔斯·麦卡锡(Charles McCarthy)在其所撰写的《威斯康星理念》(The Wisconsin Idea)一书中对威斯康星大学 20 世纪初的社会服务状况进行了介绍和评论,并首次提出了"威斯康星理念"的说法,这一理念从此成为大学社会服务的旗帜和典范。"威斯康星理念"的本质在于坚持大学与社会共生,把大学的资源与能力直接用于解决社会问题,努力为当地的社会和经济发展服务。[②] 此后,社会服务逐渐被认可为大学的第三功能。[③] 张楚廷指出,其实在威斯康星大学提出社会服务功能之前,大学已经通过不同的途径和方式服务社会了,但威斯康星理念有其自身的特点,它更加直接、更加实际、也更具融合性。这种大学服务社会的理念与运行模式极大地促进了美国大学与社会经济发展的互动,同时也把世界范围内的大学带进了一个崭新的历史阶段。[④] 20世纪后期,大学的社会服务功能不断扩展,服务形式更加多样化,服务范围不断扩大。大学脱离了"象牙塔",开始了与社会各个领域的合作。大学也逐渐发展成为国家、社会最主要的组织。[⑤]

斯科特认为,大学的功能处于变化之中,但从中世纪到后现代,大学的社会服务功能一直是非常重要的主题。所有大学都是社会组织,旨在为教会、政府、个人、公众以及未来世界提供高等教育服务,其中包括教学、科研和其他一系列学术服务。[⑥] 这一观点在克尔的"巨型大学观"中也有体现。克尔认为,现代大学是一种多元结构,有多重目标、多个权力中心,为不同的"群体"服务;现代大学

① VAN HISE C. Charles Van Hise's 1905 address[EB/OL]. (1905-02-01)[2019-05-04]. https://www.wisc.edu/pdfs/VanHiseBeneficentAddress.pdf.
② MCCARTHY C. The Wisconsin idea[M]. New York: The McMillan Company, 1912: 124-153.
③ PINHEIRO R, LANGA P V, PAUSITS A. One and two equals three? The third mission of higher education institutions[J]. European Journal of Higher Education, 2015, 5(3): 233-249.
④ 张楚廷.高等教育学导论[M].北京:人民教育出版社,2010:105.
⑤ PINHEIRO R, LANGA P V, PAUSITS A. One and two equals three? The third mission of higher education institutions[J]. European Journal of Higher Education, 2015, 5(3): 233-249.
⑥ SCOTT J C. The mission of the university: Medieval to postmodern transformations[J]. The Journal of Higher Education, 2006, 77(1): 1-39.

不仅具有人才培养的传统功能,也具有科学研究的功能,还应具有社会服务的功能。大学逐渐成为与社会和国家发展息息相关的多功能的社会机构,是知识发生器和传播机、研究中心、咨询中心以及继续教育机构。^①

由此可见,大学三项基本功能的发展是随着社会变迁而逐步变化的,随着功能的演变,大学从游离于社会之外到处于社会边缘,最终走向社会中心(见图 2-1)。总的来说,大部分中国学者认可现代大学具备三项基本功能,即人才培养、科学研究和社会服务。他们认为现代大学的三大基本功能是从社会实践的着力点分析探究而来的,体现了人类社会发展的实际需求,因而成为大学最基本的功能,这也是大学历史发展过程中内生出来的功能,其发展历史源远流长,有着存在的历史必然性。^{②③④} 目前看来,三功能论在高等教育界仍占据主流,部分是由于对新功能的识别与确认还缺乏可靠的原则与评判标准。

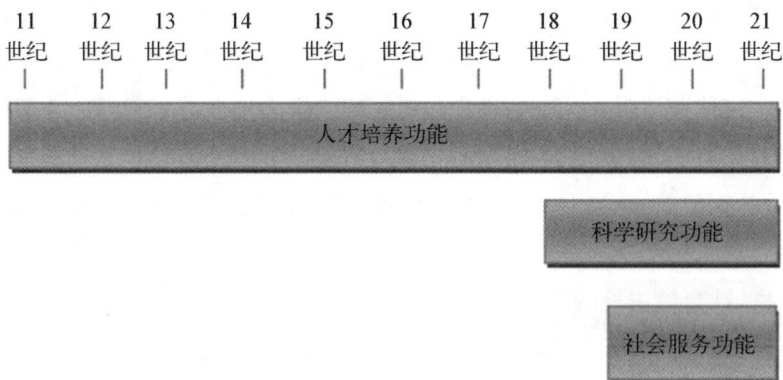

图 2-1　现代大学三大基本功能的演变

二、多视角的大学功能划分及演变过程

除主流的三功能论外,国内外学者也从多元化的视角对大学功能的划分和演变进行了讨论。从大学功能的内在逻辑出发,加塞特(Gasset)认为大学的功

---

① KERR C. The uses of the university[M]. Cambridge：Harvard University Press，1982：1-5.

② 邬大光,赵婷婷.也谈高等教育的功能和高等学校的职能——兼与徐辉、邓耀彩商榷[J].高等教育研究,1995,16(3)：57-61.

③ 朱国仁.论高等学校职能的限度[J].教育研究,1999,(1)：41-48.

④ 林文强,林励,杜荔.中国大学之道：提升大学与大学生的社会存在价值[M].沈阳：东北大学出版社,2013：16.

能包括下列三项：文化传授、专业教学、科学研究和新科学家的培养。① 从知识的产生和传播出发，珀金斯（Perkins）认为大学的主要功能是知识的获得、传递和应用。② 与珀金斯的想法类似，徐辉立足于师生与知识之间的交际关系，认为大学具有保存知识、传播知识、增进知识、应用知识、社会批判与监督等六项基本功能。③ 以高等教育价值观为起点，邓耀彩认为现代大学的功能包括三项：培养人才与发展个性、文化创新和文化涵化、社会批判。④ 从内、外部需求出发，钟保特（Jongbloed）等学者认为大学的内部功能包括人才培养、科学研究和知识转化，外部功能包括经济服务和社会服务——他们将其称之为人们对大学的"经济期待"（economic expectations）和"社会期待"（social expectations）。经济期待主要在于培养符合社会需求的劳动力、开展科研和知识创新活动，从而促进经济发展；社会期待则更多指向了有关不同背景、阶层和种族的学生获得教育机会的问题。⑤ 从大学功能的整体性出发，任燕红将大学功能分为了本体功能和衍生功能两部分，其中，人才培养是大学的本体功能，科学研究、社会服务和文化传承创新是大学的衍生功能。⑥

从大学功能的历史逻辑出发，张阳和罗承选讨论了大学功能的演变及其内涵的不断丰富，并对三功能阶段后第四功能的出现进行了辩证思考。⑦ 任燕红也讨论了大学功能的历史演变及内在逻辑，她认为现代大学的功能，即人才培养、科学研究、社会服务、文化传承创新等，是大学在发展演变过程中，根据时势变化，不断调整、不断完善所折射出的大学本质的具体表现，反映了社会的时代特征。⑧ 同样，徐辉和李薇认为，自中世纪以来，大学的社会功能不断变化，社会的快速发展对大学提出了新的要求，现在的大学已不再是单纯的学术组织，大学受到社会环境和自身变化的双重影响。大学在履行学术功能的同时，更多地担

---

①　ORTEGA Y GASSET J. Mission of the university[M]. London：Routledge，1946：74.
②　PERKINS J A. The university in transition[M]. Princeton, N.J.：Princeton University Press，1966：9.
③　徐辉.试析现代高等学校的六项基本职能[J].高等教育研究，1993，14(4)：16 - 18.
④　邓耀彩.个人与文化：高校社会职能的两个出发点——兼与徐辉同志商榷[J].高等教育研究，1995，(1)：27 - 31.
⑤　JONGBLOED B，ENDERS J，SALERNO C. Higher education and its communities：Interconnections，interdependencies and a research agenda[J]. Higher education，2008，56(3)：303 - 324.
⑥　任燕红.大学功能的整体性及其重建[D].重庆：西南大学，2012：97.
⑦　张阳，罗承选.大学第四功能之辨[J].高教探索，2009，(1)：14 - 17.
⑧　任燕红.大学功能的整体性及其重建[D].重庆：西南大学，2012：65.

负起艰巨的政治功能、社会功能、经济功能和文化功能。① 无独有偶，斯科特从历史角度提出了一个新的构想，他将大学与民族国家建立之前（中世纪大学）、民族国家建立后（早期的现代大学、美国大学）以及西方和世界历史的全球化阶段（后现代大学）联系起来，梳理了大学的六项功能，即从早期单一的人才培养功能到日益丰富的多功能并提出了大学的国际化功能。他认为，大学功能是动态的，反映了不断变化的哲学理想、教育政策和特定社会或学术机构的文化。②

综上，有关大学功能划分和历史演变的研究数量众多，从上述研究中可以发现，在划分大学功能时，学者们的出发点各不相同，包括：① 以大学的活动本身为起点，将大学从事的活动归纳起来，从而提出大学的人才培养、科学研究和社会服务三大功能；② 从知识的产生、保存、传播、应用等过程确立大学的功能体系，认为大学的主要功能包括知识的获得、传递和应用；③ 以高等教育价值观为起点，认为大学的功能包括培养人才与发展个性、文化创新和文化涵化、社会批判；④ 从内、外部需求归纳了大学的内部功能和外部功能；⑤ 从大学功能的整体性出发将大学功能分为了本体功能和衍生功能。但是，大多数学者仍认为大学的三大基本功能包括人才培养、科学研究和社会服务。此外，大学的功能处于不断的变化之中，这与大学所处的时代背景和社会对其提出的要求密不可分。

第二节　现代大学功能的内涵、
发展及具体表现

一、人才培养功能的内涵、发展及具体表现

1. 人才培养功能的内涵

大学的人才培养功能指的是大学利用教育教学资源培养大学生，使其成为有较高才能的人，这些人才完成培养后在社会中发挥正向和积极的作用。③④　人

---

① 徐辉,李薇.大学功能的世纪演变[J].高等教育研究,2013,34(3): 5-8.
② SCOTT J C. The mission of the university: Medieval to postmodern transformations[J]. The Journal of Higher Education, 2006, 77(1): 1-39.
③ DUDERSTADT J J. A university for the 21st century[M]. Ann Arbor: University of Michigan Press, 2009: 73.
④ 靳蓉.大学人才培养功能的定位与实现机制研究[D].重庆:重庆师范大学,2015: 9-10.

才培养是大学的基本和核心任务,通过知识的传授、人格的养成,大学为社会培养使人类社会得以延续与发展的各类人才。[①]

传统上,人们把"人才培养"称之为教学,但教学只是人才培养的一种主要途径。大学的人才培养是一个系统而复杂的工程,需要多方共同合作参与。董泽芳总结了大学人才培养的七大要素,包括人才培养的理念、主体、客体、目标、途径、模式与制度。[②] 靳蓉对以上七大要素进行重组后得出大学人才培养的六个维度:一是教育理念的选择,关于"为谁培养人才""培养什么样的人才""怎样培养人才"等问题;二是人才培养目标的设定,培养目标是教育培养预期要实现的结果;三是人才培养对象和培养者的甄选,培养对象是教育接受对象,大学生是大学人才培养活动的主要对象,培养者就是施加教育影响的人;四是人才培养模式、教学模式的开发,培养模式是指在一定的教育理念指导下,以一定的培养目标为指向,以相对稳定的教学对象、教学内容和课程体系为中介,以确定的管理方式和评估方式为手段,实施人才培养的过程的总和;教学模式是为达到这些目标而实施的教学手段总和;五是人才培养过程的不断优化和发展,培养过程是指为实现人才培养目标而安排课程、采用合理教学方式等的过程总和;六是人才培养的制度保障。[③] 以上六个维度对大学的人才培养功能做出了详细的分解,透过这六个维度,大学人才培养功能的内涵得以清晰呈现出来。

2. 人才培养功能的发展

郭捷基于大学的历史发展进程(前工业社会、工业社会和后工业社会),讨论了大学人才培养功能经历的三个主要发展阶段。[④] 在前工业社会的古典大学时期,大学的主要功能是为世俗生活培养人才,培养具有人本主义精神和文化素养的"绅士"与"统治者"是大学的首要目标。以牛津大学和剑桥大学为代表的英国大学固守传统,注重理性培养和性格养成,排斥科学教育。这一时期最具代表性的是纽曼的人文主义教育思想,他认为大学的真正使命是培养良好的社会公民,随之带来的是社会的和谐发展。大学教育体现出的是"一维的价值模式",教育的目的是培养具有完善理性与完整人格的"人"。但是,自工业革命以来,人类社

① 胡建华.大学科学研究的性质、地位、作用之比较分析[J].高等教育研究,2006,27(5):29-33.
② 董泽芳.高校人才培养模式的概念界定与要素解析[J].大学教育科学,2012,(3):30-36.
③ 靳蓉.大学人才培养功能的定位与实现机制研究[D].重庆:重庆师范大学,2015:29.
④ 郭捷.重视大学本体功能培养全面发展人才[J].中国高教研究,2007,(3):31-34.

会进入了社会分工高度发达的阶段，这一阶段对人的专业技能提出了很高的要求。社会对人才需求的变化促使大学对其人才培养功能进行调整。在这一时期，大学培养适应经济发展、科学技术进步所需的专门人才的任务得以确立下来。在此背景下，除牛津大学等少数古典大学恪守传统外，绝大多数古老的大学以及后来适应社会需要而建立起来的许多新的大学都开始注重培养社会所需的人才，关注个人发展与社会需求的"二维价值模式"开始占据主导地位。大学人才培养的重心由人文教育转到了科技和专业教育，即对专门人才的培养。这类人才不仅具备较高的人文素养，也掌握了高深的科学文化知识和专门的技能，对社会进步起到了巨大的推动作用。然而，当人们过度强调专业教育时，"技术至上的实用主义教育观"开始出现，大学的基本功能逐渐变为了把学生培养成对社会直接有用的人，以适应社会的选择。这遭到了教育者们的批判和质疑。因此，在后工业社会，大学的人才培养功能开始关注人文教育与科技教育、通识教育与专业教育的和谐，开始思考人的全面发展问题。雅斯贝尔斯(Jaspers)是后工业社会呼吁"完人"教育的理论先驱。他认为教育的目的不在于发展人的某一方面或培养某一种技能，教育的目的是要使人作为完整的存在，让人在各个方面都能得到发展。[1] 同样，联合国教科文组织（UNESCO）发布的《教育：财富蕴藏其中》(*Learning: The treasure within*)的报告提出大学的人才培养必须兼顾个人与社会发展的双重需要，大学要同时注重"成人"和"成才"的双重目标，以实现人文教育与科技教育、通识教育与专业教育的有机结合。[2]

但近年来，随着大学科学研究功能地位的不断提升，大学的人才培养功能逐渐沦为次要功能，由此导致的结果便是大学教授不愿承担本科教学，大学教学质量面临挑战，因为在很多研究型大学中，科研成果而非教学绩效与教师的薪资、升职和获得终身教职等息息相关。塞罗夫（Serow）认为大学的人才培养和科学研究一直处于一种不均衡的竞争关系之中，大学对科学研究的倾斜很大程度上是为了应对减少的政府拨款。而实际上，在他的研究中，受访的大部分教师认为人才培养而非科学研究才是其事业的基石；他也指出高等教育的基本目的应该是帮助学生获得所需的知识和技能。[3] 因此，有学者呼吁，虽然大学具备多种功

① JASPERS K. The idea of the university[M]. London: Peter Owen, 1960: 42.
② UNESCO. Learning: The treasure within[R]. UNESCO Publishing, 1996: 21.
③ SEROW R C. Research and teaching at a research university[J]. Higher Education, 2000, 40(4): 449-463.

能,但人才培养仍是其最基本的功能,大学应该把人才培养放在重要地位,并把"全人"作为大学教育的培养目标。^① 这既是大学存在的最根本的理由和原因,也是大学区别于其他机构的根本特征;同时,这也是大学发挥功能收益最大、影响最为深远的地方。

3. 人才培养功能的具体表现

大学的人才培养功能主要是通过一系列的教育和实践活动来体现的。教育活动主要包括课堂教学与学习(统称为"教学")。随着知识经济社会、创新时代的到来,教学从单纯向学生传授知识转变为教授学生学习知识、掌握求知方法,引导学生发现问题并解决问题,鼓励学生自主学习,从而将学生培养成为富有主体精神与创新能力的人才,培养社会发展所需要的人才,最大限度地促进学生的全面发展。^{②③} 实践活动主要包括除课堂教学和学习外与学生个人发展、成才相关的一系列教育实践活动。这些实践活动更多与大学的科学研究和社会服务功能联系起来。也就是说,现代大学的人才培养不再像以前那样只依赖于知识的传授和讲解,而是必须在科学研究和社会服务中育人。例如,在科学研究中育人意味着大学的人才培养不仅局限于课堂之中,也存在于学生日常的科研参与之中。正如张楚廷所说,没有强大科研支持的教学是生命力不强的教学。教学与科研在相融相长中共同承担着大学人才培养的功能,有科研底蕴的教学才会具有活力,其人才培养的目标才能实现。^④ 此外,以培养学生的社会责任感、提高学生的社会参与度为目标的公民参与式教学(teaching for civic engagement)或是服务型学习(service learning),既体现了大学的社会服务功能,也是大学人才培养的途径之一。艾伦(Allen)认为,在 21 世纪,许多高等教育机构将培养全球公民作为其人才培养目标的一部分,鼓励学生关注全球社会面临的挑战并通过服务型学习将自身与外部社会连接起来。^⑤

此外,基于上文论述可知,大学的人才培养功能也体现在不同的教育类型和人才培养类型之上。就教育类型而言,联合国教科文组织提出了人文教育与科

① 朱飞.大学人才培养:以人为本的内涵及实践探索[J].教育与教学研究,2016,30(4):67-70.
② 袁振国.培养人才始终是大学的第一使命——大学变革的历史轨迹与启示之一[J].中国高等教育,2016,(Z2):57-60.
③ 任燕红.大学功能的整体性及其重建[D].重庆:西南大学,2012:96.
④ 张楚廷.大学教学学[M].长沙:湖南师范大学出版社,2002:22-25.
⑤ ALLEN J K. Teaching for civic engagement: Lesson learned from integrating positive psychology and future studies[J]. Journal of University Teaching & Learning Practice, 2011, 8(3):1-14.

技教育、通识教育与专业教育的分类；①就人才培养类型而言，大学产生之初，大学发挥人才培养功能主要是为了培养本科生；19 世纪，研究生教育制度建立后，大学又承担起培养硕士和博士研究生的任务。也就是说，大学的人才培养主要包括本科生培养（本科教育）和研究生培养（研究生教育）。但随着社会的进步与发展，现在大学的人才培养已涉及各个学科领域，大学的人才培养类型又可被总结为学术型、理论型人才的培养和应用型人才的培养。②

二、科学研究功能的内涵、发展及具体表现

1. 科学研究功能的内涵

大学的科学研究功能指的是大学为了增进知识（包括关于人类文化和社会的知识）以及利用这些知识去发明新的技术而进行的系统的创造性工作。③④ 科学研究是一个在实践中不断发现问题、探索未知、探究规律的过程。在科学研究成为大学功能的初期，大学主要开展基础研究，但自 20 世纪以来，特别是二战以来，大学在重视基础研究的同时，也更多关注应用研究甚至是技术开发。近年来，大学的科学研究正在转变且越来越受到重视，现已被视为国家创新战略的主要组成部分。⑤

名特姆（Mintrom）构建了大学科学研究功能的运作模型（见图 2 - 2），讨论了大学的科学研究与行政管理、人才培养和社会服务之间的互动。⑥

名特姆认为，大学科学研究功能的发挥主要由四个部分/步骤组成：① 科研投入（research inputs），包含人力、正式/非正式的管理条例、物资、资金、行政/管理能力等。② 转化过程（transformations），大学内部所有涉及将科研投入结合起来用于科研成果生产的流程都有助于成果转化。大学鼓励科研合作，通过科研学徒制培养各学科的研究生，推动学术讨论会、外部咨询活动的开展及伙伴关

① UNESCO. Learning：The treasure within[R]. UNESCO Publishing, 1996：21.
② 任燕红.大学功能的整体性及其重建[D].重庆：西南大学,2012：95.
③ MINTROM M. Managing the research function of the university：Pressures and dilemmas[J]. Journal of Higher Education Policy and Management，2008，30(3)：231-244.
④ 万思志.大学基本功能异化问题研究[M].北京：科学出版社,2018：103.
⑤ DILL D D, VAN VUGHT F A. (Eds.). National innovation and the academic research enterprise：A global perspective[M]. Baltimore：Johns Hopkins Press，2009：51.
⑥ MINTROM M. Managing the research function of the university：Pressures and dilemmas[J]. Journal of Higher Education Policy and Management，2008，30(3)：231-244.

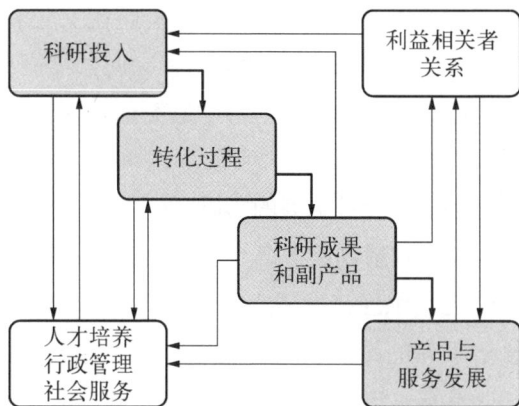

图 2-2 大学科学研究功能的运作模型①

系的建立,这些都有助于将科研投入有效地转化为科研成果。③产出研究成果和副产品(research outputs and byproducts),对大多数大学科研人员而言,研究产出是在学术期刊上发表包含主要科研成果的同行评审文章、撰写书籍章节和研究专著。即便科研成果以其他形式出现,如发明、计算机程序、医疗设备或新材料等,但通常情况下,它们的生产都与某种形式的科研出版物有关。副产品则包含以下三方面的内容:首先,参与科研项目可以帮助科研工作者获得新的技能、知识和人际网络;同时,科研成果的产生有助于大学能力提升。其次,学生参与科研过程是对大学人才培养功能的补充和进一步提升。再次,科研成果会为大学带来声誉效应。④产品和服务发展(product and service development),科研成果可以产品和服务的形式推动社会的发展和进步。在这一运作模型中,四个步骤与大学的行政管理以及人才培养和社会服务功能密切相关,与内外部利益相关者的关系也被纳入考虑之中。这体现了高质量的科学研究有助于获得外部社会的支持,外部社会的支持又能促进大学更好的发展。②

2. 科学研究功能的发展

大学科学研究功能的形成与发展是一个历史的、动态的过程。19世纪以前,许多引起工业革命的科学发现和技术发明还游离于大学之外,与大学无关。

① MINTROM M. Managing the research function of the university:Pressures and dilemmas[J]. Journal of Higher Education Policy and Management,2008,30(3):231-244.
② MINTROM M. Managing the research function of the university:Pressures and dilemmas[J]. Journal of Higher Education Policy and Management,2008,30(3):231-244.

在此之前,大学的功能始终局限在保存和传授已有传统文化和知识。19 世纪以后,随着工业社会的发展以及知识总量的增长,社会向大学提出了除培养人才和传播知识外的新需求,即大学还需要具备科学研究的功能。1809 年创办的德国柏林大学强调教学与科研相结合的办学理念,大学的科学研究功能由此确立下来,这也对各国大学产生了广泛且深刻的影响。[①] 这一时期,大学的科学研究功能以柏林大学为中心,全面辐射到欧美各个发达国家并得到了各国的普遍认同。但是,大学通过科学研究贡献经济发展则是一个更近期的现象,直到 19 世纪晚期才出现。当时,科学研究的见解被用于改善一些国家的农业。例如,1862 年美国总统林肯签署的《莫雷尔法案》启动了美国联邦政府对赠地学院和农业推广站的支持,这一举动被认为是科学研究可为经济发展做出积极贡献的例证。

因此,在目的和内容上,现代大学的科学研究已不再是洪堡时代的以纯粹学术为目的,即为了产生新知识、促进学术人才培养;服务社会、经济和国家的发展也成为大学科学研究的主要目标之一。[②] 这一显著变化始于 20 世纪 40 年代的美国,这一时期科学研究进入了"大科学"时代,其特征是规模巨大,拥有高级技术装备并对社会经济、政治、文化等产生重大影响;也可以说是涵盖了涉及学科多、参与人数多、耗用资金多且需要较长时间周期的大型科学项目。[③] 20 世纪 50 年代,世界各国陆续出现的高科技园区把大学科学研究的功能发挥得淋漓尽致。例如,以美国斯坦福大学为主导发展起来的"硅谷"以及一批以高新技术产业群为基础而形成的产学研结合的科技发展基地。[④] 产学研结合的发展模式丰富着大学科学研究功能的内涵,大学的科研活动越来越社会化、产业化和商品化了。但是,这也带来了大学的"使命偏离"(mission creep)和"科研漂移"(research drift),即有些研究虽仍在大学内进行,但实际已脱离了大学的学术性和人才培养。[⑤⑥] 这反映了大学的科学研究功能所面临的三种外部压力:① 资助者——特别是政府,要求大学更多地做出社会和经济贡献以作为对"投

① ÖSTLING J. Humboldt and the modern German university: An intellectual history[M]. Sweden: Lund University Press, 2018: 9 - 10.
② 胡建华.大学科学研究与创新型人才培养[J].现代大学教育,2009,(4):1 - 4.
③ 熊志军.试论小科学与大科学的关系[J].科学学与科学技术管理,2004,(12):5 - 8.
④ 侯光明.中国研究型大学理论探索与发展创新[M].北京:清华大学出版社,2005:100.
⑤ CLARK B R. Places of inquiry: Research and advanced education in modern universities[M]. Berkeley: University of California Press, 1995: 193.
⑥ DUDERSTADT J J. A university for the 21st century[M]. Ann Arbor: University of Michigan Press, 2009: 57.

资"的回报;①② 随着知识在促进经济发展中所起的中心作用愈发得到认可,来自社会许多部门的利益相关者期待大学更密切地参与商业活动;②③ 全球化背景下大学对第三方研究资助的全球性竞争。③

3. 科学研究功能的具体表现

大学的科学研究功能可经由不同的科学研究活动表现出来,并由此体现出大学发挥科学研究功能所产生的积极作用。总的来说,大学的科学研究可被分为三类,分别是基础研究、应用研究和开发研究。关于科学研究的分类,最早是由万尼瓦尔·布什(Vannevar Bush)在 1945 年提交给美国总统的一份题为《科学——永无止境的前沿》(*Science, the endless frontier*)的报告中提出的(该报告在 1960 年被整理成书)。在报告中,他把科学研究分为两类:基础研究和应用研究。在二战之后,他的理论影响了许多国家的科学政策,并形成了基础研究—技术创新—开发生产转化的发展模式。④ 1984 年,联合国教科文组织在制定研发统计标准时,把科学研究正式划分为三类,即基础研究、应用研究和试验发展研究。⑤ 现在,世界各国在制定科学研究规划和统计科研经费时,大都采用了联合国教科文组织的划分标准。但是,中国通常是用更为直观的"开发研究"代替"试验发展研究"。⑥

根据联合国教科文组织的定义,基础研究是一种试验性或理论性的工作,主要是为了获得关于现象和可观察事实的基本原理的新知识,它不以任何特定的应用或使用为目的。应用研究也是为了获取新知识而进行的创造性研究,但它主要针对某一特定的实际目的或目标。试验发展研究(或开发研究)是利用从科学研究和实际经验中获得的知识为生产新的材料、产品和设备建立新的工艺、系

① ORR D. Research assessment as an instrument for steering higher education: A comparative study[J]. Journal of Higher Education Policy and Management, 2004, 26(3): 345 – 362.
② BOK D C. Universities in the marketplace: The commercialization of higher education[M]. Princeton; Oxford: Princeton University Press, 2003: 173.
③ MARGINSON S. National and global competition in higher education[J]. Australian Educational Researcher, 2004, 31(2): 1 – 28.
④ BUSH V. Science, the endless frontier (a report to the President on a program for postwar scientific research) [EB/OL]. (1945 – 07 – 01) [2019 – 05 – 04]. https://archive.org/details/scienceendlessfr00unit/page/n5.nceendlessfr00unit/page/n5.
⑤ UNESCO. Manual for statistics on scientific and technological activities ST – 84/WS/12[EB/OL]. (1984 – 06 – 01) [2019 – 05 – 04]. http://uis.unesco.org/sites/default/files/documents/manual-for-statistics-on-scientific-and-technological-activities-historical-1984-en.pdf. en.pdf.
⑥ 刘道玉. 论重点大学科学研究的使命[J]. 高教探索, 2006, (2): 4 – 8.

统和服务，或是对已产生和已建立的上述各项内容进行实质性改进而进行的系统性工作。^① 简而言之，基础研究是创造尚不为人所知的新知识，应用研究是把已知的知识应用到实际生产和生活中去，而开发研究就是产生新的材料、产品和设备。

在此基础上，胡建华认为，大学发挥科学研究功能的作用在于：① 作为教育机构，大学科学研究的主要作用首先是培养人才，特别是培养从事科学研究的人才；② 大学在科学事业发展上的贡献，主要在于通过基础研究产生新知识和创造新理论；③ 大学通过应用与开发研究对技术的贡献在现代社会的经济发展中发挥着越来越积极和明显的作用。^② 蒋林浩、安宁、张晓红等学者也表达了类似的观点，他们认为，大学开展科学研究，除了产出新知识、科研成果外，还推动了人才培养和社会服务。因为科研成果推动了大学教学内容的更新与创新、提高了教学质量；科研活动也有利于培养学生的创新思维和创新能力；科研活动还有利于形成良好的学术氛围、提升师资质量等；同时，大学发挥社会服务功能需要以科学研究为基础，因为社会服务在一定程度上是大学的学术责任和学术水平的反映。^{③④}

三、社会服务功能的内涵、发展及具体表现

1. 社会服务功能的内涵

大学的社会服务功能可从广义和狭义两个视角进行解读：广义的社会服务功能指的是大学在人类发展史上发挥的一切作用；狭义的社会服务功能则是指诞生于 19 世纪后半期首先出现于美国大学、继人才培养和科学研究之后的第三种功能。

我国学者对大学社会服务功能的解释包括：潘懋元认为，大学的这一功能可被称为"直接为社会服务"，以区别于广义的社会服务，指的是大学的智力资源直接且迅速地转化为社会生产力（社会实践）。^⑤ 眭依凡认为，广义上，大学社会服务是指大学作为一个学术组织为社会做出的所有贡献；狭义上，大学社会服务

① UNESCO. Manual for statistics on scientific and technological activities ST－84/WS/12［EB/OL］.(1984－06－01)［2019－05－04］. http://uis. unesco. org/sites/default/files/documents/manual-for-statistics-on-scientific-and-technological-activities-historical-1984-en. pdf. en. pdf.
② 胡建华.大学科学研究的性质、地位、作用之比较分析［J］.高等教育研究,2006,27(5)：29－33.
③ 蒋林浩,安宁.高校科研为教学功能服务分析［J］.科技管理研究,2010,(15)：85－88.
④ 张晓红.论科学研究在高校中的地位与功能［J］.国家教育行政学院学报,2011,(5)：37－40.
⑤ 潘懋元.高等教育学讲座［M］.北京：人民教育出版社,1993：52.

是指在保证人才培养和科学研究顺利进行的前提下，大学依托教学、科研、人才和知识等资源优势，向社会提供直接的、服务性的、促进经济和社会发展的活动。[①] 许衍琛总结了多位学者的看法后指出，大学的社会服务功能指的是大学为了推动社会发展所进行的以教学、科研活动为基础，直接向社会提供的服务活动，不仅包含经济服务，也包括政治、教育、科学和技术服务等。[②]

相比之下，国外学者对大学社会服务功能的描述有多种说法，包括社会服务（social service）、公共服务（public service）、社区参与（community engagement）、第三功能/第三使命（the third function/the third mission）等，各概念的含义不完全一致，但大都强调大学与相关社会主体（政府、企业、社区等）间的互动关系。

就社会服务而言，斯塔尔克（Stark）将其定义为"大学直接为国家做贡献，体现在为政府部门建言献策、提供信息和技术支持，通过开展科研活动解决国家面临的重要问题；大学服务于社会公众，开展社会参与和对外拓展活动等"。[③] 就公共服务而言，经合组织教育研究与创新中心（Organization for Economic Co-operation and Development-Center for Educational Research and Innovation，简称 OECD-CERI）将其定义为大学为解决当地社区和整个社会面临的重大问题做出贡献、直接参与社会变革的进程。[④] 在此基础上，波伊尔（Boyer）、奥斯特兰德（Ostrander）认为社区参与是大学历史性的社会角色的延伸，是大学"服务"功能的"修订版"，目的在于更加公平和更具协商性地发挥大学的作用。[⑤⑥] 马洛里（Mallory）认为，从历史上看，大学寻求与社区接触是为了获得科研场所，满足学生实习和就业需求等。[⑦] 但是，这种片面的参与观正在被更为互利的"大学—社

① 眭依凡.我国高校社会服务 30 年发展实践研究[J].中国高教研究,2008,(11)：18 - 22.
② 许衍琛.近代中国大学社会服务研究[D].天津：南开大学,2014：12.
③ STARK J. The Wisconsin Idea：the university's service to the state[M]//LAWRENCE S B. State of Wisconsin 1995 - 1996 Blue Book. Madison, Wisconsin：Wisconsin Legislative Reference Bureau, 1995：101 - 179.
④ OECD-CERI. The university and the community：The problems of changing relationships[R]. Paris：OECD, 1982：40.
⑤ BOYER E L. Scholarship reconsidered：Priorities of the professoriate[M]. San Francisco, CA：Jossey-Bass, 1990：45.
⑥ OSTRANDER S A. Democracy, civic participation, and the university：A comparative study of civic engagement on five campuses[J]. Nonprofit and Voluntary Sector Quarterly, 2004, 33(1)：74 - 93.
⑦ MALLORY B L. Reflections of the wingspread experience[C]//P. A. Pasque, R. E. Smerek, B. Dwyer, N. Bowman & B. L. Mallory. Higher education collaboratives for community engagement and improvement. Ann Arbor, MI：National Forum on Higher Education and the on Higher Education and the Public Good. Retrieved September 28, 2018, from Eric database.

区参与"定义所取代。① 这种新型互动伙伴关系建立在彼此的优势之上,大学提供了知识基础,社区提供了创造这些知识的丰富见解并提供了一个共享和利用知识的平台。但是,"社区"一词本身具备局限性,除了具有地理内涵,在另一意义上则是一个领土概念,而作为领土概念的"社区"其实带有排斥性。② 正如埃弗林厄姆(Everingham)所说:"社区政治的讽刺意味在于,它在言语上强调社会包容,而其意识形态效应却加剧了排斥的道德界限。"③温特(Winter)等学者认为,社区参与和高等教育场所之间存在冲突,例如,大学既是一个培养公民责任的地方,也是一个没有边界、可以存在于任何地点的机构,但社区的领土内涵却带有一定的排斥性。因此,关于社区作为培养包容性公民和孕育社会正义场所的可行性需要进一步思考,特别是考虑到大学发挥其功能的范围涵盖了所在城市、国家和全球等多个层次。④

　　基于此,近年来,在有关大学功能的论述中出现了"第三功能/第三使命"(the third function/the third mission)的说法,以此概括大学人才培养与科学研究功能之外的又一功能,特别关注对地区发展的贡献。⑤⑥ 普雷扎齐(Predazzie)认为大学的第三功能是除人才培养和科学研究两大功能外,大学进行的"科学与社会的对话"(dialogue between science and society)。第三功能包括知识转化功能以及更广泛的参与功能;同时,它也可被看作是一个涵盖性术语,指的是一系列有关经济和社会发展的原则与战略。⑦ 而在埃兹科维茨(Etzkowitz)的视域中,第三功能和第三使命都表现为教学和研究之外的产学合作,其议题包括知识转化、社区服务、商业与社区参与、拓展、区域发展等。⑧ 虽然部分学者认为第三

① SHANNON J, WANG T R. (2010). A model for university-community engagement: Continuing education's role as convener[J]. The Journal of Continuing Higher Education, 2010, 58(2): 108 - 112.
② WINTER A, WISEMAN J, MUIRHEAD B. University-community engagement in Australia: Practice, policy and public good[J]. Education, Citizenship and Social Justice, 2006, 1(3): 211 - 230.
③ EVERINGHAM C. Reconstituting community: Social justice, social order and the politics of community[J]. Australian Journal of Social Issues, 2001, 36(2): 105 - 122.
④ WINTER A, WISEMAN J, MUIRHEAD B. University-community engagement in Australia: Practice, policy and public good[J]. Education, Citizenship and Social Justice, 2006, 1(3): 211 - 230.
⑤ CHATTERTON P, Goddard J. The response of higher education institutions to regional needs[J]. European Journal of Education. 2000, 35(4): 475 - 496.
⑥ OECD. Higher education and regions: Globally competitive, locally engaged[R]. Paris: OECD, 2007: 15.
⑦ PREDAZZIE. The third mission of the university[J]. Rend. Fis. Acc. Lincei, 2012, 23(Suppl1): 17 - 22.
⑧ ETZKOWITZ H. The triple helix: university-industry-government innovation in action[M]. New York: Routledge, 2008: 93.

功能/第三使命与大学传统的人才培养和科学研究功能密不可分,[1]但也有学者将第三功能/第三使命定义为"在学术环境之外对知识和大学的其他能力的生产、应用和开发"。[2] 结合这一定义,不难发现,第三功能/第三使命这一笼统的概念已超出了大学传统的社会服务功能,出现了指代不清的问题。在此意义上的大学被更多赋予了推动社会经济发展和工业进步的角色,大学也面临着"超载"的风险,因为大学肩负的任务越来越多。

鉴于"社区"一词本身的局限性以及"第三功能/第三使命"的笼统性,在综合国内外学者相关讨论的基础上,本研究仍沿用"社会服务"这一概念并将其定义为:依托于人才培养和科学研究两大功能,大学参与满足社会需求的活动。大学拥有更广泛的服务和参与愿景,涉及社会、经济、文化、政治和环境等方面的内容。大学社会服务功能的特点包括:① 学术性:大学从事的社会服务活动必须具有浓厚的学术色彩,大学通过教学项目、科学研究和技术援助等手段承担着满足社会需求的重要功能。[3] ② 有限性:大学的社会服务要在一定范围内进行,不具备学术色彩的活动不应是大学社会服务的范畴;大学为社会服务——尤其是为经济服务应该是适度的。[4] ③ 不均衡性:大学在不同时期社会服务的内容不同;不同层次和类型的大学社会服务的范围、内容和途径不同。[5]

2. 社会服务功能的发展

就大学社会服务功能的历史发展而言,从欧洲近代大学的诞生直到 19 世纪后期,虽偶有与外部社会进行互动,但大学在这一时期基本与社会绝缘。欧洲大学的社会服务功能虽在较早的时候得以萌发,但社会服务这一概念的提出和实践的确立却是出现在美国。富兰克林(Franklin)、杰佛逊(Jefferson)等人早在建国之前就进行了有关大学社会服务的探索。此后,在一系列律令的激发下(如1862 年的《莫雷尔法案》),美国的赠地学院纷纷成立。赠地学院秉承实用主义

① JONGBLOED B, ENDERS J, SALERNO C. Higher education and its communities: Interconnections, interdependencies and a research agenda[J]. Higher education, 2008, 56(3): 303-324.
② MOLAS-GALLART J, SALTER A, PATEL P, et al. Measuring third stream activities: Final report to the Russell group of universities. Brighton: SPRU, University of Sussex[EB/OL]. (2002-03-26)[2016-07-13]. https://www.researchgate.net/publication/246796517_Measuring_Third_/publication/246796517_Measuring_Third_Stream_Activities.
③ 德里克·博克.走出象牙塔——现代大学的社会责任.(徐小洲 & 陈军,译)[M].杭州:浙江教育出版社,2001: 245.
④ 许衍琛.近代中国大学社会服务研究[D].天津:南开大学,2014: 13.
⑤ 王作权.大学组织的社会服务职能新探[J].复旦教育论坛,2007,5(1): 44-48.

的原则,根据所在地区的实际需求,提供相关的技术、人才和服务,以促进当地的工农业生产。① 赠地学院的出现突破了大学传统的"象牙塔"式的办学理念,开创了大学为社会服务的先河。之后,"威斯康星理念"的提出使社会服务逐渐被认可为大学的第三功能。②

　　20 世纪以后,大学的社会服务得到了极大提升,在争议中迈向全面开放的时代。20 世纪 50 年代后,以信息技术和空间技术等的发展与应用为标志的第三次科技革命兴起,世界各国开始将科技作为综合国力的重心,加速科技成果的转化和高科技产业的建立。著名的"硅谷—斯坦福大学""波士顿 128 号公路""北卡三角研究园"等合作模式成功证明了大学社会服务功能的强大生命力。③ 20 世纪 60 年代,美国学者和城市规划师弗里德曼(Friedmann)在分析区域间不平衡的经济发展时,提出了"核心—边缘"理论。④ 之后,这一理论演变成为"边缘—中心"理论且被广泛应用于高等教育和社会发展的互动服务分析之中。⑤ 20 世纪 90 年代,潘懋元和刘振天结合社会经济形态的发展,明确提出"大学从边缘到社会中心"的理论,指出知识经济时代大学走进经济社会中心的必然性。⑥ 从这一时期开始,有关大学社会服务的讨论不断增加,大多是伴随着诸如"创业型大学"(the Entrepreneurial University)和"三螺旋结构"(Triple Helix Model of university-industry-government),或是近年来的"知识生产模式 3"(The 'Mode 3' Systems Approach for knowledge creation, diffusion and use)以及"四重螺旋结构"(Quadruple Helix)等经济方面的理论应运而生的;上述概念的共同之处在于它们都表明了大学与社会渐增的联系和交流。⑦ 尽管这些概念一开始都是与经济相关,但社会服务在过去 20 年间的发展表明社会与大学之

① CHRISTY R D, WILLIAMSON L. A century of service: Land-grant colleges and universities, 1890 - 1990[M]. New Jersey: Transaction Publishers, 1992: 51 - 52.
② PINHEIRO R, LANGA P V, PAUSITS A. One and two equals three? The third mission of higher education institutions[J]. European Journal of Higher Education, 2015, 5(3): 233 - 249.
③ 赵哲,姜华,杨慧,等.责任与使命:大学服务社会的历史渊源与现实诉求[J].现代教育管理,2011,(5): 54 - 58.
④ FRIEDMANN J. (1963). Regional economic policy for developing areas[J]. Papers of the Regional Science Association, 1963, 11(1): 41 - 61.
⑤ 赵哲,姜华,杨慧,等.责任与使命:大学服务社会的历史渊源与现实诉求[J].现代教育管理,2011,(5): 54 - 58.
⑥ 潘懋元,刘振天.发挥大学中心作用,促进知识经济发展[J].教育发展研究,1999,(6): 1 - 5.
⑦ CARAYANNIS E G, Campbell D F. "Mode 3" and "Quadruple Helix": toward a 21st century fractal innovation ecosystem[J]. International Journal of Technology Management, 2009: 46(3 - 4): 201 - 234.

间的互动和联系并不局限于经济领域,两者在文化和政治领域的互动也有极大的重要性。① 进入 21 世纪后,如果一所大学缺乏有关社会参与的活跃计划、缺乏对社会服务策略和目标的清晰阐释,那么,其外部合法性(external legitimacy)将会丧失,从而导致大学的边缘化。②

3. 社会服务功能的具体表现

大学的社会服务功能可经由不同的社会服务活动得以体现。总的来说,大学的社会服务主要包括以下七个方面的内容:

(1) 公共利益服务(serving public goods)。大学通过与外部社会的互动为社会带来益处,具有学术性、专业性和互利性等特征。例如,大学与地方专家合作,将公众的需求、经验、知识等外界因素纳入大学主导的活动和项目当中,以此帮助解决现实问题。③④

(2) 公共政策服务(public policy service)。大学作为智囊团为城市和国家的政府建言献策,提供政策咨询服务。⑤

(3) 经济服务(economic engine)。大学与经济领域的不同利益相关者建立联系,如大学与企业开展合作,通过技术转移,提高生产力、促进当地就业等。经济服务的主要形式包括:产学研合作、技术转移、企业孵化、科技园、校办企业等。⑥⑦

(4) 公民教育(sites of citizenship)。大学有责任和义务培养学生的公民责任和道德感,培养关心社会发展的公民。大学与外部社会的紧密联系为学生提

① ROESSLER I, DUONG S, HACHMEISTER C D. Teaching, research and more?! Achievements of universities of applied sciences with regard to society. Center for Higher Education Working Paper No. 183[EB/OL]. (2015 - 04 - 01)[2017 - 05 - 20]. https://www.che.de/downloads/CHE_AP_183_/downloads/CHE_AP_183_Third_Mission_at_UAS.pdf.

② BRULIN G. The third task of universities or how to get universities to serve their communities[M]// REASON P, BRADBURY H. Handbook of action research: Participative inquiry and practice. California: Sage Publication, 2001: 440 - 446.

③ KRETZ A, SÁ C. Third stream, fourth mission: Perspectives on university engagement with economic relevance[J]. Higher Education Policy, 2013, 26(4): 497 - 506.

④ JONGBLOED B, ENDERS J, SALERNO C. Higher education and its communities: Interconnections, interdependencies and a research agenda[J]. Higher education, 2008, 56(3): 303 - 324.

⑤ JONGBLOED B, ENDERS J, SALERNO C. Higher education and its communities: Interconnections, interdependencies and a research agenda[J]. Higher education, 2008, 56(3): 303 - 324.

⑥ BENNEWORTH P, DE BOER H, JONGBLOED B. Between good intentions and urgent stakeholder pressures: Institutionalizing the universities' third mission in the Swedish context[J]. European Journal of Higher Education, 2015, 5(3): 280 - 296.

⑦ WINTER A, WISEMAN J, MUIRHEAD B. University-community engagement in Australia: Practice, policy and public good[J]. Education, Citizenship and Social Justice, 2006, 1(3): 211 - 230.

供了解社会、发现并探讨社会问题、参与解决社会问题的机会。①

（5）构建创新网络（innovation network construction）。大学在与外界的互动过程中发挥根本性作用并成为创新活动的重要参与者。② 在这里，创新③（innovation）一词指的是通过应用已有知识提高生活品质、提升企业和商业组织竞争力、丰富公众社会体验的过程。创新的基础在于大学科学研究活动产出的新知识。④

（6）继续教育（continuing education）。大学为学校教育之后的所有社会成员提供的教育活动。继续教育是终身学习体系的重要组成部分，包括非传统学生的学位/学分课程、非学位职业培训、劳动力培训和正式的个人创业课程等。⑤

（7）校友服务（alumni service）。大学为已毕业的校友提供工作和实习机会，提供教育和培训机会，提供体育场馆和图书馆等校园设施。通过与校友的密切联系，大学建立起由校友组成的全球学术和职业网络并有机会获得校友捐赠等帮助和支持。⑥

四、现代大学的新功能或其他功能的内涵与表现

1. 国际化功能和国际交流合作功能

萨德拉克（Sadlak）和斯科特认为，在高等教育国际化不断深入的背景下，大学应具备国际化功能，本质在于实现大学三大基本功能（人才培养、科学研究和

---

① ALLEN J K. Teaching for civic engagement：Lesson learned from integrating positive psychology and future studies[J]. Journal of University Teaching & Learning Practice, 2011, 8(3): 1 - 14.
② CARAYANNIS E G, Campbell D F. 'Mode 3' and 'Quadruple Helix'：toward a 21st century fractal innovation ecosystem[J]. International Journal of Technology Management, 2009: 46(3 - 4): 201 - 234.
③ 注：科研（research）和创新（innovation）是两种不同的活动，因此需要不同的方法、技能和资助机制。创新需要来源于科研的知识、突破和理念。创新也通过产出实战经验和反馈等滋养科研过程。创新与科研密不可分，相互依存。在创新活动，也即"应用型活动"（applied initiatives）中，大学使用的方法与其开展科研活动时的方法一致，即研究者发现有趣的问题并探索新的方法以解决问题。这一过程需要传统的学术资源（研究者和学生）并遵循学校各项规章制度中所规定的时间线和知识产权管理条例。
④ FUGGETTA A. 3＋1 Challenges for the future of universities[J]. Journal of Systems and Software, 2012, 85(10): 2417 - 2424.
⑤ SHANNON J, WANG T R. (2010). A model for university-community engagement：Continuing education's role as convener[J]. The Journal of Continuing Higher Education, 2010, 58(2): 108 - 112.
⑥ YONEZAWA A. Challenges for top Japanese universities when establishing a new global identity：Seeking a new paradigm after "world class"[M]//SHIN J C, KEHM B M. Institutionalization of world-class university in global competition. Dordrecht, Heidelberg, 125 - 143). Dordrecht, Heidelberg, New York, London：Springer.

社会服务)的国际化。①②③ 具体而言,大学的国际化功能包括以下内容:首先,大学的国际化功能强调全球化背景下大学的跨国性和国际参与;但是,大学的国际化功能可能会因为追求国际同一性而造成本国文化的流失。其次,国际化功能的重点是国际或多元文化课程以及国际化的教育使命,即增加国际学生人数、增加学生和教师的国际交流;国际化功能还强调不同国家间大学的联系和各类大学联盟以及区域性组织的建立,强调最终目的是为世界范围内的民族国家服务。再次,国际化功能的另一特点在于对国际竞争的强调,即大学需要国际化才能参与全球市场的竞争并减少对本国政府的依赖。

同样,冯振业和杨鹤也认为大学具有国际化功能,他们将其具体化为大学的"国际文化交流与合作功能",这体现了作为国家间的文化交流与合作平台,大学在传承文化、批判文化和发展文化的过程中的主动性地位。在他们看来,这是大学除人才培养、科学研究和社会服务外的第四功能。④ 具体而言,大学国际文化交流与合作功能的目标是在世界范围内建立起一种"和平文化",从而促进人类的和平与共同发展,主要形式是开展国际合作和国际交流。无独有偶,徐魁鸿也认为大学具备国际文化交流功能,即大学作为主体,开展跨国界、跨民族、跨文化的高等教育交流与合作,主要包括师生流动、合作办学、国际合作研究、国际学术会议、国际间教育资源的互补和援助等。大学发挥国际文化交流功能除了有助于弘扬本民族优秀的传统文化外,还能在全球化、国际化不断深化的背景下促进大学自身的发展,也有助于增进不同文化的相互理解和认同,从而促进国际和平与发展。⑤ 赵旻和陈海燕对大学的国际交流合作功能进行了更为系统的论述,在他们看来,国际交流合作是大学发展到一定阶段必然产生的内在需求。国际交流合作作为大学的一项重要功能,体现的是大学内在的国际属性,也是高等教育发展进入新阶段对国际趋势和大学治理结构改革的回应。⑥ 史秋衡和季玟希

① SADLAK J. Globalization and concurrent challenges for higher education[M]//SCOTT P. The globalization of higher education. Buckingham, UK: SRHE & Open University Press, 1998: 100 - 107.
② SCOTT P. Massification, internationalization, and globalization[M]//SCOTT P. The globalization of higher education. Buckingham, UK: SRHE & Open University Press, 1998: 108 - 129.
③ SCOTT J C. The mission of the university: Medieval to postmodern transformations[J]. The Journal of Higher Education, 2006, 77(1): 1 - 39.
④ 冯振业,杨鹤.对大学的第四职能:国际文化交流与合作的一些理解[J].国家教育行政学院学报, 2003,(6): 61 - 66.
⑤ 徐魁鸿.国际文化交流——现代大学的第四职能[J].现代教育管理,2020,(6): 11 - 13.
⑥ 赵旻,陈海燕.国际交流合作在大学的职能定位研究[J].中国高等教育,2017,(17): 19 - 22.

认为将国际交流合作视为并列于大学三大基本功能的又一功能是高等教育中国特色的体现。① 2017 年 2 月，中共中央、国务院印发了《关于加强和改进新形势下高校思想政治工作的意见》，强调"高校肩负着人才培养、科学研究、社会服务、文化传承与创新、国际交流合作的重要使命"。② 使命与功能虽然性质不同，实则存在逻辑关系，两层面相互呼应，因此，国际交流合作也可理解为大学的功能之一。③

2. 文化传承/引领/创新功能

赵沁平、刘六生、王飞、段从宇等学者认为文化传承/引领/创新是大学的第四功能。他们认为文化传承/引领/创新是大学与生俱来的品性，也是大学独有的、具有深远影响的功能之一。这一功能通常集中在社会转型期、外来文化与传统文化的碰撞时期、生产力水平跃升时期，传承文化、探求真理、化解冲突，从而构建和谐社会是大学文化传承/引领/创新功能的时代要求。④⑤⑥ 大学建设与发展的过程本身就是一个在大学文化传承/引领/创新之下向多元文化和包容性文化发展的过程，这也是大学文化自身的特性所决定的。大学的文化除了延续传统和保持本真外，同时也高度贴近外部社会变革而不断发展，从而真正形成对外部社会其他部门的规范与带动，推动人类社会的不断进步。

3. 经济推动功能

莫森（Mawson）、沃利（Vorley）和莱勒斯（Nelles）、克雷茨（Kretz）和撒（Sá）等学者认为大学具备推动经济发展的功能。因为大学是高水平劳动力、专业知识和技能、科学进步和技术创新的来源。⑦⑧⑨ 作为知识经济引擎，大学对财富创

---

① 史秋衡，季玟希.中华人民共和国成立 70 年来大学职能的演变与使命的升华[J].江苏高教，2019，(6)：1－7.
② 中华人民共和国中央人民政府.国务院印发《关于加强和改进新形势下高校思想政治工作的意见》[EB/OL].(2017－02－27)[2019－08－08].http://www.gov.cn/xinwen/2017－02/27/content_5182502.htm.
③ 史秋衡，季玟希.中华人民共和国成立 70 年来大学职能的演变与使命的升华[J].江苏高教，2019，(6)：1－7.
④ 赵沁平.发挥大学第四功能作用：引领社会创新文化发展[J].中国高等教育，2006，(15)：9－11.
⑤ 刘六生，王飞.文化引领：大学职能的回归与进路[J].中国高等教育，2010，(5)：28－30.
⑥ 段从宇，沈毅，李增华.文化引领：大学职能的时代溢出与应然回归[J].现代教育管理，2012，(3)：20－24.
⑦ MAWSON J. Research councils, universities and local government: Building bridges[J]. Public Money and Management, 2007, 27(4): 265－272.
⑧ VORLEY T, NELLES J. (Re)conceptualising the academy: Institutional development of and beyond the third mission[J]. Higher Education Management and Policy, 2008, 20(3): 119－135.
⑨ KRETZ A, SÁ C. Third stream, fourth mission: Perspectives on university engagement with economic relevance[J]. Higher Education Policy, 2013, 26(4): 497－506.

造、经济增长和竞争力越来越重要,这主要是以技术推动(technology push)或市场拉动(market pull)的形式来实现的。[1] 在美国,大学的经济推动功能已被列入国家政策和战略之中。克雷茨和撒认为推动经济发展是大学的第四功能;并且,推动经济发展这一功能还强调了对学生进行创业教育,以培养学生的创业精神和技能。[2]

4. 社会改造功能

布伦南(Brennan)等学者认为大学具有社会改造功能,大学通过知识传播和人才培养帮助建立一个更好的社会。[3] 大学的社会改造功能涵盖以下四个方面的内容:① 经济变革,经济目标常常推动高等教育的改革,这些改革反过来又推动了一段时间内社会和经济的转型与发展;② 政治变革,大学既可以成为旧政权的重要支持者,也可以成为批评和反对者的"庇护所",大学也可以在制度更迭后的转型时期为正在建设的新制度提供建议和人员;③ 社会变革,大学对社会再生产的贡献与对社会转型的贡献相当,大学为社会输送合格的人才、提供新的技术等;④ 文化变革,大学既提供了将外部开放的思想和经验输入较为封闭的社会的途径,也为本土文化和精神提供了储存空间。

5. 可持续性共创功能

特伦彻(Trencher)等学者认为大学未来可能具备"可持续性共创"(co-creation for sustainability)的新功能,这一功能来源于大学与政府、企业和民间社会的合作之中。通过这种合作,大学推动特定地理区域或社会子系统的可持续转型和发展。[4] 刘文杰认为这一功能是大学社会服务功能的扩展,即大学在可持续发展的价值理念上,通过合作创新建立起一种用于促进技术、社会和环境共同发展的方案,从而推动城市的全面发展。行动研究和跨学科研究是大学开展可持续性共创活动的根本手段;技术转移、合作拓展和服务学习是大学开展可持续共创活动的主要途径。[5]

① VON HIPPEL E. The Sources of Innovation[M]. Oxford: Oxford University Press, 1998: 112.
② KRETZ A, SÁ C. Third stream, fourth mission: Perspectives on university engagement with economic relevance[J]. Higher Education Policy, 2013, 26(4): 497 - 506.
③ BRENNAN J, KING R, LEBEAU Y. The role of universities in the transformation of societies[R]. London: Association of Commonwealth Universities/The Open University, 2004: 87 - 90.
④ TRENCHER G, YARIME M, MCCORMICK K B, et al. Beyond the third mission: Exploring the emerging university function of co-creation for sustainability[J]. Science and Public Policy, 2013, 41(2): 151 - 179.
⑤ 刘文杰.可持续性共创:大学社会服务职能的新拓展[J].比较教育研究,2019,41(7):59 - 66.

综上，大学的人才培养、科学研究和社会服务功能都在历史发展中经历了变化，其内涵、内容和形式都变得更加丰富多样。尽管国内外学者大都认为大学的三大基本功能包括人才培养、科学研究和社会服务，但部分学者也对大学可能具备的新功能或其他功能展开了讨论，这些功能也可看作是大学对外部需求和社会发展所做出的回应。

第三节　世界一流大学的功能与使命

在中外学者的相关研究中，世界一流大学也被称为全球研究型大学（具备全球影响力的研究型大学）、研究型大学的新全球模式（从全球视角开展教育活动并在全球范围内拓展知识边界的研究型大学）、顶尖研究型大学（学术水平卓越且位居世界前列的研究型大学）、旗舰大学（主要包括公立的研究型大学，这些大学在高等教育系统中扮演领导者角色并以积极的方式影响着社会发展）和精英大学（资源丰富、师资雄厚、入学门槛极高的世界名校）。①②③④⑤⑥ 为便于之后的分析和讨论，本研究将这些称谓统一为世界一流大学。因此，下文中所讨论的世界一流大学的功能与使命实际涵盖与上述多个概念相关的研究。

总的来说，大多数研究在讨论世界一流大学的特点、功能定位、贡献、价值追求、建设和发展等内容时涉及了世界一流大学的功能和使命；同时，也有部分研究重点关注世界一流大学的某项具体功能和使命（如人才培养功能、追求卓越的使命

① MOHRMAN K. The emerging global model with Chinese characteristics[J]. Higher Education Policy, 2008, 21(1): 29-48.

② SALMI J. The road to academic excellence: Lessons of experience[M]//ALTBACH P, SALMI J. The road to academic excellence: The making of world-class research universities. Washington, D. C.: World Bank Publications, 2011: 323-347.

③ MARGINSON S. Nation-states, educational traditions and the WCU project[M]//SHIN J C, KEHM B M. Institutionalization of world-class university in global competition. Dordrecht, Heidelberg, New York, London: Springer, 2013, 59-77.

④ CHENG Y, WANG Q, LIU N C. How world-class universities affect global higher education[M]// WANG Q, CHENG Y, LIU N C. How world-class universities affect global higher education. Rotterdam: Sense Publishers, 2014: 1-14.

⑤ DOUGLASS J A. The new flagship university: Changing the paradigm from global ranking to national relevancy[M]. London: Palgrave Macmillan, 2016: 3.

⑥ RODRIGUEZ-POMEDA J, CASANI F. Legitimating the world-class university concept through the discourse of elite universities'presidents[J]. Higher Education Research and Development, 2016, 35(6): 1269-1283.

等)。已有研究以理论研究为主,相关的实证研究主要是对少数几所世界一流大学进行案例分析或是对其使命宣言、战略规划和各类官方数据进行总结和分析。

一、世界一流大学的功能

1. 世界一流大学的人才培养功能

已有研究对世界一流大学的人才培养功能给予了充分关注,除专门聚焦于世界一流大学的人才培养功能外,部分研究在对世界一流大学的特点、发展及功能定位进行讨论时,也对其人才培养功能进行了探讨。以上研究主要涉及的是世界一流大学人才培养的层次、类型、方法和途径。

在人才培养的层次和类型上,世界一流大学致力于培养一流人才,包括引领人类社会发展的领袖人才、具备国际视野的精英人才、拔尖创新人才和高水平科研人才。例如,刘道玉认为,世界一流大学应该培养少而精的理论型和研究型杰出人才、培养富有创新精神的人才[1]。宋洁绚指出,世界一流大学的人才培养并不排斥对现实社会需求的适应,但决不应只以适应为目标,而应更强调批判和创造,即不仅要体现对高层次的强调,更要体现对独立人格、开拓精神和创新能力的高度重视。[2] 张凯认为,世界一流大学要以培养一流人才为己任,能否培养出卓越的人才已成为衡量世界一流大学社会声誉和学术地位的重要尺度,培养卓越人才也是世界一流大学发展的必然结果。[3] 袁广林认为,培养引领人类社会发展的领袖人才应是世界一流大学应有的担当和显著的标志。世界一流大学为全球治理和人类文明培养杰出的人才,他们对所在国家和全球社会产生了重大影响,成为国际社会公认的思想家和政治家。[4] 宋福进对美、英几所著名大学使命的内容进行了分析和比较,他认为几乎所有的世界一流大学都强调培养"杰出""优秀""高层次"或是"领导型"人才,这充分体现了世界一流大学在发挥其人才培养功能上的高起点、高要求。[5] 刘永章认为,世界一流大学之所以能对全球极具发展潜能的学术青年充满吸引力,主要在于其为国际社会持续培养和输送

① 刘道玉.论一流大学的功能定位[J].高教探索,2010,(1):5-9.
② 宋洁绚.我国研究型大学科研发展研究[D]武汉:华中科技大学,2005:57.
③ 张凯.试论一流大学的内涵发展与人才培养[J].中国高教研究,2005,(9):26-27.
④ 袁广林.国际经验与中国道路:中国世界一流大学建设的路径分析[J].现代教育管理,2020,(1):21-28.
⑤ 宋福进.大学使命:美英著名大学的分析比较[J].江苏高教,2003,(2),123-126.

了一代又一代为人类社会进步做出积极贡献的拔尖创新型人才。正如曾任剑桥大学副校长的理查德(Richard)所说,剑桥大学之所以能成为世界一流大学,主要是因为其培养了无数世界一流的学生。同样,麻省理工学院之所以能在战后很短的时间内迅速成为享誉全球的世界一流大学,也在于其为世界工程技术发展和经济社会发展培养了众多领袖人才。① 阿特巴赫认为,世界一流大学培养了服务于社会进步与发展的各类重要人才;在发展中国家,世界一流大学是国家知识体系中的核心组成部分,为社会、企业和政府部门提供了大量精英人才。②③

在人才培养的方法和途径上,世界一流大学采用与时俱进的、先进的人才培养方式,重视跨学科的人才培养方法;注重科研对教学的支撑和推动作用;世界一流大学保持着较高的人才培养国际化水平。在对哈佛大学等世界一流大学进行简单的案例分析后,兰泓等学者认为,以哈佛大学为代表的世界一流大学办学理念独特,在招生上注重生源质量,采用先进的培养方式,营造自由合作的学术氛围,以此培养一流人才,包括国家领导人、诺贝尔奖获得者、普利策奖获得者和科学家等。④ 眭依凡认为,世界一流大学十分注重根据时代发展需要和大学自身特点对人才培养目标加以与时俱进的调研和调整,从而保证人才培养目标既有时代性又满足大学个性发展的需要。⑤ 具体而言,戴建兵、蔡辰梅、薛珊、刘志民等学者认为,世界一流大学积极回应全球化和国际化趋势,致力于培养具备国际视野的精英人才。以新加坡南洋理工大学为例,该校制订计划使80%的本科生在学习期间至少有一次出国留学经历。同时,新加坡南洋理工大学还大力实施"海外浸濡计划",要求学生赴国外学习一年,到海外高等学府参加学术交流活动、修读相关课程或参加竞赛等。⑥⑦ 张凯认为,世界一流大学的人才培养要注重文化底蕴,要以名师的知识传承为重要手段,也要体现追求卓越的发展思路。

① 刘永章.剑桥大学学生培养与服务的经验及启示[J].国家教育行政学院学报,2005,(9)：104－107.
② ALTBACH P. Empires of knowledge and development[M]//ALTBACH P, BALÁN J. World class worldwide: Transforming research universities in Asia and Latin America. Baltimore: Johns Hopkins University Press, 2007: 1－28.
③ ALTBACH P. Peripheries and centers: Research universities in developing countries[J]. Asia Pacific Education Review, 2009, 10: 15－27.
④ 兰泓,陈嬿,于书彦.从大学的职能谈世界一流大学[J].医学教育探索,2006,5(3)：195－197.
⑤ 眭依凡.一流本科教育改革的重点与方向选择——基于人才培养的视角[J].现代教育管理,2019,(6)：1－10.
⑥ 戴建兵,蔡辰梅.大学文化研究[M].北京：中国农业出版社,2012：9.
⑦ 薛珊,刘志民."后发型"世界一流大学建设的路径及启示——以新加坡两所大学为例[J].高校教育管理,2019,13(4)：27－38.

这意味着一流人才的培养,首先要有一流的师资,一流的教师要拥有一流的研究成果,通过这些前沿知识的传授,引导学生追寻科学思想并形成浓厚的学术兴趣。① 顾建民、刘爱生、王乘认为,世界一流大学从不机械地隔断教学和科研的关系,而是将教学与科研有机统一在人才培养过程中。在世界一流大学中,教学过程就是学习与发现有机结合的过程,学生的创造力是在包含科研成分的教学过程中形成的。②③ 此外,通过对七所世界一流大学进行案例分析后,郑石明认为,世界一流大学对跨学科的人才培养方法极其重视,跨学科的人才培养方法贯穿了大学的本、硕、博三个培养层次。④

2. 世界一流大学的科学研究功能

已有研究对世界一流大学的科学研究功能给予了充分关注,除专门聚焦于世界一流大学的科学研究功能外,部分研究在对世界一流大学的特点、贡献、建设与发展路径进行讨论时,也涉及与世界一流大学科学研究功能相关的内容。以上研究主要是关于世界一流大学科学研究的层次、水平、类型和内容。

在科学研究的层次和水平上,世界一流大学是本国和世界范围内重要的科学技术以及学术思想的发源地,引领着科学研究发展的方向;世界一流大学产出了重大的、变革性的原创性成果,造福于全人类的发展与进步;世界一流大学科学研究的实力与水平决定了其"世界一流"的地位,也为其创造了良好的国际学术声誉。张晓红认为科研水平与创新能力是世界一流大学区别于其他大学的重要标志,为社会培养了一大批学术泰斗和政商界精英。同时,高水平的科研成果是世界一流大学的核心竞争力。⑤ 袁广林也提出了类似的观点,他认为国际社会判断一所大学是否"世界一流"的基本依据在于大学科学研究的实力与水平。一所大学之所以被国际社会定义为"世界一流"的主要依据是这所大学产出了具有划时代意义的重大原创性成果。这类成果扩展了人类知识的疆界,引领全球学术研究的方向,改变人类社会的生产、生活方式以及传统价值观念,造福于全人类的发展与进步。⑥

① 张凯.试论一流大学的内涵发展与人才培养[J].中国高教研究,2005,(9):26-27.
② 顾建民,刘爱生.世界一流大学的价值追求[J].教育发展研究,2011,(17):54-57.
③ 王乘.建设一流大学的共性路径及启示[J].中国高等教育,2014,(1):25-28.
④ 郑石明.世界一流大学跨学科人才培养模式比较及其启示[J].教育研究,2019,(5):113-122.
⑤ 张晓红.论科学研究在高校中的地位与功能[J].国家教育行政学院学报,2011,(5):37-40.
⑥ 袁广林.国际经验与中国道路:中国世界一流大学建设的路径分析[J].现代教育管理,2020,(1):21-28.

在科学研究的类型和内容上，世界一流大学致力于高水平的基础研究，聚焦于基础研究的前沿领域。同时，世界一流大学把科学研究与人才培养有机结合，成为世界一流的学府，培养出世界一流的科学人才。刘道玉结合世界一流大学自身的发展与特点，提出了世界一流大学在科学研究上的功能定位。他指出，在科学研究上，世界一流大学要承担起开展基础研究的任务，保障从事基础研究的自由，瞄准基础研究的前沿领域。[1] 李志巧和李怡认为，世界一流大学能很好地将科学研究与人才培养有机结合，没有一流的科学研究，就无法培养出一流的人才，脱离科研的大学教学不能凭借科学探索的无限可能使学生得到最大发展。[2] 正如朱克曼（Zuckerman）通过对美国诺贝尔奖获得者和美国科学院院士进行统计后发现，绝大部分精英科学家仅为一小部分大学所培养，即存在"科学界超级精英的未来成员集中在名牌学校的现象"。[3] 正如"贝尔纳—汤浅现象"说明的那样：科学和教育密切相关，世界科学中心总是与世界一流大学相伴而生。可以说，世界一流大学的科学贡献创造了世界的科学中心，创造了一流的科研成果。[4] 因此，蒋国华和孙诚认为，世界一流大学引人注目的科学贡献创造了世界一流大学良好的学术声誉，因为科学贡献是世界一流大学的"安身立命"之本，没有一流的科研成果就不能成为世界一流学府，也难以培养出一流的科学人才。[5] 也就是说，体现世界一流大学身份的"世界一流"一词本身就是表征高等教育进步和水平的定性概念，标志着高水平的人才培养与科学研究。[6]

3. 世界一流大学的社会服务功能

专门聚焦于世界一流大学社会服务功能的文献数量较少，但部分研究在对世界一流大学的价值追求和社会贡献进行讨论的过程中，涉及了与世界一流大学社会服务功能相关的内容，主要是关于世界一流大学社会服务的对象和内容。

世界一流大学社会服务的对象是国家和世界，世界一流大学同时也在服务国家和社会中得以成长和发展；世界一流大学社会服务的内容是非营利性且注重创新性的，这些大学做出具有影响力的社会贡献。顾建民和刘爱生认为服务

---

① 刘道玉.论一流大学的功能定位[J].高教探索,2010,(1):5-9.
② 李志巧,李怡.研究型大学科学研究的文化选择性[J].教育评论,2015,(8):26-29.
③ 哈里特·朱克曼.科学界的精英——美国的诺贝尔奖金获得者.(周叶谦 & 冯世则,译)[M].北京:商务印书馆,1979:118.
④ 王乘.建设一流大学的共性路径及启示[J].中国高等教育,2014,(1):25-28.
⑤ 蒋国华,孙诚.一流大学与科学贡献[J].高等教育研究,2000,(2):65-68.
⑥ 卢晓中,杨蕾."双一流"建设的中国特色与世界一流[J].国家教育行政学院学报,2018,(9):20-27.

社会是世界一流大学的终极目标,世界一流大学开展社会服务的对象是面向国家和世界的"大社会",这种服务功能主要是通过追求卓越的教育和科研来间接实现的。① 王战军和娄枝认为,世界一流大学是紧跟时代发展脚步甚至是超前于时代发展的,这些大学要么在民族和国家需要之时诞生,要么在民族振兴和国家进步之际贡献卓著。与此同时,世界一流大学在应对时代挑战的过程中抓住了时代发展的机遇。世界一流大学在服务国家战略时,获得了来自政府大量科研经费的支持;因此,在服务国家的基础上,世界一流大学的教学和科研条件也得到了改善,世界一流大学对社会的影响力和辐射力都得到了相应的提升。② 蒙特西诺斯(Montesinos)等学者从排名角度强调了世界一流大学社会服务功能的重要性,号召大学排名将这一维度纳入除人才培养和科学研究外的评判标准之中。他们认为,在评判一所大学是否是"世界一流"时,必须考虑其是否对社会做出巨大贡献,这种贡献可能带有以下三种特点:非营利性和社会性的、提供创业支持的、富有创新精神的。③

4. 世界一流大学的其他功能

除三大基本功能(人才培养、科学研究和社会服务)外,少数学者还认为世界一流大学具备国际交往功能。例如,陈超从文化全球化视角讨论了世界一流大学的国际交往功能,主要体现在以下三个方面:首先,世界一流大学建立独立的国际研究机构,通过对其他国家、民族及其文化开展广泛的跨国研究和比较研究,为社会、政府及公众提供信息咨询和决策参考;其次,世界一流大学实施多元文化教育和跨文化教育,促进不同文明、文化和种族之间的相互了解,从而对别的种族和文化形成认同、宽容和理解的心态;再次,鉴于世界一流大学在加强人文教育方面采取了多种措施,因此,世界一流大学可以促进人文教育和科学教育的融合,提升人文素养,形成普遍认同的道德伦理和价值标准。④ 赵景阁也认为世界一流大学有国际交往功能。面对全球化浪潮,世界一流大学的国际交往功能日益凸显,诸多世界一流大学提出要建设全球性大学,要探索整个自然世界和

① 顾建民,刘爱生.世界一流大学的价值追求[J].教育发展研究,2011,(17):54-57.
② 王战军,娄枝.世界一流大学的社会贡献、经验及启示——以哈佛大学为例[J].清华大学教育研究,2020,41(1):26-34.
③ MONTESINOS P, CAROT J M, MARTINEZ J M, et al. Third mission ranking for world class universities: Beyond teaching and research[J]. Higher Education in Europe, 2008, 33(2-3): 259-271.
④ 陈超.从文化全球化看世界一流大学的交往功能[J].外国教育研究,2004,31(3):29-33.

人类世界，加强不同文化的认同和沟通。这体现了全球化时代的世界一流大学必须把知识和技术更好地应用到为全人类谋求福利上来，也必须加强文化的交流和沟通。①

5. 世界一流大学功能与其他大学功能的对比

有两项研究在对世界一流大学的特点和发展目标进行讨论的过程中，涉及了世界一流大学与其他大学在三大基本功能上的对比。具体而言，世界一流大学在科学研究上的表现优于其他大学，主要关注全球问题和基础研究；在人才培养和社会服务上的表现不一定优于其他大学，但世界一流大学的特点在于致力于培养全球领袖，关注对学生创造力的培养，致力于解决全球问题且注重社会服务的公益性。例如，运用网络信息计量学，阿奎洛（Aguillo）和奥东那·马利（Orduña-Malea）的研究列出了世界一流大学、国家高水平大学和地方院校（含大学和学院）在三大基本功能上实力和影响力的差异。② 在科学研究上，世界一流大学的实力和影响力最强，其次是国家高水平大学，再次是地方院校；在人才培养上，国家高水平大学和地方院校的实力和影响力相当，而世界一流大学的实力和影响力次于这两类大学；在社会服务上，地方院校的实力和影响力最大，也最有优势，紧随其后的是国家高水平大学和世界一流大学。正如阿特巴赫所言"即便是最好的大学也无法做到事事完美"，世界一流大学也要在人才培养、科学研究和社会服务中确定优先事项。③ 基于上述三类大学不同的发展目标，信总结了三类大学在各项功能上不同的侧重点。④ 他认为，在科学研究上，世界一流大学最为关注全球问题，然后才是国家问题和地方性问题；世界一流大学对基础研究的重视程度高于应用研究，致力于产出原创性的知识和跨学科知识；国家高水平大学和地方院校则更关注国内问题和地方性问题，对基础研究并无特别的偏好；而地方院校对应用研究的重视程度高于基础研究，致力于产出有助于

① 赵景阁.试论世界一流大学职能的多元化[J].文教资料，2007，(28)：56-58.

② AGUILLO I F, ORDUÑA-MALEA E. The ranking web and the "world-class" universities: New webometric indicators based on G-factor, interlinking, and Web 2.0 tools[M]//WANG Q, CHENG Y, LIU N C. Building world-class universities: Different approaches to a shared goal. Rotterdam: Brill Sense Publishers, 2013: 197-218.

③ ALTBACH P. The Costs and Benefits of World-Class Universities, Academe, 90 (1) [J/OL]. [2016-07-04]. http://bcct.unam.mx/adriana/bibliografia%20parte%202/ALTBACH,%20P.pdf.

④ SHIN J C. The world-class university: Concept and policy initiatives[M]//SHIN J C, KEHM B M. Institutionalization of world-class university in global competition. Dordrecht, Heidelberg, New York, London: Springer, 2013: 17-32.

国家和城市发展的知识。在人才培养上,世界一流大学往往获得较多的公共资金,致力于培养全球领袖,其对创造力的重视程度高于对知识的传播与讲授,强调通识教育;国家高水平大学和地方院校一般受到公共和私人资金的资助,致力于培养国内领袖,对学生创造力的关注程度不及世界一流大学;其中,国家高水平大学强调专业教育而非通识教育,但地方院校对通识教育和专业教育同样重视。在社会服务上,世界一流大学优先关注全球问题,不关注社会服务活动的经济价值;国家高水平大学和地方院校对全球问题的关注程度不及世界一流大学,这两类院校更关注国内问题和地方性问题,有时也关注社会服务活动带来的经济效益。基于此,这三类大学可被分别描述为:① 科研生产力强且聚焦于纯粹/基础性研究的世界一流大学;② 科研生产力较强但聚焦于应用研究的国家高水平大学;③ 以教学为导向且聚焦于应用研究的地方院校。

6. 不同国家和地区世界一流大学的功能

多位学者分别讨论了不同国家和地区世界一流大学的特色,这些已有研究部分涉及美国、英国、东亚地区(含中国)世界一流大学的功能(及其相应的国家和地区特征),但少有研究专门对这些世界一流大学的功能进行广泛的国际比较。已有研究表明,美国一流大学在发挥功能上带有鲜明的全球性;英国一流大学在促进经济发展上有着重要作用,同时致力于开展跨学科的科学研究;东亚一流大学在东亚地区有着引领和示范作用,强调为国家服务,带有极强的公益性;中国一流大学有着引领社会发展的功能,有着传承、弘扬和创新中国文化的功能。

就美国一流大学而言,马万华认为,近二十年来,许多世界一流大学,特别是美国一流大学在发挥其功能上带有鲜明的全球性,这些大学一直在尝试超越传统的民族国家边界,无论是在知识创新还是在人才培养上都将办学定位面向全球。[①] 彭正霞和陆根书对多所美国一流大学的使命宣言进行了分析,他们发现,美国一流大学的关注点包括:在人才培养上,提供高质量的教育教学,培养高质量的人才;教学与科研相结合,以科研带动人才培养;在科学研究上,强调学科交叉并保持科研领先地位和卓越性,引领科学发展,以成为国际科创中心为目标。[②] 宋洁绚指出,美国一流大学的特点在于,既注重高深的学术研究,也不曾

① 马万华.全球化、全球参与和世界一流大学建设应关注的问题[J].华中师范大学学报:人文社会科学版,2014,53(2):148-158.
② 彭正霞,陆根书.中美大学使命陈述比较[J].大学(学术版),2012,(12):59-71+58.

忽视大学的社会功能；美国一流大学不把自己视作只专注学术的象牙塔，而把自己视为科研和技术转让的基地和高科技企业的孵化器。①

就英国一流大学而言，英国罗素大学集团（The Russell Group）讨论了英国一流大学在促进社会和经济发展中的重要作用，包括：① 在科学研究上，通过科研活动获得突破性的新知识，通过开展高质量、跨学科的科研活动解决全球问题，为政府、企业和媒体提供建议，成为全球研究型大学的领导者和典范；② 在知识交流上，建立国际合作网络，构建知识密集型的活动集群，吸引商业界和国际社会的投资，将科研成果运用于技术创新；③ 在人才培养上，培养高质量的、具备专业技能的本科生和研究生；④ 在促进经济发展上，英国一流大学凭借其出色的科研活动和良好的国际声誉，产出高质量的科研成果，助力于各类企业的技术升级，同时也吸引了大量的国际学生，从而推动了整个社会经济的发展。②

就东亚的一流大学而言，黄福涛认为东亚一些国家中的一流大学往往是其他不同类型、不同层次高等教育机构改革、模仿和追随的榜样。基于此，东亚部分国家在实施高等教育体制和机构内部重大改革时，大都非常重视一流大学的引领和示范作用，希望借助一流大学的学术和社会影响力带动和促进其他不同类型、层次的高等教育机构做出相应的变革。此外，黄福涛还认为，几乎所有的东亚一流大学都是在学习和模仿西方大学的基础上由政府直接设置、管理和拨款，如中国的清华大学、日本的东京大学、新加坡国立大学等。③ 因此，从成立之初起，这些大学几乎都直接服务于国家和社会近代化，培养政府高级管理人才和社会精英，带有极强的公益性。④

与上述观点类似，杨金龙、王战军和蓝文婷等学者认为，中国一流大学的快速发展离不开国家的大力支持，通过发挥社会服务功能促进国家和社会发展是其对国家扶持的反馈与责任的体现。⑤⑥ 具体而言，杨金龙认为中国一流大学在

① 宋洁绚.我国研究型大学科研发展研究[D]武汉：华中科技大学,2005：56.
② Russell International Excellence Group. Jewels in the crown：The importance and characteristics of the UK's world-class universities[EB/OL].（2012 - 12 - 27）[2017 - 06 - 16]. https://www.russellgroup.ac.uk/media/5227/jewelsinthecrown.pdf.
③ 黄福涛.什么是世界一流大学的本科教育[J].高等教育研究,2017,38(8)：1 - 9.
④ ALTBACH P, SELVARATNAM V. From dependence to autonomy：The development of Asian universities[M]. Dordrecht：Kluwer Academic Publisher, 1989：88 - 90.
⑤ 杨金龙.责任、使命、作为：新时代一流大学建设的探索与实践[J].学位与研究生教育,2018,(9)：1 - 5.
⑥ 王战军,蓝文婷.新时代一流大学的内涵探析[J].现代教育管理,2019,(8)：1 - 7.

发挥人才培养、科学研究和社会服务等功能上应体现全新的时代内涵,包括:人才培养上的"德",科学探索上的"先"和社会服务上的"责"。① 此外,王战军和刘静认为,中国一流大学在引领社会发展上发挥着重要的功能,即中国一流大学要引领未来发展,提升有助于人类社会发展的创新能力,这主要体现在以下两个方面:① 增强科技创新能力,产出一流科研成果;② 传承创新中华文化,做人类文化传播引领者。② 白强也强调了中国一流大学对于传承、弘扬和创新中国文化的重要作用。③

二、世界一流大学的使命

正如史秋衡和季玟希所说,使命与功能虽然性质不同,实则存在逻辑关系,两层面相互呼应。④ 根据大学功能与使命的定义,世界一流大学的功能更多强调世界一流大学产生的作用、效果及影响,体现在具体的学术活动和行为之上;而世界一流大学的使命则更偏重于人们对世界一流大学这一学术组织必须承担的社会责任的一种确定,是对世界一流大学应有价值的判断、追求和选择,具体体现为世界一流大学的宗旨、理想、目的和责任。⑤⑥⑦ 因此,在描述大学使命时,虽然部分学者仍把人才培养、科学研究和社会服务也分别看作大学的使命,但根据上述定义,本研究认为把人才培养、科学研究和社会服务视作大学的功能更加恰当。由于大学的功能与使命有着较高的关联性,本研究把这三项功能统一归纳为世界一流大学的"学术使命"(academic mission)。⑧ 因此,下文中有

① 杨金龙.责任、使命、作为:新时代一流大学建设的探索与实践[J].学位与研究生教育,2018,(9):1-5.
② 王战军,刘静.构建中国特色评价体系推进世界一流大学建设[J].清华大学教育研究,2018,39(6):58-65.
③ 白强.中国特色"双一流"大学建设的逻辑根据与路径选择[J].重庆大学学报(社会科学版),2018,24(6):208-216.
④ 史秋衡,季玟希.中华人民共和国成立70年来大学职能的演变与使命的升华[J].江苏高教,2019,(6):1-7.
⑤ MORPHEW C C, HARTLEY M. Mission statements: A thematic analysis of rhetoric across institutional type[J]. The Journal of Higher Education, 2006, 77(3):456-471.
⑥ 任燕红.大学功能的整体性及其重建[D].重庆:西南大学,2012:39-41.
⑦ SEEBER M, BARBERIO V, HUISMAN J, et al. Factors affecting the content of universities'mission statements: an analysis of the United Kingdom higher education system[J]. Studies in Higher Education, 2019, 44(2):230-244.
⑧ RAMAKRISHNA R, KRISHNA V V. Emergence of Asian universities as centres of new knowledge generation and a base for national competitiveness: A case study of the national university of Singapore[M]//LIU N C, WANG Q, CHENG Y. Paths to a world-class university: Lessons from practices and experiences. Rotterdam: Sense Publishers, 2011:205-236.

关世界一流大学使命的讨论将不再赘述有关世界一流大学三大基本功能（即学术使命）的内容。在阅读相关文献后发现，大多数学者认为"国际的""国际化""跨国界的""全球的""全球视野""全球卓越"等关键词与世界一流大学的使命相关。

1. 世界一流大学的国际（化）使命

部分学者认为世界一流大学具有国际使命或国际化使命，这表明世界一流大学的使命是跨越国界的。国际使命或国际化使命都强调了世界一流大学身份的国际影响，这意味着世界一流大学要承担起相应的国际责任，做出与世界一流影响力相匹配的世界贡献，促进民族国家的发展并推动整个人类社会的思想、科学与技术的进步。

信、科姆等学者认为世界高等教育系统中存在着使命差异化（mission differentiation）现象，这意味着不同大学的关注点及其所承担的责任各不相同。与此同时，使命差异化在高等教育的全球竞争中尤为重要，因为并非所有大学都能成为世界一流大学。[1][2] 就世界一流大学与其他大学在使命上的差异而言，除了以科研为导向（这与上述提及的世界一流大学的三大基本功能相关）且在某些领域成为全球领导者外，国际化也成为世界一流大学的使命之一。这意味着世界一流大学必须拥有良好的国际声誉，有更多以英语授课的课程，有更多的国际教员、国际学生、国际交换项目和国际合著论文。莫尔曼（Mohrman）等学者认为世界一流大学的使命是跨国界的，即这类大学从全球视角开展教育活动并在全球范围内拓展知识边界。具体而言，世界一流大学强调其身份的国际影响，这些大学中教师参与国际合作、学生国际流动的频率很高。[3] 王明明认为，世界一流大学具备国际使命，需要承担相应的国际责任，做出与世界一流影响力相匹配的贡献，即世界一流大学肩负着引领世界的远见卓识、培养世界领袖、贡献世界性知识、服务世界发展、解决世界问题的使命和责任。[4] 叶静漪也认同这一观

---

① SHIN J C, KEHM B M. Institutionalization of world-class university in global competition[M]. Dordrecht, Heidelberg, New York, London: Springer, 2013: 24.

② SHIN J C. The world-class university: Concept and policy initiatives[M]//SHIN J C, KEHM B M. Institutionalization of world-class university in global competition. Dordrecht, Heidelberg, New York, London: Springer, 2013: 17 - 32.

③ MOHRMAN K, MA W H, BAKER D. The research university in transition: The emerging global model[J]. Higher Education Policy, 2008, 21(1): 5 - 27.

④ 王明明. 国际责任与话语权：一流大学国际化建设的使命与方向[J]. 现代教育管理, 2018, (11): 59 - 64.

点,她认为,世界一流大学的根本使命是要推动国家的发展和人类的进步,具体体现在:以科学的理念和治理机制产出具有突破性乃至颠覆性的重大科技成果,构建引领人类社会文明进步的先进思想和文化观念,培养能够担当民族大任且有能力参与全球治理、引领人类社会发展的领袖人才,主动承担促进人类命运共同体建设与发展的使命和责任,从而成为为民族国家和人类社会永续发展做出突出贡献的大学。[①] 并且,在人类命运共同体理念的影响下,世界各国联系日益紧密,虽然大学的民族性很重要,但世界一流大学应当成为世界的财富和促进世界沟通的桥梁。[②] 由此可见,世界一流大学定位高远、追求真理、与时俱进、改革创新、服务国家战略需求、服务人类福祉;世界一流大学是国家和世界进步的助推器,是世界高等教育改革和发展的领导者,也是人类知识发现和科技创新的集大成者。[③]

虽未明确指出世界一流大学具备国际使命或国际化使命,但多所世界一流大学的校领导都强调了世界一流大学所肩负的使命带有国际和全球特征,包括培养学生的全球胜任力、推动国际交流与合作、共同应对重大的全球挑战、提升国际影响力、为人类共同利益服务、对全球发展做出贡献等。曾任美国耶鲁大学校长的莱文(Levin)指出,耶鲁大学的目标是要成为真正的全球性大学,不仅为美国,也要为全世界培养领导者并扩展知识边界。马万华认为,在科学研究和培养下一代领导人上彰显全球影响力是世界一流大学的核心使命。[④] 克莱曼(Kleinman)和瓦拉斯(Vallas)认为,这种全球影响力在科学研究上体现为学院合作化(collegialization),意味着志趣相投的科学家们将超越自己所属大学的传统科研理念,组建国际联盟或全球科研团队。[⑤] 此外,中国清华大学校长邱勇在《清华大学108周年校庆致辞》中表示,"清华正以更加开放的姿态走向世

① 叶静漪."一带一路"和大学的使命[J].大学(研究版),2018,(5):57-59.
② 王明明.国际责任与话语权:一流大学国际化建设的使命与方向[J].现代教育管理,2018,(11):59-64.
③ 王战军,娄枝.世界一流大学的社会贡献、经验及启示——以哈佛大学为例[J].清华大学教育研究,2020,41(1):26-34.
④ Ma W H. The global research and the "world-class" universities[M]//Shin J C, Kehm B M. Institutionalization of world-class university in global competition. Dordrecht, Heidelberg, New York, London: Springer, 2013: 33-44.
⑤ KLEINMAN D, VALLAS S. Science, capitalism, and the rise of the knowledge workers: The changing structure of knowledge production in the United States[J]. Theory and Society, 2001, 30(4): 451-492.

界，积极发出中国高等教育的声音。学校深入实施全球战略，着力提升学生的全球胜任力，开展服务中国和世界的高水平研究，深入推动国际交流合作，国际影响力持续提升"。① 曾任英国剑桥大学校长的博里塞维奇(Borysiewicz)在演讲中也表示，"作为一所全球性大学，我们的优势在于支持并与世界各地的其他组织合作，从而共同应对我们所面临的重大挑战。我们努力为最重要的合作伙伴(即社会)服务，社会在我们眼里意味着全人类，我们肩负着解决困扰社会的许多问题的责任。我们将持续不断地开展国际合作以为全人类的共同利益服务，我们有能力并将帮助建设一个更加美好的未来"。②

2. 世界一流大学追求卓越的使命

学者们认为，世界一流大学对全球卓越的追求也是其使命之一，这是通过发挥其三大基本功能实现的；全球卓越使世界一流大学获得了良好的国际声誉，为其带来了强大的国际吸引力。顾建民、刘爱生认为追求卓越是世界一流大学的重要标志，也是区别于普通大学的根本所在。③ 王战军、刘静认为，追求卓越是世界一流大学的核心价值取向，对世界一流大学的运行起到了决定性作用并深刻影响了大学的发展。追求卓越的价值取向使世界一流大学具有极高的知名度与美誉度，从而获得了强大的国际吸引力。④ 同样，通过分析四所英国一流大学的战略规划文本，田芬也发现世界一流大学都致力于追求全面的卓越。这种全面的卓越表明大学需要坚守全面卓越的价值观，调动卓越的人才，营造卓越的气氛并付出卓越的行动，最终真正实现大学在全球的进一步卓越。⑤ 2019 年，哈佛大学校长巴考(Bacow)在北京大学进行了题为《真理的追求与大学的使命》的演讲，他认为伟大的大学坚持着与众不同的价值，即真理、卓越和机会。伟大的大学坚持真理，而追求真理需要不懈的努力；坚持真理就必须接受并欣赏多元化的思想；伟大的大学不仅坚持真理，而且追求卓越，这些大学有责任为各自的社会做出贡献，促进各自国家以及全世界的发展；同时，伟大的大学意味着机会——

① 邱勇.自信的清华更开放：清华大学 108 周年校庆致辞[EB/OL].(2019 - 04 - 24)[2019 - 10 - 08]. http://edp.sz.tsinghua.edu.cn/xinwen/394.html.
② BORYSIEWICZ L. The annual address of the Vice-Chancellor at the University of Cambridge[EB/OL]. (2015 - 10 - 01)[2016 - 07 - 04]. https://www.v-c.admin.cam.ac.uk/role-vice-chancellor/previous/selected-speeches-professor-sir-leszek-borysiewicz/partnership.
③ 顾建民,刘爱生.世界一流大学的价值追求[J].教育发展研究,2011,(17)：54 - 57.
④ 王战军,刘静.世界一流大学的三大标志和四大特征[J].中国高等教育,2018,(19)：11 - 13.
⑤ 田芬.追求全面卓越：世界一流大学战略规划文本的核心——以英国 4 所大学为例[J].世界教育信息,2019,32(12)：47 - 53.

帮助学生成才和实现梦想。① 刘康宁认为,世界一流大学对全球卓越的追求为其带来了全球性声誉和影响力,包括毕业生的声誉、研究成果的全球影响力、大学文化对世界的影响等。② 泽维尔(Xavier)和阿撒哥夫(Alsagoff)认为,全球性声誉意味着这所大学的地位受到了全世界大多数国家和大学的认可,因此也可被视作判断一所大学是否是"世界一流"的标准。可以发现,以上全球卓越和全球性声誉的获得是通过世界一流大学发挥其人才培养、科学研究和社会服务等功能实现的。③ 也就是说,世界一流大学追求卓越的使命与其发挥功能密不可分。

综上,学者们认为,世界一流大学也具备人才培养、科学研究和社会服务三大基本功能;较之于其他大学,世界一流大学在知识的创造和传播、促进经济发展和社会进步以及对未来社会的推动上有重要作用。少数学者的研究涉及了世界一流大学在某项功能上与其他大学的差异。与此同时,部分学者还分别关注了中国、英国、美国等国的世界一流大学所发挥的功能。除此之外,大多数学者认为国际化、跨国界的、全球的、全球卓越等关键词与世界一流大学的使命相关,并提出世界一流大学肩负着贡献世界性知识、服务世界发展、解决世界问题的使命和责任。

第四节 大学功能变化的影响因素

在世界高等教育的发展历程中,大学始终在践行着对人类社会思想精华、发展经验去芜存菁的教育活动。同样,大学功能的不断演变也经历了较长时间的积累和检验。大学每一种功能的确立都有其历史缘由和逻辑上的必然性,它清晰地反映出大学发展与社会发展之间的紧密联系。确切地说,大学功能的演变是社会发展需求的不断变化和大学不断适应这种需求变化的结果。④ 16 至 18

① BACOW L S. The pursuit of truth and the mission of the university[EB/OL].(2019 – 03 – 20)[2019 – 07 – 04]. https://www. harvard. edu/president/speeches/2019/the-pursuit-of-truth-and-the-mission-of-the-university/.
② 刘康宁.如何认识与评价世界一流大学的"全球性"潜在特征[J].江苏高教,2019,(9):29 – 34.
③ XAVIER C A, ALSAGOFF L. Constructing "world-class" as "global": A case study of the National University of Singapore[J]. Educational Research for Policy and Practice, 2013, 12(3): 225 – 238.
④ 席酉民,郭菊娥,李怀组.现代大学功能和创新文化研究[M].北京:中国人民大学出版社,2008:19 – 20.

世纪,这一时期影响大学功能变化的因素主要包括科学革命、社会需求、新的教育理念等;①②19世纪60年代至20世纪中期,这一时期影响大学功能产生变化的因素主要包括工业革命带来的社会变化、社会需求、国家需求和相应政策等;③④20世纪40、50年代至今,全球化、国际化、多元化、世界经济一体化趋势、科学技术的发展、人才的国际流动、知识经济的蓬勃发展等正改变着大学在全球社会中扮演的角色。⑤⑥

可以发现,在不同时期,影响大学功能产生变化的因素各不相同。但在整理相关文献后发现,少有学者专门讨论影响世界一流大学功能产生变化的因素。因此,本节主要关注的是近年来中外学者所讨论的影响大学功能变化的三大因素(包括科学技术、全球化、知识经济)及大学功能未来可能产生的变化,其中少数文献涉及影响世界一流大学功能变化的因素。

一、科学技术对大学功能的影响

2019年4月,美国高等教育信息化协会(EDUCAUSE)发布了《地平线报告(2019高等教育版)》,该报告采用德尔菲法预测了2019年至2023年间可能影响全球高等教育的六项技术,包括移动学习、分析技术、混合现实、人工智能、区块链和虚拟助理(Virtual Assistant);其中,前两项属于近期技术(在一年内可得到应用),中间两项属于中期技术(应用可能还需要两至三年),最后两项属于远期技术(广泛采用还需要更长时间)。⑦ 已有科学技术的更新、智能科技的出现对高等教育提出了新的要求,也由此影响了大学的各项功能。有关于科学技术对大学功能影响的研究主要关注的是科学技术对大学人才培养和科学研究功能

① ATKINSON R C, BLANPIED W A. Research universities: Core of the US science and technology system[J]. Technology in Society, 2008, 30(1): 30 - 48.
② ALTBACH P. Peripheries and centers: Research universities in developing countries[J]. Asia Pacific Education Review, 2009, 10: 15 - 27.
③ 王英杰,刘宝存.世界一流大学的形成与发展[M].太原:山西教育出版社,2008: 374 - 375.
④ PINHEIRO R, LANGA P V, PAUSITS A. One and two equals three? The third mission of higher education institutions[J]. European Journal of Higher Education, 2015, 5(3): 233 - 249.
⑤ 周光礼.回归复杂性:未来大学展望[J].高等工程教育研究,2015,(6): 43 - 52.
⑥ AOUN J E. Robot-proof: Higher education in the age of artificial intelligence[M]. Cambridge MA: MIT Press, 2017: 14.
⑦ EDUCAUSE. EDUCAUSE Horizon Report: 2019 Higher Education Edition[EB/OL]. [2019 - 12 - 28]. https://library. educause. edu/-/media/files/library/2019/4/2019horizonreport. pdf? la = en&hash = C8E8D444AF372E705FA1BF9D4FF0DD4CC6F0FDD1.

的影响,暂无研究专门论述科学技术对大学社会服务功能的影响。

1. 科学技术对大学人才培养功能的影响

科学技术将改变大学人才培养的模式、内容和目标,也将推动终身学习理念的发展。例如,眭依凡认为,在"互联网＋教育"及"人工智能＋教育"的时代,知识获取及积累的渠道和方式的多样化及便捷性将彻底改变大学先知识积累、后能力发展的传统的人才培养模式,如斯坦福大学在其"开环大学"(Open-loop University)计划中提出了能力优先于知识的"轴翻转"(Axis Flip)人才培养模式。大学必须积极应对现实和未来的变化与需要,在发挥人才培养功能上不断创新、改进教学方法,从而提高大学生的知识创新能力、解决问题能力、自我学习和发展的能力。① 奥恩(Aoun)认为,数字化和信息化将深刻改变大学人才培养的目标和内容。在数字时代,学生们面临着数字化的未来,由人工智能驱动的机器人、软件和机器将代替人类承担越来越多的工作。为确保毕业生在工作中具备"防范机器人"(robot-proof)的能力(即不被机器人所替代且保持自身独特的创造力),大学必须重新调整其课程设置,确保毕业生未来的发展与就业。未来的毕业生需要超越读、写、数学计算等传统素养的"新素养",包括数据素养、技术素养和人文素养等。② 这与杨颉的观点类似,他认为大学需要让学生学会适应即将到来的人工智能时代,要培养学生的数据意识、逻辑思维和信息技能——这是人类与人工智能相处的基础能力,只有真正了解科技,才能与未来的科技坦然相处。③

因此,大学需要彻底的转型,21 世纪的大学应该教会学生在以科技定义的知识经济时代中所需的素养和技能,并持续为他们提供学习机会,以使他们能够从容应对多样化和全球化的时代环境中存在的各类挑战。大学必须努力自我拓展,最终成为推动所有人获得终身学习技能的引擎。④ 这与任羽中和曹宇的观点一致,他们认为,随着科技的发展,研究型大学的人才培养目标将发生改变,这

① 眭依凡.一流本科教育改革的重点与方向选择——基于人才培养的视角[J].现代教育管理,2019,(6):1-10.
② AOUN J E. Robot-proof: Higher education in the age of artificial intelligence[M]. Cambridge MA: MIT Press, 2017: xix-xvii.
③ 杨颉.智能科技时代高等教育面临的挑战与变革[J].上海交通大学学报(哲学社会科学版),2019,28(2):23-26.
④ AOUN J E. Robot-proof: Higher education in the age of artificial intelligence[M]. Cambridge MA: MIT Press, 2017: xii-xiii.

些大学应该要培养符合时代发展的新型人才,这些人才善于创新、能够适应未来,具有极强的协作能力与学习能力,又有知识迁移和终身学习的能力,同时要有高尚道德、有正确价值追求,能在技术变革中认识自我,并始终保持对社会的关怀。伴随着数字化和科技化的不断加深,知识的获取方式将发生根本性变革,信息的爆炸、碎片化和快速迭代使得基于现有固定知识架构的传统教育模式无法够满足社会需求,培养学生的终身学习能力将越来越重要。① 这一理念与联合国教科文组织所提倡的教育理念不谋而合,即不断变化的全球格局更加强调"共同利益"而非"公共利益";现在,处于不断变化中的知识和技术使学习者无法仅通过正式的学校教育(这种教育在大多数情况下是公益性的)就能获得一生所需的所有知识,这意味着终身学习和多渠道学习将成为教育系统不可或缺的一部分。② 终身学习的理念更强调(共益性的)共同参与式学习,这也是时代发展的趋势。

与此同时,科学技术将影响大学人才培养的方法,带来教学技术的革新,改变教育者与受教育者之间的关系,帮助实现学生的自主学习和个性化学习。桑新民指出,以多媒体和国际互联网为代表的当代信息技术正以惊人的速度改变着人们的生活和学习方式,并导致世界高等教育越来越走向国际化、虚拟化和个性化。在这种趋势下,大学应该思考如何更新教学模式。③ 任羽中、曹宇认为,首先,新技术的应用将带来教学技术的革新,如翻转课堂的采用和人工智能的应用将为学生带来更具针对性的个性教案;其次,新技术将造成教育者与受教育者关系的变化。例如,学生有了更广泛的知识和信息获取来源,自主学习的可能性大大提高,对教师的依赖程度降低。师生之间不再是知识单向传播的关系,而是合作者的关系,他们共同开展学习和研究任务。④ 2019 年,联合国教科文组织发布了《教育中的人工智能:可持续发展的挑战与机遇》报告,该报告认为,人工智能可以帮助实现学生的个性化学习,基于搜集到的学习数据,每位学生的学习计划、优势与劣势、学习偏好等内容都能被准确推测。在此基础上,人工智能算法

---

① 任羽中,曹宇."第四次工业革命"背景下的高等教育变革[J].中国高等教育,2018,(5):13-16.

② UNESCO. Rethinking Education. Towards a global common good?. Paris: UNESCO[EB/OL].[2017-01-28]. http://unesdoc.unesco.org/images/0023/002325/232555e.pdf.

③ 桑新民.从中国未来发展战略的全局思考一流大学的历史使命[J].清华大学教育研究,2003,24(3):67-70.

④ 任羽中,曹宇."第四次工业革命"背景下的高等教育变革[J].中国高等教育,2018,(5):13-16.

可以进一步引导学生在学习不同内容时运用不同的学习策略,从而改善学生的学习体验,真正实现个性化的学习。① 孙刚成、田玉慧、王学普、诺克斯(Knox)等学者认为,伴随着信息技术的不断发展,慕课(MOOCs)和互动讲台(Ipodia)的兴起对传统高等教育产生了冲击,它们以强大的优势改变了大学教育因受师资、设备、经费等因素的限制而仅让部分人享受的现实,对高等教育未来生存和发展的理念、模式带来了巨大的挑战。这一变革促使高等教育由知识传递为主向终身教育理念转变,并通过兼容并包、特色办学和开放办学等方式实现人才的个性化发展。②③ 李红美、陆国栋、张剑平、徐岚等学者也认为慕课的出现将改变传统的教学模式及高等教育理念,甚至可能成为改变"重科研、轻教学"现象的契机。④⑤ 他们还探讨了如何在此种背景下提升大学的教学质量和人才培养功能。此外,远程信息处理技术将极大地改变大学的教学模式,未来大学将立足网络空间,采用翻转课堂等颠覆传统的教学方式。霍恩(Horn)和斯达克(Staker)认为,数字革命将从根本上改变大学生的学习方式,混合式学习是最有效的学习方式;并且,这一观点正逐渐成为教育界的共识。⑥

2. 科学技术对大学科学研究功能的影响

科学技术将增强大学科学研究的参与性与互动性,新的科学技术还将催生新的学科生长点;在科学技术的影响下,科学研究的跨学科性将会增强,科学研究的方法和内容也会发生改变。任友群等认为科学技术将不断增强大学科学研究的参与性与互动性。⑦ 科研参与者可以借助互联网、人工智能技术等突破时空限制;因此,科技化与智能化背景下的大学科学研究将是开放和共享的,涉及科学研究的各利益相关者都可以参与。不同参与者带来不同的经验和技能,使

① UNESCO. Artificial intelligence in education:Challenges and opportunities for sustainable development. Paris:UNESCO[EB/OL].(2019 – 03 – 07)[2020 – 01 – 28]. https://en.unesco.org/news/challenges-and-opportunities-artificial-intelligence-education.
② 孙刚成,田玉慧,王学普.MOOC 和 Ipodia 对传统高等教育的冲击与启示[J].学术论坛,2014,37(8):146 – 152.
③ KNOX J. Digital culture clash:"Massive" education in the e-learning and digital cultures MOOC[J]. Distance Education,2014,35(2):164 – 177.
④ 李红美,陆国栋,张剑平.后 MOOC 时期高等学校教学新模式探索[J].高等工程教育研究,2014,(6):58 – 67.
⑤ 徐岚.大学的教学创新:MOOCs 给我们的启示[J].全球教育展望,2014,43(2):72 – 81.
⑥ HORN M B, STAKER H. Blended:Using disruptive innovation to improve schools[M]. San Francisco, CA.:John Wiley & Sons, 2014:ii.
⑦ 任友群,万昆,冯仰存.促进人工智能教育的可持续发展——联合国《教育中的人工智能:可持续发展的挑战和机遇》解读与启示[J].现代远程教育研究,2019,31(5):3 – 10.

得科学研究的过程充满活力。任羽中、曹宇认为，新技术、新业态将催生新的学科生长点，前沿科技、颠覆性科技的内涵将不断扩展。在此背景下，研究型大学应当积极瞄准学科交叉、学科进步所产生的前沿焦点。新的技术手段将会给现有的科学研究带来冲击，如大数据技术将塑造全新的社会科学研究，人工智能和量子技术将影响数理基础科学的原理与应用。[①] 刘德建等学者的研究也强调了新科技将增强大学科学研究的跨学科性，他们主要谈及了人工智能带来的影响。他们认为，人工智能技术在大学科学研究中的应用是一个跨学科合作与发展的过程。这意味着知识生产将不再受到学科的限制，体现出多学科融合的特征。[②]

　　此外，随着信息技术的不断发展，开放存取（Open Access）[③]和开放科学（Open Science）[④]成为学界的热门话题，长期以来，科研人员和科研机构一直是开放存取和开放科学的主要倡导者与实践者，因为科学数据开放共享对他们而言意义非凡。盛小平、吴红总结了开放存取和开放科学将为科研人员和科研机构带来的好处，包括：① 缩短科学数据出版周期，提高科学数据发布的时效性，促进外部研究人员对数据的访问，加快创新速度；② 克服科学数据传播障碍，拓宽科学数据传播范围；③ 提高科学数据的显示度，促进开放科学研究；④ 提高科学数据的使用效率，实现科学数据价值的最大化；⑤ 获得科学数据（或成果）出版资助；⑥ 提高研究人员和科研机构的学术影响力、名誉与声望等。在此基础上，信息技术的发展带来的开放存取和开放科学将改变大学科学研究的协作方式、科学研究中的数据获取和使用方式等。[⑤] 事实上，部分国家和地区的相关组织已出台了一系列文件，鼓励开放存取和开放科学的全面推行。例如，2012 年，欧洲研究型大学联盟（The League of European Research Universities，简称 LERU）在《开放研究数据声明》（LERU statement on Open Research Data）中指出，科研数据是一种公共物品，应以尽可能少的限制对所有人以及时和负责

① 任羽中，曹宇."第四次工业革命"背景下的高等教育变革［J］.中国高等教育，2018，(5)：13－16.
② 刘德建，杜静，姜男，等.人工智能融入学校教育的发展趋势［J］.开放教育研究，2018，24(4)：33－42.
③ 注：开放存取或开放获取是国际学术界、出版界、图书情报界为了推动科研成果利用互联网自由传播而采取的行动。
④ 注：开放科学指的是科学数据和科学成果能够被更广泛地获取和更可靠地使用。通过鼓励科学与社会需求间的紧密联系、通过增加所有人（科学家、决策者和公民）的平等机会，开放科学将缩小国家之间和国家内部在科学、技术和创新方面的差距。
⑤ 盛小平，吴红.科学数据开放共享活动中不同利益相关者动力分析［J］.图书情报工作，2019，63(17)：40－50.

任的方式免费开放。①

二、全球化对大学功能的影响

在沃特斯(Waters)看来,全球化是一种社会过程,其特色是地域阻隔对各种政治、文化、经济、社会活动的限制不断减退,让一般人能够参与更多跨地域的活动。因此,全球化的三项重要特点在于:① 全球化过程克服了地域阻隔,从而将原本仅局限于本土和国内的个人生活、社会关系以至社会制度转向跨地域及全球性发展;② 全球化是多层面的,包括经济、政治、社会及文化层面;③ 全球化不仅是社会上客观制度和物质层面的改变,也涉及个人全球意识的觉醒。② 萨德拉克指出,高等教育早已为全球化、以知识为基础的人类活动和民主政治制度奠定了重要基础。同时,全球化使在传统国家中处于非核心地位的高等教育仅在20多年的时间内就成为世界各国国家发展战略的重要组成部分。③ 原因在于,全球化加速了知识和技术的传播,知识经济应运而生,高等教育的重要性日益凸显——这是由于高等教育在培养适应性经济人才和创造新知识方面具有重要作用。④ 由此可见,全球化凸显了高等教育中的主要行动者——大学——所具备的人才培养和科学研究功能的重要性。因此,在大学从社会生活的边缘逐渐步入社会生活中心的过程中,它们显然既是受到全球化所影响的实体,又是全球化的推动者和扩散全球化影响的利器。⑤ 正如鲁比(Ruby)所说,"大学是知识的创造者和传播者,大学塑造全球化的程度就像其被全球化影响的程度一样深刻"。⑥

有关全球化对大学功能影响的研究主要关注的是全球化对大学的人才培养和社会服务功能的影响;有少数研究涉及了全球化对世界一流大学功能的影响。

① LERU. LERU statement on Open Research Data [EB/OL]. (2012 - 12 - 01) [2019 - 10 - 11]. https://www.leru.org/files/LERU-Statement-on-Open-Research-Data-Full-paper.pdf.
② WATERS M. Globalization (2nd ed.) [M]. London: Routledge, 2001: 5 - 7.
③ SADLAK J. Globalization and concurrent challenges for higher education [M]//SCOTT P. The globalization of higher education. Buckingham, UK: SRHE & Open University Press, 1998: 100 - 107.
④ 马万华.全球化,全球参与和世界一流大学建设应关注的问题[J].华中师范大学学报:人文社会科学版,2014,53(2): 148 - 158.
⑤ HUISMAN J, MAASSEN P, & NEAVE G. Higher education and the nation state: The international dimension of higher education[M]. Amsterdam: Pergamon, 2001: 56.
⑥ RUBY A. Reshaping the university in an era of globalization[J]. Phi Delta Kappan, 2005, 87(3): 233 - 236.

1. 全球化对大学人才培养功能的影响

全球化将影响大学人才培养的目标、内容和方法。周光礼认为，全球化背景下各国大学的人才培养功能将发生变化，例如，在人才培养目标的确定、课程内容的选择以及教学手段和方法的采用上不仅要满足本土要求，也要适应国际间产业分工、贸易互补等经济文化交流与合作的新形势。[①] 同样，史密斯（Smith）也指出，在全球化背景下，就大学的人才培养功能而言，它的主要目标在于培养今天和未来的公民以迎接其所处时代最有意义的挑战，大学在培养拥抱全球多样性的下一代方面发挥着关键作用。[②] 蔡宗模认为全球化是历史发展的必然，大学必须直面挑战，把握机遇并积极研究变革策略；满足人的多元化需要是大学赢得未来的关键，大学以此争取更多的社会资源，通过合并等方式乘势进入全球舞台。[③] 在全球化背景下，大学的课程设计需要遵循全球化趋势，加入全球先进的知识与教育理念，以此培养具有全球视野的人才。[④]

2. 全球化对大学社会服务功能的影响

全球化将提升大学社会服务功能的重要性，强化大学在全球化背景下构建公共文化、拓展公共空间的重要作用；同时，大学要在积极回应全球化所带来的外部需求的过程中，培养理解全球多样性的未来公民。刘慧珍强调了全球化背景下大学文化功能渐增的重要性。她认为面对世界不同的民族和国家，交织在全球化网络中的共同问题也在不断增多，社会公共文化的发展和个人理性能力的提高将是关乎民族和国家在全球化过程中如何作为的关键一环。因此，大学对公共文化的塑造作用将越来越重要，不仅包括提高民众的知识范围和水平，还包括有意识地建立健康的公共文化活动。[⑤] 王天晓总结了外国学者对未来大学发展的思考，他认为，① 全球多样性是未来大学发展的参照系；② 未来大学将立足网络社会，拓展公共空间，促进社会发展；③ 提升"关心能力"将成为大学的重要目的。[⑥] 其中，林赛（Lindsay）和布兰切特（Blanchett）指出，如何回应全球多样

① 周光礼.回归复杂性：未来大学展望[J].高等工程教育研究,2015,(6)：43-52.
② SMITH D G. Diversity's promise for higher education：Making it work[M]. Baltimore, MD：JHU Press, 2015：249.
③ 蔡宗模.全球化视野下的未来大学[J].高等教育研究,2015,36(9)：18-25.
④ 王改改.克拉克·克尔高等教育国际化思想对"双一流"建设的启示[J].煤炭高等教育,2018,36(4)：21-27.
⑤ 刘慧珍.全球化背景下大学文化功能的反思[J].大学(学术版),2010,(2)：18-22.
⑥ 王天晓.国外学者论未来大学的发展[J].比较教育研究,2014,(3)：30-36.

性是 21 世纪大学所面临的一个最有意义的挑战。这里的多样性是指全球化进程与不同国家、地区、种族、人群、宗教、习俗、价值观等多样性的相遇,所谓全球多样性就是指全球化的趋势与这种多样性相遇交汇的时空状态。他们指出,发达国家的大学在 21 世纪初的十年中更多考虑了经济因素而忽视了社会文化的维度,这一维度要求培养合格未来公民,他们能理解全球多样性,而且要承担多样性的责任。[①]

3. 全球化对世界一流大学功能的影响

全球化将强化世界一流大学在人才培养、科学研究和社会服务上对全球卓越的追求,同时,也将为世界一流大学带来新一轮的机遇和挑战。王战军和蓝文婷认为,全球化作为高等教育国际化的一种动力环境,驱动着大学走变革之路来应对逐渐加快的全球化进程。当然,这也是由大学本身的国际性所决定的,作为国际性的机构,大学更容易受到全球化浪潮的影响。当不同国家的大学相互交流与合作时,也推动了"世界一流大学"这一概念的广泛应用。[②] 世界一流大学是全球化与国际化进程中不可或缺的重要角色。事实上,当"世界一流"这一概念在高等教育领域兴起之后,"全球的"或是"全球化"一词常与其同时出现,强调的不再是大学在全球市场中对资源的竞争,而是对全球卓越的竞争。也就是说,全球化背景下世界一流大学的主要标志是追求卓越。[③] 这一点毋庸置疑,因为追求卓越是世界一流大学的重要标志,也是区别于普通大学的根本所在。[④] 欧达(Ouda)和艾哈迈德(Ahmed)认为,世界一流大学对全球卓越的追寻体现在其三大基本功能之上,即世界一流大学追求的是人才培养、科学研究和社会服务上的全球卓越。随着全球化进程的不断深化,世界一流大学对全球卓越的追求也将被不断强化。[⑤] 此外,曾任加州大学伯克利分校校长的德克斯(Dirks)强调了全球化背景下世界一流大学所面临的机遇和挑战,他认为未来的世界一流大学可以建设成为最成功的全球化机构,这些大学不单是围绕全球研究事业组织起

---

① LINDSAY B, BLANCHETT W J. Universities and global diversity: Preparing educators for tomorrow[M]//LINDSAY B, BLANCHETT W J. Universities and global diversity: Preparing educators for tomorrow. New York: Routledge, 2012: 21 - 46.

② 王战军,蓝文婷.新时代一流大学的内涵探析[J].现代教育管理,2019,(8): 1 - 7.

③ XAVIER C A, ALSAGOFF L. Constructing "world-class" as "global": A case study of the National University of Singapore[J]. Educational Research for Policy and Practice, 2013, 12(3): 225 - 238.

④ 顾建民,刘爱生.世界一流大学的价值追求[J].教育发展研究,2011,(17): 54 - 57.

⑤ OUDA H, AHMED K. Strategic Approach for Developing World-Class Universities in Egypt[J]. Journal of Education and Practice, 2015, 6(5): 125 - 146.

来,也要围绕其变化着的社会经济功能组织起来。他认为世界一流大学的未来在于大规模提供公众负担得起的教育机会,提供在高等教育中获得卓越的机会,并坚持服务公共利益的使命。[1][2]

三、知识经济对大学功能的影响

周光礼认为,知识经济是在全球化背景下发展起来的一种新型经济模式。[3]知识经济与农业经济和工业经济的不同之处在于其以知识为基础。知识经济被定义为建立在知识生产、分配和使用(消费)上的经济。[4] 从产业结构上来看,知识经济是一种以研究和创新为特征的产业形态;从经济要素的相对重要性来看,知识创新成为在全球范围内参与竞争与合作的核心竞争力。高等教育在知识经济中扮演着至关重要的角色,在支持建立强大的人力资本基础和有效的国家创新体系方面,高等教育的作用尤其明显。通过培养熟练、高产和灵活的劳动力以及通过创造、应用和传播新的思想和技术,高等教育帮助各国建立具有全球竞争力的经济。[5]

有关知识经济对大学功能影响的研究主要关注的是知识经济对大学(尤其是世界一流大学)的人才培养和科学研究功能的影响;此外,知识经济也对大学的社会服务功能提出了新的要求。

1.知识经济对大学人才培养和科学研究功能的影响

知识经济将提升大学科学研究功能的重要性并要求大学调整其人才培养和科学研究功能。世界银行在2003年的一份报告中指出:"一个以知识为基础的经济主要依靠人们的思想和技术的运用,而不是体能……要使人们满足这些需求需要一种新的教育和培训模式。"[6]马万华认为,这种调整首先出现在世界一流大学中,世界一流大学的课程国际化以及在海外建立教学和科研中心就体现

① DIRKS N. The future of world-class universities. University World News[EB/OL]. (2015-10-02)[2017-06-17]. http://www.universityworldnews.com/article.php? story=20151001004022774.
② 杜宁凯.世界一流大学的未来[J].清华大学教育研究,2016,37(2)：1-5.
③ 周光礼.回归复杂性：未来大学展望[J].高等工程教育研究,2015,(6)：43-52.
④ OECD. The knowledge-based economy[R]. Paris：OECD, 1996：9.
⑤ SALMI J, LIU N C. Paths to a world-class university[M]//LIU N C, WANG Q, CHENG Y. Paths to a world-class university：Lessons from practices and experiences. Rotterdam：Sense Publishers, 2011：ix-xviii.
⑥ World Bank. Lifelong learning in the global knowledge economy：Challenges for developing countries[R]. Washington, DC：World Bank Publications, 2003：xvii.

了这种"新的教育和培训模式",她认为大学全球科研联络网的形成也是世界一流大学对新经济形式的一种回应。① 欧盛(Olssen)、皮特斯(Peters)、名特姆认为,全球知识经济正在为大学创造前所未有的机会,使其成为所在国家和地区中具有高度战略意义的机构。在这个新的环境中,尽管大学的人才培养功能仍至关重要,但其生产以科研为基础的新知识的能力将把大学与其他机构区分开来,大学如何把握机遇也取决于如何更好地发挥科学研究功能。②③ 但是,萨尔米和刘念才持有不同观点,他们认为,在知识经济时代,研究型大学,尤其是世界一流大学,应在人才培养和科学研究之间努力实现战略平衡,把知识的扩散与生产放在同等重要的位置。在此基础上,世界一流大学将在培养知识经济发展所需的专业人才、高级专家、科学家和研究人员以及创造支持国家创新体系的新知识方面发挥越来越重要的作用。④

2. 知识经济对大学社会服务功能的影响

在知识经济时代,大学在发挥传统的人才培养和科学研究功能的基础上,还要扩展其社会服务功能,积极承担起将知识转化为现实生产力的功能和引领经济发展的功能。魏江探讨了知识经济时代大学的功能和地位。他认为,传统上,大学是传播现代文明的文化阵地,大学通过人才培养实现知识的传播和扩散。但在知识经济时代,大学还应是创造现代文明和知识的阵地,应承担起将知识转化为现实生产力的功能。⑤ 与此同时,经济合作与发展组织在对高等教育政策进行的一项国际评估——《知识社会的高等教育》(*Tertiary Education for the Knowledge Society*)中指出了大学与社会秩序之间关系的根本变化,即大学不再是对社会文化和科学的补充,不再只是专业人才和教育精英的重要来源;相反,大学被认为是发达社会的主要经济动力,因为知识创造是未来社会的

① 马万华.全球化,全球参与和世界一流大学建设应关注的问题[J].华中师范大学学报:人文社会科学版,2014,53(2):148-158.
② OLSSEN M, PETERS M A. Neoliberalism, higher education and the knowledge economy: From the free market to knowledge capitalism[J]. Journal of Education Policy, 2005, 20(3): 313-345.
③ MINTROM M. Managing the research function of the university: Pressures and dilemmas[J]. Journal of Higher Education Policy and Management, 2008, 30(3): 231-244.
④ SALMI J, LIU N C. Paths to a world-class university[M]//LIU N C, WANG Q, CHENG Y. Paths to a world-class university: Lessons from practices and experiences. Rotterdam: Sense Publishers, 2011: ix-xviii.
⑤ 魏江.基于知识经济的大学功能及其知识管理[J].浙江大学学报(人文社会科学版),1999,29(5):148-153.

财富之源。①② 在此基础上，刘小强等学者指出，在知识与经济双重转型的背景下，大学不仅是知识生产的主要场所，也是经济发展所需知识、技术和创新创业人才的主要提供者。今天的大学在发挥传统的人才培养和科学研究功能的基础上，还要积极扩展其社会服务功能，承担起促进科技商业化、引领经济发展的新功能。这既是今天的大学不可推卸的社会责任，也是大学在知识经济时代的角色转型——大学将从传统的教育提供者和知识创造者转变为承担知识的商业化应用和引领经济发展的领导者。③

综上，学者们认为科学技术、全球化、知识经济等因素影响着未来的高等教育，也改变着大学的功能和地位。大学在改变人类生活方式、提升国家竞争力和促进社会经济发展中发挥着越来越重要的作用。并且，随着科学技术的更新、全球化和知识经济的不断推进，未来大学功能的内涵和形式将会变得更加丰富，大学所发挥的作用也将变得越来越重要。

第五节　文　献　述　评

综合对上述文献的分析，本研究认为：

第一，已有研究系统论述了大学功能的演变过程，展现了大学功能从"单功能"到"三功能"的演变并揭示了大学功能产生变化的社会原因。11 世纪末至 18 世纪末、19 世纪初是大学的"单功能"阶段，这一时期的大学只具备人才培养功能；之后，在科学革命的推动下，大学肩负起了人才培养和科学研究的"双功能"；19 世纪 60 年代之后，社会对人才、知识和科技的依赖程度越来越高并对大学提出了新的要求；这一时期的大学有人才培养、科学研究和社会服务三大功能。由此可见，大学三项功能的发展是随着社会变迁而逐步变化的。随着功能的演变，大学从游离于社会之外到处于社会边缘，最终走向社会中心。总的来说，大学的

① SANTIAGO P, TREMBLAYK, BASRI E., et al. Tertiary education for the knowledge society (Vol. II)[R]. Paris: OECD, 2008: 52.
② CLANCY P, DILL D D. The research mission of the university: An introduction[M]//CLANCY P, DILL D D. The research mission of the university policy reforms and institutional response. Rotterdam: Sense Publishers, 2009: 3-17.
③ 刘小强，黄知弦，蒋喜锋.知识、经济的双重转型与一流大学建设的范式转变——新加坡国立大学建设"全球知识企业"实践和启示[J].清华大学教育研究,2019,40(4): 64-70.

三项功能是从社会实践的着力点分析探究而来的,体现了人类社会发展的实际需求,因而成为大学最基本的三项功能,即人才培养、科学研究和社会服务。除此之外,国内外学者也从不同角度对大学功能的划分和演变进行了讨论并提出了大学可能具备的其他功能。已有研究为本研究奠定了基础,对本研究厘清大学功能的历史演变和相关的影响因素(包括历史、文化、社会需求等因素)提供了依据;已有研究也为本研究将人才培养、科学研究和社会服务确定为现代大学的三大基本功能提供了理论基础和事实依据。

第二,已有研究对现代大学三大基本功能的内涵、发展及具体表现进行了深入讨论。大学的人才培养功能经历了从培养良好的社会公民到培养专业人才,再到培养全面发展的人才的转变;通过知识的传授、人格的养成,大学为社会培养使人类社会得以延续与发展的各类人才。大学的科学研究功能首先出现于德国大学之中,经历了从纯粹的知识探索到产出知识以促进人才培养和贡献社会发展的转变;大学的科学研究可被分为三类,分别是基础研究、应用研究和开发研究。大学的社会服务功能在美国大学中得以确立,主要经历了从为所属区域提供相关的技术、人才和服务到为公众、国家和社会做贡献的转变;大学的社会服务主要包含公共政策服务、经济服务、校友服务等七项内容。除此之外,诸多学者认为大学还具备除三大基本功能外的其他功能,这些功能可看作是大学对外部需求和社会发展做出的回应。已有研究为本研究定义大学的三大基本功能、厘清其历史发展过程和具体表现等提供依据、奠定基础。但是,在对三大基本功能的讨论和分析上,已有研究缺乏清晰的理论框架,未对三大基本功能的构成要素进行系统的分类。

第三,已有研究涉及了世界一流大学的三大基本功能,包括人才培养、科学研究和社会服务。就世界一流大学的人才培养功能而言,在人才培养的层次和类型上,世界一流大学致力于培养领袖人才、精英人才、创新人才和科研人才;在人才培养的方法和途径上采用与时俱进的人才培养方式,注重科研对教学的支撑和推动作用。就世界一流大学的科学研究功能而言,在科学研究的层次和水平上,世界一流大学引领世界范围内科学研究的发展方向,产出了大量重要的原创性成果,造福于人类的发展与进步;在科学研究的类型和内容上,世界一流大学致力于开展高水平的基础研究,聚焦于基础研究的前沿领域。就世界一流大学的社会服务功能而言,世界一流大学服务的对象是国家和世界,服务的内容是非营利性且注重创新性的；与此同时，世界一流大学做出了具有国际影响的社会贡献。除三大基本功能外，少数学者还认为世界一流大学具备国际交往功能。此外，有两项研究在对世界一流大学的特点和发展目标进行讨论的过程中，涉及了世界一流大学与其他大学在三大基本功能上的对比。具体而言，世界一流大学在科学研究上的表现优于其他大学，尤其关注全球问题和基础研究；在人才培养和社会服务上的表现不一定优于其他大学。在此基础上，部分学者的研究涉及了不同国家和地区世界一流大学所发挥的功能。同时，已有研究还涉及了世界一流大学的使命，多数学者认为国际化、跨国界的、全球的、全球卓越等关键词与世界一流大学的使命相关。在进一步分析后发现，世界一流大学的功能与使命密不可分，两者虽然性质不同，实则存在逻辑关系，两层面相互呼应。已有研究为本研究奠定了基础，但已有研究以理论研究为主，相关的实证研究主要是对少数几所世界一流大学进行案例分析或是对其使命宣言、战略规划和各类官方数据进行总结和分析；并且，有关对比世界一流大学与其他大学（特别是一般研究型大学）功能的文献数量非常少，只有两篇文献具有较大参考价值，但相关文献仅列出部分要点，未系统、全面地对不同大学的功能进行对比；此外，虽有学者提及世界一流大学具备国际交往功能，但这项功能与前文提及的大学的国际交流合作/国际化功能在某种程度上重复，缺乏创新性且无法体现世界一流大学在功能视角下的独特性；虽有少数研究分别讨论了不同国家和地区的世界一流大学所发挥的功能，但它们未以国际比较视角对此进行系统分析与讨论；已有研究虽然表明国际化、全球的、全球卓越等关键词与世界一流大学的使命相关，但没有研究对以上国际和全球特征进行系统分析并探索相关的影响因素（如全球化、国际化等）。

第四，已有研究讨论了影响大学功能变化的因素及大学功能未来可能产生的变化；主要的影响因素包括科学技术、全球化和知识经济。科学技术（人工智能、网络技术、移动学习等）主要影响的是大学的人才培养和科学研究功能。例如，科学技术将改变大学人才培养的模式、内容、目标和方法，也将推动终身学习理念的发展；科学技术将增强大学科学研究的参与性与互动性，提升科学研究的跨学科性，改变科学研究的方法和内容等。全球化将影响大学人才培养的目标、内容和方法，也将进一步凸显大学社会服务功能的重要性；同时，全球化进程的深化将强化世界一流大学在三大基本功能上对全球卓越的追求。知识经济要求大学调整其人才培养和科学研究功能以在培养专业人才和支持国家创新体系中发挥重要作用。同时,知识经济还要求大学扩展其社会服务功能。已有研究为本研究奠定了基础,但少有研究专门讨论影响世界一流大学功能未来变化的因素以及世界一流大学功能未来可能发生的变化;并且,已有研究对影响大学功能未来变化的因素及大学功能未来可能产生的变化所展开的讨论不够系统和全面。例如,就科学技术对大学功能的影响而言,学者们主要关注的是科学技术对大学人才培养和科学研究功能的影响,少有学者讨论科学技术对大学社会服务功能的影响。已有研究大都聚焦于科学技术、全球化和知识经济三个影响因素,少有研究涉及其他可能对大学功能未来变化产生影响的重要因素(如人口问题、环境问题、国际局势等)。

因此,本研究希望在已有研究的基础上,全面、系统地探索有关世界一流大学功能的问题,填补现存的研究缺口;从功能视角系统地揭示世界一流大学的内涵,了解世界一流大学如何在不断变化的时代背景下发挥作用。

第三章
研究方法

本研究采用混合研究法中的顺序性探索设计（sequential exploratory design），即先收集定性数据，再收集定量数据，最后对两类数据进行混合分析。其理论依据在于，探索性的质性方法建立了良好的理解基础后，开展定量调查才是合理的。在这一研究设计中，定性数据是重点内容，定量数据是用来增强、补充和拓展定性数据的。混合定性和定量数据并从不同角度对其进行分析可实现"三角互证"（triangulation），从而提高研究结果的可信度和有效性。[①]

具体而言，本研究的研究方法包括：① 文献资料法[②]；② 访谈法；③ 问卷调查法。各研究方法与研究问题的对应关系如表 3 - 1 所示。首先，研究者收集、分类并分析了大学官方网站上的四类官方文件（即校长寄语、使命宣言、愿景描述、战略规划），以便更好地理解和对比不同类别大学的功能定位。然后，在对官方文件进行分析后，开展半结构化访谈，以探究来自世界各地的受访者对世界一流大学功能的看法，并对比来自不同国家和地区（中国、美国、欧洲）、不同类型大学（世界一流大学、一般研究型大学）受访者的观点。在对官方文件和访谈数据进行分析后，研究者根据质性研究结果设计问卷。最后，采用网络问卷对前两个步骤产生的质性结果进行增强、补充和拓展。

本研究的研究伦理规范（ethical considerations）遵循克里斯蒂安（Christians）的四项指导方针：[③]

---

① CRESWELL J W, PLANO CLARK V L. Designing and conducting mixed method research[M]. Thousand Oaks, Calif.; London: SAGE Publications, 2011: 185 - 187.

② 注：文献资料法主要用于探索第一个研究问题；访谈法和问卷法应用于所有四个研究问题。

③ CHRISTIANS C G. Ethics and politics in qualitative research[M]//DENZIN N, LINCOLN Y. Handbook of qualitative research (2nd ed.). Thousand Oaks: Sage, 2000: 133 - 155.

表 3-1 各研究方法与研究问题的对应关系

研究问题(RQ)	研究方法
RQ1：世界一流大学与一般研究型大学在三大基本功能上有何差异？	(1)(2)(3)
RQ2：除三大基本功能外，世界一流大学有哪些特有功能？	(2)(3)
RQ3：在不同国家和地区(中国、美国、欧洲)，世界一流大学在发挥其功能上有何不同？	(2)(3)
RQ4：世界一流大学的功能在未来会有哪些变化？有哪些因素将会影响世界一流大学功能未来变化？	(2)(3)

（1）知情同意：研究者告知所有参与者本研究的目的、流程以及需要参与者提供的信息。本研究允许参与者随时以任何理由退出。

（2）坦诚：研究人员将诚实地让参与者了解自己的身份及研究的目的，不会欺骗参与者以获取某些信息。

（3）隐私和机密性：在对访谈进行录音之前，研究者需要获得受访者的许可。所有数据都是安全的，仅供研究者以学术用途使用。数据将在转录期间匿名化处理。

（4）准确性：研究者尽可能避免信息遗漏，不会捏造或提供虚假信息。

第一节 文 献 资 料 法

文献资料法(Documentary research method)指的是利用外部资源、文献/文本、资料支持学术工作的观点或论点的研究方法。文献资料法的过程通常涉及对文本中的部分或全部内容进行概念化、使用和评估。[①] 文本和资料不是孤立的，需要将其置于理论参考框架内，以便充分理解其内容。文本与资料是重要的信息来源，这些数据可以各种方式用于社会研究之中。[②] 贝利(Bailey)指出，这些文献资料通常包括院校/机构报告、人口普查出版物、政府声明和会议记录、日记及其他不同形式的书面和可视化资料。[③]

---

① PAYNE G, PAYNE J. Key concepts in social research[M]. London：SAGE Publications，2004：61.
② ATKINSON P, COFFEY A. Analyzing documentary realities[M]//SILVERMAN D. Qualitative Research：Theory，Method and Practice. London：Sage Publications，1997：45 - 62.
③ BAILEY K D. Methods of social research(4th Edition)[M]. New York：The Free Press，2004：298.

一、文献资料法的数据来源

本研究收集了两类大学(见表3-2)的四类官方文件(校长寄语、使命宣言、愿景描述、战略规划)，根据大学三大基本功能(人才培养、科学研究、社会服务)的相关描述进行筛选并分类。两组样本院校实际的数据收集情况如表3-3和表3-4所示，共包含116 451字的英文文本资料。鉴于大多数院校的官方文件文本均为英文，所以研究者先把部分院校的非英文文本资料翻译为英文后统一进行分析。

表3-2　样本院校及分组情况①

组　别	数量	定　义
世界一流大学(WCUs)	$N=43$	世界排名前100位且自称为"世界一流大学"的公立大学
一般研究型大学(RUs)	$N=40$	世界排名200位以后且从未自称为"世界一流大学"的公立大学

表3-3　世界一流大学(43所)数据收集情况

文件类型	有信息院校数量	文本内容(有信息院校数量)②
校长寄语	24	人才培养(24)
		科学研究(16)
		社会服务(17)
使命宣言	37	人才培养(35)
		科学研究(23)
		社会服务(31)
愿景描述	24	人才培养(19)
		科学研究(17)
		社会服务(22)

① (1) 均采用2018年的排名信息；(2) 为便于取样和进行国际比较，本研究重点关注公立大学；(3) 此处"世界排名前100位"大学指的是三大排名(ARWU、QS、THE)中前100位的交集院校；(4) 此处的"世界排名200位以后"大学指的是三大排名200位后院校交集中的40所大学；研究者最初选取了43所一般研究型大学以与世界一流大学样本数量($N=43$)保持一致，但在后续的官方文件收集过程中发现，有3所一般研究型大学没有任何类型的官方文件，故此处仅保留了有相关的文件的40所一般研究型大学；(5) 两组院校名单见附录1。
② 根据编码点检索相关的文本内容。

（续表）

文件类型	有信息院校数量	文本内容（有信息院校数量）
战略规划	32	人才培养（32）
		科学研究（30）
		社会服务（30）

表3-4 一般研究型大学（40所）数据收集情况

文件类型	有信息院校数量	文本内容（有信息院校数量）①
校长寄语	15	人才培养（14）
		科学研究（13）
		社会服务（11）
使命宣言	35	人才培养（34）
		科学研究（28）
		社会服务（30）
愿景描述	27	人才培养（20）
		科学研究（20）
		社会服务（23）
战略规划	35	人才培养（27）
		科学研究（27）
		社会服务（27）

　　选择这四类官方文件的原因如下：第一，校长寄语是学校领导对学校历史概况、未来发展、学生培养等内容的总结；第二，大学使命宣言是大学对自身目标、功能和存在价值的宣告与承诺，也是大学在不断变化的社会环境中维持其合法性的重要手段；②第三，大学的愿景描述面向未来，高于现实，内化在大学成员的意识中，成为共同语言，甚至成为潜意识，指挥和控制着大学的行动；③第四，战略规划是对大学整体的、系统的设计，是基于大学现实状态而进行的面向未来

---

① 根据编码点检索相关的文本内容。
② 陆一.世界知名大学使命宣言的文本解析[J].比较教育研究,2012,(9)：23-28.
③ 赵文华,周巧玲.大学战略规划中使命与愿景的内涵与价值[J].教育发展研究,2006,(13)：61-64.

一定时期的发展状态的设想。① 所以，深入分析这四类文件有助于更好地理解大学自身的功能定位及其未来发展的方向。

二、文献资料法的数据分析

针对来源于四类官方文件的文本数据，本研究借助 MAXQDA2018 软件进行分析，采用的分析方法是质性内容分析法。质性内容分析法（Qualitative Content Analysis，简称 QCA）有时也被称为主题分析法（Thematic Analysis），它是最常用的质性数据分析方法之一。② 与传统的量化内容分析法一样，类目（有时也被称为主题）与随后的基于类目的分析也是质性内容分析的核心。质性内容分析的中心思想来源于量化内容分析（Quantitative Content Analysis）的方法论基础，后者被视为是传统的内容分析法，更侧重于以频率的形式表现各种类目的百分比或是实际数量；这种方法是汇总而不是阐释文本数据的所有细节，回答的是"是多少"（how many）的问题。③ 换句话说，传统的内容分析更局限于所谓的"显见的内容"（即统计类目出现的频率）。

与传统的内容分析不同的是，质性内容分析呈现的是诠释性的（interpretive）分析过程，编码通过诠释、分类和分析来完成；其中，研究者对文本的理解和诠释非常重要。在质性内容分析中，数据是在情境中编码的，编码过程不是机械的，体现了编码的阐释性和诠释性。在质性内容分析中，类目不是简单地将实证数据转化成一个数字（如频率）或一种关联性，它更具有搭建整体分析框架的系统化作用，体现在最终构建的类目系统（category system）中。但需要注意的是，质性内容分析不只局限于诠释性的分析过程，它其实是一种混合分析方法：研究者通过仔细阅读文本，将相关内容归纳为类目是质性分析步骤，而在此基础上对类目或编码点进行统计则是量化分析步骤。④⑤

库卡兹（Kuckartz）和瑞迪克尔（Rädiker）认为，质性内容分析是一种基于规

① 别敦荣.论大学发展战略规划[J].教育研究,2010,(8)：36-39.
② SCHREIER M. Qualitative content analysis in practice[M]. Thousand Oaks：SAGE，2012：1-2.
③ BENGTSSON M. How to plan and perform a qualitative study using content analysis[J]. NursingPlus Open，2016，(2)：8-14.
④ MAYRING P. Qualitative content analysis：Theoretical foundation，basic procedures and software solution[M]. Austria：Klagenfurt，2014：10.
⑤ KUCKARTZ U. Qualitative text analysis：A guide to methods，practice and using software[M]. London：Sage Publications，2014：50.

则(rule-based)的方法,在构建类目系统的过程中需要尽可能精确地定义每个类目。无论类目是来源于已有文献或是访谈提纲的"推论式"(deductive)类目还是来自数据编码过程中的"归纳式"(inductive)类目,质性内容分析都要精确定义每个类目所指代的内容。在此基础上,质性内容分析不仅可用于总结大量访谈数据的关键特征,也可提供有关数据集的"深度描述"(thick description);它还可以凸显整个数据集中存在的相似性和差异,有时还会生成意想不到的信息。质性内容分析并不是一个线性的过程,在分析过程中存在重复和反馈的步骤,凸显了其循环的本质。在质性内容分析中,各个分析阶段间没有严格的界限,甚至有可能在创建了类目系统且大部分数据已被编码之后,研究者还能获得新的数据。①

由此可见,质性内容分析是一种灵活的数据分析方法,在分析过程中,不一定要收集完所有数据后再对数据编码,可以一边编码一边收入新的数据并在此过程中对类目框架进行调整和更新,最终得到更为准确和全面的研究结果。此外,正如图 3-1 所显示的那样,在质性内容分析过程中,研究问题在研究过程的初始阶段就被提出,但却不像传统的假设推论(hypothetical-deductive)模式那样一成不变,等待分析结果来给出答案。研究问题在多个方法区内(分析阶段中)都是核心部分,它可以随着分析的推进在一定限制条件下发生改变。比如说,为了使研究问题更为精确、要凸显新的内容,或是出现了意料之外的发现,研究者都可以进一步修改研究问题。②

基于质性内容分析的基本框架,③④在本研究中,针对官方文件文本数据的分析一共包含以下六个阶段。因在分析过程中存在重复和反馈的步骤,故在此用"阶段"(phase)代替"步骤"(step)。具体的分析过程可参见图 3-1。本研究将图 3-1 中的第三、四阶段合并为第三阶段。具体的分析过程如下:

第一阶段:整理并分类文本资料。研究者将每个学校的四类官方文件统一保存在单独的 Word 文档中并以学校缩略名进行命名(缩略名见附录 1)。缩略

---

① KUCKARTZ U, RÄDIKER S. Analyzing qualitative data with MAXQDA: Text, audio, and video [M]. Switzerland: Springer Nature, 2019: 98.
② KUCKARTZ U. Qualitative text analysis: A guide to methods, practice and using software[M]. London: Sage Publications, 2014: 48.
③ MAYRING P. Qualitative content analysis: Theoretical foundation, basic procedures and software solution[M]. Austria: Klagenfurt, 2014: 15.
④ KUCKARTZ U. Qualitative text analysis: A guide to methods, practice and using software[M]. London: Sage Publications, 2014: 48-49.

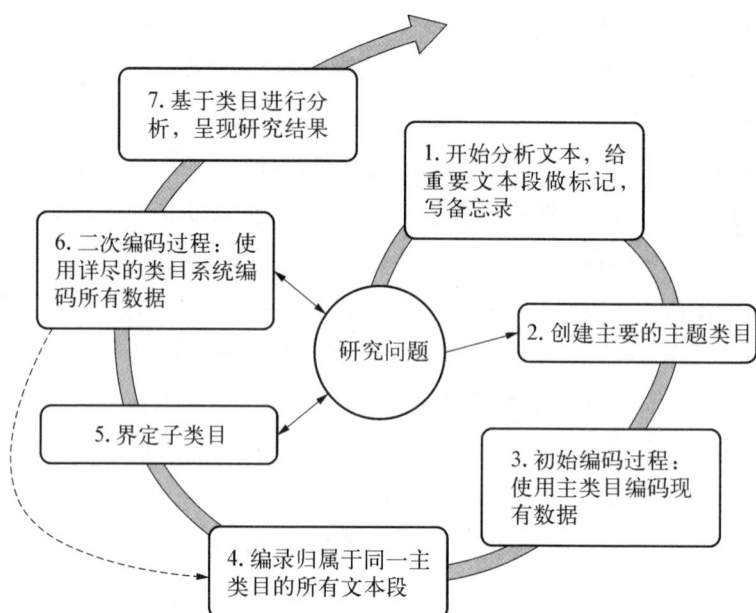

图 3 - 1　质性内容分析的详细步骤①

名尽量采用可辨识的缩写，如将加州大学伯克利分校的文档命名为"UCB"；在 Word 文档中把校长寄语（president message）、使命宣言（mission statement）、愿景描述（vision statement）、战略规划（strategic plan）这四类官方文件按照其英文缩写分别标记为 PM、MS、VS、SP。然后，统一所有文本格式，导入 MAXQDA2018 软件中并将其分为两组：世界一流大学组和一般研究型大学组。

　　第二阶段：创建主要类目。依据研究问题，分别为两组数据创建主要类目，分别是人才培养、科学研究和社会服务。

　　第三阶段：对文本进行第一次编码。使用主要类目分别对两组（共 83 所）学校的四类官方文件进行初步编码。逐行按顺序对世界一流大学和一般研究型大学的官方文件文本进行从头到尾的阅读并分析，并依据其内容将文本划分到相应的各个主要类目之中。

　　第四阶段：对主要类目下的文本段进行再次编码，然后整理、合并编码点，归入新的子类目中（示例过程见表 3 - 5）。

① KUCKARTZ U. Qualitative text analysis：A guide to methods，practice and using software［M］. London：Sage Publications，2014：48.

表3-5 官方文件文本编码过程示例(以比利时鲁汶大学的"使命宣言"为例)

官方文件文本(节选翻译版)	主要类目	编码点	新子类目
……[1鲁汶大学致力于为学生提供基于高水平科学研究的教育项目(A1),旨在帮助他们做好承担社会责任的准备(A2)。][2鲁汶大学是一所研究密集型、以全球为导向的大学……在科研上,鲁汶大学的重点是跨学科和多学科的(A3),并致力于实现国际卓越。为此,鲁汶大学与国内外研究合作伙伴积极开展科研合作(A4)……][1&2鲁汶大学尊重学生和教职员工的多元化(A5)。][3鲁汶大学致力于积极参与面向公众的、与文化有关的辩论,并积极促进知识型社会的发展。鲁汶大学将应用其专业知识服务于社会,特别是服务于社会弱势群体(A6)。基于社会责任和专业知识,鲁汶大学为公众提供高质量、全面的医疗保健服务……努力让所有人都能享受到最好的医疗服务(A7)。]	[1]人才培养 [2]科学研究 [1]人才培养 [2]科学研究 [3]社会服务	(A1)科研与教学相融合 (A2)培养学生的社会责任 (A3)跨学科科研合作 (A4)广泛的国际合作 (A5)多元化氛围 (A6)服务弱势群体 (A7)医疗服务	(A1)可归纳为"人才培养的方法和途径"子类目 A(2-5)略 (A6)(A7)可归纳为"社会服务的类型和内容"子类目

注:1&2表示一个句子有时可同属两个主类目。

第五阶段:基于类目的分析和结果呈现。为便于对比,研究者将第四阶段中生成的新子类目再次整合至更具概括性的 AGIL 框架之中(详见第一章中的表1-1),分别归纳为适应、目标达成、整合和模式维持;这一步的目的是尽量与访谈数据的子类目对应,便于后续对比分析。至此,整个编码过程基本完成,类目框架已经建立起来(详见第四章各节中的具体内容)。鉴于质性内容分析法可以提供质性和量化两种结果,质性结果来源于对类目框架的总结与深度分析,量化结果则借助 MAXQDA2018 中的编码点统计功能,统计每个符码的被提及次数和来源文件数,并在此基础上对符码列表进行排序,便于筛选出重点内容进行后续的对比分析。

第六阶段:书写结果。结合官方文件中的具体表述,基于结构功能主义下的 AGIL 分析框架,绘制表格展示对比分析结果,利用表格总结两类大学在三大基本功能上的差异。

第二节　访　谈　法

半结构化访谈（Semi-structured interview）是一种非常灵活的数据收集方法，可以为受访者提供真实的对话场景，让他们在对话中充分表达自己的观点和看法。向受访者提出与研究问题相关的概括性访谈问题可以鼓励受访者"扩展"访谈的内容并在不受访谈者影响的情况下表达自己的观点。[①]

本研究的访谈分为两个阶段：预访谈（2016 年）和正式访谈（2017 年至 2019 年）。首先，在 2017 年开始正式访谈之前，研究者于 2016 年 12 月进行了小样本的预访谈（$N=7$），旨在确定所选数据收集方法（半结构化访谈）的结构和内容的有效性。预访谈的开展符合质性内容分析法的要求。梅林（Mayring）指出，在质性研究方法中，针对某些数据的收集方法（如访谈）和分析方法都必须事先进行测试。[②] 具体而言，在质性内容分析中，类目系统可从文本材料中通过归纳建立起来，也可通过演绎法根据研究问题或是访谈问题组合在一起。因此，为了强化方法论，类目系统必须经过测试。在质性内容分析中，"测试"过程非常简单，因为文本材料可以经过多次分析和处理。同时，这一过程也检验了访谈的结构和内容是否有效，即受访者们是否能充分理解和回答访谈问题、对预访谈文本进行编码后所构建的类目系统是否能回答本研究的问题。

据此，研究者于 2016 年 12 月在中国举办的一次学术会议上对 7 名国际（学术）专家进行了一对一、面对面的访谈。基于质性内容分析法，在对预访谈文本进行分析后，根据国际（学术）专家们对访谈问题的回答和反馈，研究者对访谈提纲进行了调整，但访谈提纲的总体结构和内容基本不变。因此，这 7 名受访者的访谈数据也用于后续的质性内容分析。

第二阶段是正式访谈，时间是从 2017 年 11 月至 2019 年 5 月。在这一阶段，研究者通过参与（国际）学术会议、到访受访者所在大学和机构对他们进行访谈，共计访谈 67 人。其中，由于时间和地域等因素的限制，在 67 位受访者中，有 3 位受访者是通过电话进行访谈的、3 位受访者是通过邮件进行访谈的。

---

① BOUMA G D, LING R. The research process (5th ed.)[M]. Melbourne: Oxford: Oxford University Press, 2004: 182.

② MAYRING P. Qualitative content analysis: Theoretical foundation, basic procedures and software solution[M]. Austria: Klagenfurt, 2014: 13.

一、访谈法的数据来源

访谈采用立意抽样法(purposive sampling)确定受访者,该抽样法常用于探索性研究中,[1]符合本研究的目的。本研究的参与者主要包括世界一流大学和一般研究型大学的校领导、院长和主任、学者以及在相关领域工作的国际(学术)专家(包括政府官员、各类组织管理者和学者等)(受访者信息见表3-6和附录2)。选择这些受访者的原因在于:① 世界一流大学和一般研究型大学的校领导、院长和主任等对大学的建设与发展有着清晰、宏观的认识,对大学发展的各项规划比较了解;其中,大学校长在大学发展过程中起到了引领作用,对大学如何发挥其功能有着清晰的认识和规划;[2]因此,他们对于世界一流大学功能的看法尤其重要;② 世界一流大学和一般研究型大学中的学者(包括正、副教授、研究人员等)是大学各项功能的实践者和行动者,他们的感受和经历非常重要;③ 全球范围内相关的(学术)专家对该研究主题有深入了解,他们的看法更具代表性和学术意义。

此外,为便于国际比较,本研究主要选取了中国、美国和欧洲三地的世界一流大学和一般研究型大学开展访谈,主要原因在于:① 三大排名中的世界一流大学主要聚集在北美洲、欧洲和亚洲;由于地理位置等客观因素限制,研究者无法到达以上区域中的所有国家开展访谈,故选取美国、欧洲和中国大学为代表开展访谈;这一做法的可操作性较强;② 世界上的大学主要有三种模式,即以德国、法国和英国为代表的欧洲模式,以美国为代表的北美模式和以苏联为代表的计划模式。[3][4] 欧洲模式主要以英、法、德三国为代表,经历了从中世纪以服务教会、培养专门人才(牧师、教师医生、律师等)为主的传统大学到教学和科研并重的现代大学(以德国柏林大学为代表)的转变。北美模式以美国的现代研究型大学为代表,其特点在于强调大学为国家和社会服务的功能。[5] 苏联模式的特点

[1] PUNCH K F. Introduction to social research: Quantitative and qualitative approaches[M]. Thousand Oaks, CA: Sage, 2013: 161.
[2] FISHER J L, KOCH J V. Presidential leadership: Making a difference[M]. Phoenix, AZ: Rowman & Littlefield Publishers, 1996: 4.
[3] 李学丽.中国大学模式移植研究[D].济南:山东师范大学,2014: 20.
[4] 邹大光.大学人才培养须走出自己的路[N].光明日报,2018-06-19(13).
[5] SCOTT J C. The mission of the university: Medieval to postmodern transformations[J]. The Journal of Higher Education, 2006, 77(1): 1-39.

是强调专才教育，它依附于计划经济体制，由国家对教育实行全面把控；学生招生和分配完全依据国民经济建设计划，学科的设置、专业细化程度取决于与经济建设的相关程度。新中国成立后的中国大学一直沿袭苏联模式，直至改革开放后，中国大学才开始借鉴欧美的大学模式。① ③ 世界一流大学大都聚集在欧洲和美国，中国大学一直扮演着"追赶者"的角色。但近年来，中国大学发展迅速且取得了巨大进步，开始在全球高等教育舞台上崭露头角。因此，探索中国、美国和欧洲一流大学的功能不仅有助于深化对全球高等教育体系的认识，也能对世界范围内以欧美大学为代表的传统世界一流大学和以中国大学为代表的新兴世界一流大学的功能有更为全面、清晰和客观的认识。

本研究共计访谈 74 人，包括来自不同国家和地区的大学校领导（$N=14$）、院长和主任（$N=27$）、学者（$N=19$）、国际（学术）专家（$N=14$）。受访者的整体情况可参见表 3-6，每位受访者的详细信息及代号可参见附录 2。

表 3-6   受访者整体情况（$N=74$）

组　　别	国家/地区	院　　校	受　访　者
世界一流大学（WCUs）	中国	中国一流大学	总人数＝14 校领导＝2 院长和主任＝9 学者＝3
	美国	美国一流大学	总人数＝10 校领导＝2 院长和主任＝4 学者＝4
	欧洲	欧洲一流大学	总人数＝12 校领导＝2 院长和主任＝6 学者＝4
一般研究型大学（RUs）	中国	中国一般研究型大学	总人数＝7 校领导＝2 院长和主任＝3 学者＝2

① 李学丽.中国大学模式移植研究[D].济南：山东师范大学,2014：87.

（续表）

组　别	国家/地区	院　校	受　访　者
一般研究型大学（RUs）	美国	美国一般研究型大学	总人数＝5 校领导＝2 院长和主任＝1 学者＝2
	欧洲	欧洲一般研究型大学	总人数＝12 校领导＝4 院长和主任＝4 学者＝4
国际（学术）专家	全球	相关领域的（学术）专家	总人数＝14 包括来自中国、美国、比利时、日本、澳大利亚等地的专家；其中7人参加了预访谈

注：① 世界一流大学指的是三大世界排名（ARWU、QS、THE）中前100位且自称为世界一流大学的公立大学；为增加访谈数据的可获得性，中国一流大学组还包括了"C9联盟"高校；② 一般研究型大学指的是三大世界排名中200位以后且从未自称为"世界一流大学"的公立大学；③ 为便于国际比较，本研究重点关注公立大学；④ 样本院校的选择参考了2018年的排名信息；⑤ 虽然研究者早在2017年11月就开始了正式访谈（前期主要访谈的是国际学术专家），但对样本大学受访者的访谈是从2018年10月开始的；⑥ 大学校领导包括（正/副）校长、（正/副）教务长；⑦ 欧洲大学组中的大学位于荷兰、英国、瑞士和葡萄牙四个国家。

　　根据受访者的需要，访谈以中文或英文进行。在访谈开始前，研究者向受访者介绍本研究的大致情况，发放中文或英文版的知情同意书（见附录3）以符合研究伦理规范。访谈在征得受访者的同意后录音。

　　访谈问题共13个，访谈时长为30至80分钟。访谈问题与研究问题紧密相关，主要包含以下四个方面的内容：① 世界一流大学与一般研究型大学在三大基本功能上的差异；② 世界一流大学的特有功能；③ 不同国家/地区的世界一流大学在发挥功能上的差异；④ 世界一流大学功能未来变化预测及相应的影响因素。中、英文访谈提纲详见附录4。

二、访谈法的数据分析

　　基于对74位受访者的深度访谈，本研究共获得了约52.4小时（3 142分钟）的录音；研究者随后将其转录为226 074字的中文文本资料和269 884字的英文文本资料。访谈文本借助质性数据分析软件MAXQDA2018进行编码、分析，使用的分析方法同文献资料法中的质性内容分析法。基于质性内容分析的基本框架，①②在本研究中，对访谈内容的分析主要包括以下六个阶段：

第一阶段：准备数据，启动文本分析工作。在完成访谈录音的转录后，研究者将每份转录好的文本在 Word 文档中进行格式标准化，访谈问题的缩写（如Q2 人才培养差异）作为一级标题，研究者代号（R）、受访者代号（如 WCP3）作为二级标题，研究者提问的具体问题和受访者的回答内容作为文本主体。每份转录好的文本以受访者代号进行命名。这一步是为了让之后编码文本段落的汇总看起来整齐、清晰。然后，研究者仔细阅读文本，在需要的时候参考音频记录的原始数据，在 MAXQDA2018 软件中用不同颜色对重要的文本段做标记，创建备忘录记录相关信息以及分析过程中的想法。

第二阶段：根据访谈提纲创建主要类目。研究者首先根据访谈提纲创建了一组主要类目，在本研究中为 13 个访谈问题的缩写。基于此，研究者在MAXQDA2018 软件中建立了相应的 13 个主要类目，如表 3 - 7 所示。这些主要类目是数据编码的起点，它们相当于查找/检索工具，即研究者稍后会从数据中寻找相关内容并归入这些主要类目之中。

表 3 - 7　基于访谈问题的主要类目

研究问题	访谈问题	主要类目
RQ1：世界一流大学与一般研究型大学在三大基本功能上有何差异？	研究型大学具有人才培养、科学研究和社会服务三大功能，您认可这一观点吗？如不认可，您有什么看法呢？	Q1 基本功能
	世界一流大学与一般研究型大学在人才培养功能上有何不同？在内容、形式、程度和质量上各有什么不同？	Q2 人才培养
	世界一流大学与一般研究型大学在科学研究功能上有何不同？在内容、形式、程度和质量上各有什么不同？	Q3 科学研究
	世界一流大学与一般研究型大学在社会服务功能上有何不同？在内容、形式、程度和质量上各有什么不同？	Q4 社会服务

① MAYRING P. Qualitative content analysis：Theoretical foundation，basic procedures and software solution[M]. Austria：Klagenfurt，2014：15.
② KUCKARTZ U. Qualitative text analysis：A guide to methods，practice and using software[M]. London：Sage Publications，2014：48 - 49.

（续表）

研究问题	访 谈 问 题	主要类目
RQ2：除三大基本功能外，世界一流大学有哪些特有功能？	除人才培养、科学研究和社会服务功能外，您认为世界一流大学是否具有特有功能？如有，有哪些特有功能呢？（如服务全球共同利益[global common good]、全球研究型大学榜样功能[role model]、软实力功能、精神引领功能等）	Q5 特有功能
	中国一流大学是否具备与其他国家的世界一流大学所不同的特有功能？	Q7 中国模式
RQ3：在不同国家和地区（中国、美国、欧洲），世界一流大学在发挥其功能上有何不同？	在不同国家和地区（中国、美国、欧洲），世界一流大学在发挥其功能上有何不同？	Q6 国家/地区差异
RQ4：世界一流大学的功能在未来会有哪些变化？有哪些因素将会影响世界一流大学功能未来变化？	未来（2030 年）的世界一流大学在三大功能上有新的变化吗？	Q8 三大功能未来变化
	未来（2030 年）的世界一流大学有新的特有功能吗？	Q9 未来特有功能
	导致未来世界一流大学人才培养功能发生变化的因素有哪些？（如慕课、大数据、人工智能、全球化、国际化、少子化、民族独立主义[nationalism]等）	Q10 人才培养影响因素
	导致未来世界一流大学科学研究功能发生变化的因素有哪些？（如开放存取、大数据、民族独立主义、区域化、全球化、国际化等）	Q11 科学研究影响因素
	导致未来世界一流大学社会服务功能发生变化的因素有哪些？（如社交媒体、大数据、国际化、民族独立主义、逆全球化等）	Q12 社会服务影响因素
	导致未来世界一流大学产生新的特有功能的因素有哪些？（如全球化、国际化、国际政策等）	Q13 新特有功能影响因素

第三阶段：初步编码——使用主要类目编码所有数据。这是访谈数据的第一次编码，即研究者基于 13 个主要类目对访谈文本进行编码，编码依据是受访

者对 13 个问题的相应回答。①

第四阶段：二次编码——对主类目下的文本进行再次编码，并归纳生成新的子类目。这一阶段将进一步扩展编码框架。首先，研究者对所有主要类目下已编码的文本进行二次编码，在此基础上归纳生成新的子类目。例如，以第 9 位国际学术专家对第 2 个访谈问题的回答为例（见表 3 - 8）。首先，研究者将受访者对第 2 个访谈问题的回答放入"Q2 人才培养"这一主要类目中；然后，研究者对相应的文本段落进行第二次编码。这一步骤是通过类似于"扎根理论"中的开放式编码完成的。在这一过程中，编码点（符号）可以是句子或简短的单词序列，描述了世界一流大学人才培养功能的具体内容和表现等，编码点如 A1 至 A9 所示，共计 9 个编码点。

虽然编码过程也是分析的一部分，因为研究者正在将数据归入有意义的组别之中（编码点）；②但是，编码点与分析单位（即类目）不同，后者通常范围更广。在完成数据编码后，下一个阶段构建的子类目是对数据进行解释性分析的体现，它们也是与所探究的现象有关的论点。③ 然后，研究者对以上编码点进行归纳，如把"A6 注重海外交流经历、实习"与"A7 小班教学""A8 以学生为中心的主动学习""A9 人才培养与科学研究相结合"这四个编码点总结为"培养方法和途径"子类目，并将这一子类目命名为"Q2.6 培养方法和途径"，作为"Q2 人才培养"主要类目下的子类目之一。在接下来对其他受访者的访谈文本进行分析的过程中，研究者不断归纳新的子类目，最终形成"Q2 人才培养"这一主类目下的子类目列表。

第五阶段：基于类目的分析和结果呈现。在此阶段，研究者还可以进一步整理子类目，即可根据需求将部分子类目整合到更具概括性和抽象化的子类目中。至此，整个编码过程基本完成，类目框架已经建立起来。如前所述，质性内容分析法可以提供质性和量化两种结果。质性结果来源于对类目框架的总结与深度分析，量化结果则借助 MAXQDA2018 软件中的编码点统计功能，统计每个

---

① 在编码过程中，由于一个文本段可以涉及多个类目，因此，它可被划分到多个类目中，这就导致一些已编码文本段彼此重合且相互关联。

② TUCKETT A G. Applying thematic analysis theory to practice：A researcher's experience［J］. Contemporary Nurse, 2005, 19(1 - 2)：75 - 87.

③ BOYATZIS R E. Transforming qualitative information：Thematic analysis and code development［M］. Thousand Oaks, CA：Sage, 1998：33.

表 3-8 访谈文本编码示例(Q2 人才培养)

访谈转录文本(删减版)	编码点	子类目
EXP9: 世界一流大学的定义……就是优秀的学生,优秀的教师,这是人才的一部分(A1)。第二个部分是充足的资源(A2)。第三个是良好的治理。这是 Salmi 对美国和英国较好的私立学校的总结。新加坡公立大学不是这样的,东京大学也不是这样的,捐赠这一块很少,所以三个要素可以把中间这个去掉,就是捐赠这一块可以不要(A2)。世界一流大学,我觉得还是按照大学排名,或者说交大的排名,或者说 QS 排名,就是取前 50 也好,前 10 也好,反正定义一个相对的指标……肯定是不一样的……世界一流大学和一般的大学已经分开了(A3)。	A1 优秀的人才 A2 资源充足但是公立大学所获捐赠不多 A3 排名位次靠前	Q2.1 资源 Q2.2 排名位次
内容上来看……根据 QS 查到的,排名前 10 的大学来看,世界一流大学在人才培养中涉及的国际化内容比较多,我指的是本科阶段(A4)。第二个就是培养学生沟通和交流能力的内容比较多,这两点是和一般研究型大学的最大的区别(A5)。	A4 本科国际化程度高 A5 重视培养学生的沟通和交流能力	Q2.3 国际化程度 Q2.4 培养人才的能力 Q2.5 培养内容(A5 同属两个子类目)
从程度上现在看不出来……不知道课堂教学用的什么教材,传授的是什么内容……这个形式很重要,这些大学强调到海外去实习和学习。很多世界一流大学要求学生在本科四年当中必须有一个学期或者是半年在海外学习(A6),这实际上是属于形式的,不是程度的问题。	A6 注重海外交流经历、实习	Q2.6 培养方法和途径 (含 A6~A9 四个编码点)
第二个,这个形式,我们说的教学形式或者是学生学习的形式……在课堂上,尽量采用小班教学模式(A7)。还有就是以学生为中心的主动学习……就是学生主动地、积极地去学习(A8)。还有一个就是把人才培养和科研结合在一起(A9)……很多的世界一流大学,学生在本科阶段就可以参与老师的科研课题。我觉得这是世界一流大学和一般研究型大学最大的不同……	A7 小班教学 A8 以学生为中心的主动学习 A9 人才培养与科学研究相结合	

(子)类目的被提及次数并在此基础上对子类目列表进行排序,便于筛选出重点内容以进行后续的讨论与分析。

第六阶段:书写结果。本研究把各主类目分别归入四个研究问题之中(如上表 3-7 所示),在呈现量化统计结果(提及人数)的同时进一步分析各主/子类目之间的关系，并在结果部分引用相关的编码段落/文本对归纳的研究结果进行支撑。

第三节 问卷调查法

问卷调查法指的是以严格设计的测量项目和问题，向研究对象搜集研究资料和获取研究数据的方法。[①]在本研究中，研究者在获得了初步的质性研究结果后（基于对官方文件的分析和半结构化访谈），设计了本研究的问卷并开展了小规模的问卷调查以增强、补充和拓展质性研究结果。

一、问卷调查法的数据来源

本研究采用立意抽样法确定参与问卷调查的样本（见表3-9），包括：① 三大排名（ARWU、THE、QS）中前100位院校的校领导。这些学校普遍被认为是世界一流大学，因此校领导们对世界一流大学功能的看法可信度更高。② 全球范围内的研究专家。研究专家对该领域有深入了解，他们的看法可信度高且具备学术意义。实际的问卷回复者情况见表3-10。

表3-9 问卷发放与回收情况（$N=603$）

组　别	发　放　情　况	实际回收情况
组1： 世界一流大学校领导	三大排名[②]中前100位公立大学的校领导，包括（正/副）校长、（正/副）教务长，共计552人	来自77所大学的100位校领导填写了问卷
组2： 国际（学术）专家	全球范围内相关领域的研究专家，共计51人	18位来自世界各地的专家填写了问卷

研究者在2019年5月至7月间发放了问卷。本研究共向112所世界一流大学（名单见附录5）[③]共552位校领导发放了问卷邀请，最终有来自77所大学（占比68.1%）的100位校领导（包括正/副校长、教务长等）填写了问卷，回复率为18.1%；本研究同时向全球范围内相关领域的51位国际专家发放问卷邀请，

---

① DENSCOMBE M. The good research guide: For small-scale social research projects(5th ed)[M]. Maidenhead: Open University Press, 2014: 7-8.
② 样本院校的选择参考了2018年的排名信息。
③ 为增加回复率，此处以2018年三大排名前100位大学的并集选取问卷调查样本，实际统计出119所大学，但有7所大学无校领导联系方式，故只向112所大学的校领导发送了问卷邀请。

最终有 18 人填写了问卷,回复率为 35.3%。因此,本研究共计发放问卷 603 份(世界一流大学校领导 552 人,国际专家 51 人),实际回收问卷 118 份(世界一流大学校领导 100 人,国际专家 18 人),总回复率为 19.6%。问卷填写者的基本情况见表 3-10。

表 3-10 问卷填写者的基本情况[①]

组别 \ 区域	中国	美国	欧洲	其他	总计
校领导(占比)	9 (9%)	19 (19%)	49 (49%)	23 (23%)	100
国际专家(占比)	11 (61.1%)	2 (11.1%)	4 (22.2%)	1 (5.6%)	18
总计(占比)	20 (16.9%)	21 (17.8%)	53 (44.9%)	24 (20.3%)	118

为便于问卷回复者理解和填写问卷,研究者分别设计了中文和英文两个版本的问卷(见附录 6)。中文问卷主要发送给中国大学校领导和中国学术专家,英文问卷则发送给海外院校的校领导和学术专家。问卷以选择题(单选和多选题)为主,主观问答题为辅。问卷以网络在线形式填写(基于 SurveyMonkey 平台),该方法不受地域限制且方便快捷。[②]

问卷问题与访谈问题基本一致,主要包含以下五个方面的内容:① 世界一流大学与一般研究型大学在三大基本功能上的差异;② 世界一流大学的特有功能;③ 不同国家/地区的世界一流大学在发挥功能上的差异;④ 世界一流大学功能未来可能产生的变化及影响因素;⑤ 个人信息。本研究的问卷共有 14 题,其中 6 个问题为单选题,7 个问题为多选题,1 个问题为填空题。所有问题为必答题(多选题设置了"至少选择一个选项",并增加了可自由填写的"其他"项)。

二、问卷调查法的数据分析

问卷结果借助量化数据分析软件 SPSS25.0 进行分析。

---

① 来自中国大学的问卷回复者包含中国香港特别行政区大学的回复者;在欧洲组中,英国大学的回复人数最多;"其他(国家/地区)"中,澳大利亚大学的回复人数最多。

② VENKATESH V V, BROWN S A, BALA H H. Bridging the qualitative-quantitative divide: Guidelines for conducting mixed methods research in information systems.[J] Management Information Systems Quarterly, 2013, 37(1): 21-54.

　　首先，研究者采用卡方拟合优度检验判断问卷的实际回收量是否与总样本分组（校领导和学术专家的比例各为 91.5％和 8.5％）一致。结果显示，本研究最小的预测频数为 9，可以采用卡方拟合优度检验，$\chi^2 = 8.437$，$p = 0.004$，说明本研究数据不符合指定数据分布情况，提示这 118 位回复者的分组分布情况与总体人群不一致，即校领导人数明显多于学术专家人数，因此，问卷结果可能偏向于代表世界一流大学校领导的看法。

　　此外，为确保实际回收问卷（118 份）产生的区域对比分析能代表实际发放样本（603 份）的情况，本研究采用卡方拟合优度检验判断问卷的实际回收量分布区域是否与总样本（中国、美国、欧洲和其他国家/地区回复者的比例分别为 12.3％、26.4％、40.1％、21.2％）分布区域一致。结果显示，本研究最小的预测频数为 14，可以采用卡方拟合优度检验，$\chi^2 = 6.126$，$p = 0.106$，说明本研究数据符合指定数据分布情况，提示这 118 位回复者的所属区域情况与总体人群一致，即根据本问卷做出的区域对比分析具备代表性和实际意义。

　　鉴于问卷的主要目的在于增强和补充质性研究结果且问卷主要包含单选题和多选题，因此，在数据分析阶段，研究者通过描述性统计分析和多重响应分析对问卷数据进行了充分挖掘。研究者在分析了官方文件（文本）、访谈和问卷的数据之后，综合质性与量化数据以实现"三角互证"，进一步强化研究结果。

第四章
世界一流大学与一般研究型大学在 三大基本功能上的差异

本章将系统分析世界一流大学与一般研究型大学在三大基本功能上的差异,主要解决第一个研究问题,即世界一流大学与一般研究型大学在三大基本功能上有何差异? 针对本章的研究问题,主要采用以下三种数据收集方法:文献资料法、访谈法和问卷调查法。本章主要包括以下三方面的内容:首先,依据结构功能主义理论,将文献资料(即大学官方文件)和访谈数据纳入基于 AGIL 模型的大学功能分析框架之中(详见第一章中的表 1-1),分别从四个方面对世界一流大学与一般研究型大学在三大基本功能上的差异进行对比分析;然后,以问卷结果对其进行二次检验并依据问卷回复者所属的不同国家/地区进行对比分析;最后,对上述内容进行讨论和总结。

第一节 两类大学人才培养功能的差异

在进行对比分析之前,本研究首先探寻了受访者及问卷回复者对研究型大学三大基本功能的看法。就研究型大学的三大基本功能而言,所有受访者($N=$74)都认可研究型大学具备人才培养、科学研究和社会服务三项功能。同时,86.4%的问卷回复者完全认可人才培养(education)、科学研究(research)和社会服务(service)是研究型大学的三大基本功能①。基于此,围绕结构功能主义分析

---

① 原先使用的英文翻译依次为人才培养(talent cultivation)、科学研究(scientific research)和社会服务(social service),但在访谈过程中有多位受访者建议以"education"指代"人才培养",他们认为这一表达更加恰当且符合英文表达习惯;又因"scientific research"容易让人误解为只包含自然科学领域的研究活动,故改为"research"更具包容性;"social service"可保留,但为与前两项功能对应,故调整为"service"。

框架,下文将分别呈现基于三种数据收集方法的研究结果,以此揭示世界一流大学与一般研究型大学在三大基本功能上的差异。虽然本研究主要关注的是大学功能,但在研究结果部分仍基于已获得的实证数据呈现了部分有关"结构"①的内容,包括大学对外部环境的适应、大学具备的资源/条件、相关的理念和(支持性)政策等。

一、文献资料法的研究结果

研究者对两类大学的四类官方文件文本进行了逐句编码。在世界一流大学组中,与"人才培养"功能相关的符码共计 39 个,编码点参考数及来源文件数见附录 7。之后,研究者对符码进行了分类,并据此构建了新的子类目(1),共计 9 个;然后,依据 AGIL 模型总结为更加抽象、更具概括性的子类目(2),共计 4 个。世界一流大学"人才培养"功能的类目系统如表 4-1 所示。

在一般研究型大学组中,与"人才培养"功能相关的符码共计 34 个,编码点参考数及来源文件数见附录 7。之后,研究者对符码进行了分类,并据此构建了新的子类目(1),共计 9 个;然后,依据 AGIL 模型总结为更加抽象、更具概括性的子类目(2),共计 4 个。一般研究型大学"人才培养"功能的类目系统如表 4-2 所示。

表 4-1 "人才培养"类目系统(世界一流大学组)

符码(按来源文件数量降序排列)	子类目(1)	子类目(2)	译文示例
● 培养全球问题解决者 ● 培养学生具备适应未来社会发展的技能 ● 培养学生的全球视野和跨文化交际能力 ● 培养学生终身学习的能力 ● 确保学生在就业上的成功(满足本国劳动力市场需求)	外部社会需求	适应②	随着社会面临新出现的、越来越紧迫的挑战,我们的毕业生必须在动态的、变化着的、全球化的环境中做出贡献并发挥领导作用。(悉尼大学,澳大利亚)

① 基于结构功能主义理论,大学的内部结构和外部社会/环境可同属"结构"范畴,因为在外部社会/环境中也存在相应的社会结构,它们也对大学功能造成影响。在此基础上,大学内部结构可被视作"微观结构",而外部社会/环境可被视作"宏观结构"。

② 针对"适应"子类目,在大学的文本中均有提及外部环境的变化及外部社会的需求,但研究者未专门针对此项内容进行编码,故此处以人才培养层次和类型间接体现世界一流大学在人才培养上对外部社会的回应。

（续表）

符码（按来源文件数量降序排列）	子类目（1）	子类目（2）	译 文 示 例
● 提供一流的教育/学习体验 ● 提供优质的本科教育 ● 全球教育卓越/全球教育中心	教育质量	目标达成	我们希望毕业生能为全球未来做好准备，能够承担领导职责并在整个职业生涯中为全球社会做出重大贡献。（伦敦大学学院，英国）
● 培育全球/未来领袖 ● 培养全球问题解决者 ● 培育全球公民 ● 培养下一代的世界一流学者 ● 培养大量高水平专业人才 ● 培养多语言的国际人才	人才类型/层次		
● 培养学生具备适应未来社会发展的技能 ● 培养学生的批判性思维 ● 培养学生终身学习的能力 ● 培养学生的全球视野和跨文化交际能力 ● 培养学生的创新精神 ● 确保学生在就业上的成功（满足本国劳动力市场需求） ● 培养学生的数字化技能 ● 培养学生的社会责任	人才能力（培养内容）		
● 一流的师资 ● 拥有最优秀的学生 ● 学生来自世界各地 ● 多样化的学生群体 ● 丰富的学科门类 ● 一流的教育设施	资源	整合	在我们世界一流的教职员工中，许多人都是各自领域的顶尖学者。他们热爱教学和科研，因为他们热爱学习和发现新知识。（加州大学洛杉矶分校，美国）
● 科研与教学相融合/科研推动教学 ● 广泛的国际合作与交流 ● 科技融入教学 ● 跨学科的培养模式 ● 创新性教学方法 ● 通识教育与专业教育并重 ● 学习不止局限于校园之中 ● 服务型学习 ● 以学生为中心的教学法 ● 寓学于工 ● 开设灵活的学位项目	方法和途径		

（续表）

符码（按来源文件数量降序排列）	子类目（1）	子类目（2）	译文示例
● 多元化/包容性/支持性的校园文化氛围 ● 自由开放、提倡创新的学术氛围 ● 支持创新、创业的校园文化	文化氛围	模式维持	通过我们所拥有的人才、思想和文化，我们在大学社区中提升多样性。我们创造了一个充满活力的、包容的环境。在这个环境中，无论背景如何，思想都将蓬勃发展，每一代人也将获得进步。我们尊重同事，并为取得共同的成功而携手努力。（昆士兰大学，澳大利亚）
● 提倡教育公平	理念		
● 有关人才培养的战略、举措和政策	支撑		

表 4-2　"人才培养"类目系统（一般研究型大学组）

符码（按来源文件数量降序排列）	子类目（1）	子类目（2）	译文示例
● 培养学生的就业技能（满足未来社会、本国劳动力市场的需求） ● 培养 21 世纪全面发展的人才 ● 培养具备创新精神的创业人才 ● 培养学生终身学习的能力	外部社会需求	适应①	满足佛罗里达州不断发展的新劳动力需求——培养具备较强的批判性思维和创业精神的人才。（佛罗里达州立大学，美国）
● 提供高质量的学术项目 ● 提供良好的/启发性的教育体验 ● 城市/国家层面的教育卓越	教育质量	目标达成	堪萨斯大学是一所重要的综合性研究型和教学型大学，是学习、知识和创新活动的中心。堪萨斯大学致力于提供全美最好的本科、专业性和研究生课程。（堪萨斯大学，美国）
● 培养学生的就业技能（满足未来社会、本国劳动力市场的需求） ● 专注于特定领域的人才培养项目/培养某一领域专业人才 ● 培养 21 世纪全面发展的人才 ● 培养问题解决者 ● 培养具备创新精神的创业人才 ● 培养全球/未来领袖 ● 培养全球公民 ● 培养所在城市的领袖	人才类型/层次		

---

① 针对"适应"子类目，在大学的文本中均有提及外部环境的变化及外部社会的需求，但研究者未专门针对此项内容进行编码，故此处以人才培养层次和类型等间接体现一般研究型大学在人才培养上对外部社会的回应。

（续表）

符码(按来源文件数量降序排列)	子类目(1)	子类目(2)	译 文 示 例
● 培养学生终身学习的能力 ● 培养学生的批判性思维 ● 培养学生的全球视野	人才能力 （培养内容）		
● 优良的师资 ● 多样化的师生群体 ● 丰富的学科门类	资源		
● 寓学于工 ● 增加学生流动/国际交流/国际合作 ● 跨学科的培养模式 ● 增加远程学习渠道 ● 基于科研的教学/科研推动的教学 ● 提升研究生教育质量 ● 创新性教学法 ● 本土国际化 ● 服务型学习 ● 科技融入教学	方法和途径	整合	通过在专业课程中增加国际元素并与美国的国际社区深入互动,在国际教育中保持全国范围内的领导地位,并增加校园和课程建设中的国际意识。（乔治亚大学,美国）
● 多元化/包容性/支持性的校园文化氛围 ● 自由开放的学术氛围 ● 支持创新、创业的校园文化	文化氛围	模式维持	我们为自己充满活力和文化底蕴的学习环境感到自豪,我们尊重多样性并相信包容性的社会能使学习者受益。（迪肯大学,澳大利亚）
● 提倡教育公平	理念		
● 有关人才培养的战略、举措和政策	支撑		

　　结合质性内容分析的结果,通过 MAXQAD2018 软件返回原文,再参考具体的文本内容,研究者总结了两类大学在"人才培养"功能上的差异（见表 4-3）。此处以"＋"代表两类大学人才培养功能中各项具体内容被提及的次数(以此反映在该项内容上的强弱程度),无"＋"则表示在官方文件中未提及此项内容[①]。

---

① 根据两类大学"人才培养"功能类目系统(表 4-1 和表 4-2)中的"来源文件数"(详见附录 7)进行标记。无"＋"表示这一符码在大学官方文件中未出现;一个"＋"代表这一符码在 1~5 所大学的官方文件中出现,程度最弱;两个"＋"代表这一符码在 6~10 所大学的官方文件中出现;三个"＋"代表这一符码在 11~15 所大学的官方文件中出现;四个"＋"代表这一符码在 16~20 所大学的官方文件中出现;五个"＋"代表这一符码在 21 所以上大学的官方文件中出现,程度最强。表 4-6 和表 4-9 的呈现方式与表 4-3 一致。

表 4-3   基于 AGIL 模型两类大学在"人才培养"功能上的差异

AGIL 模型		具 体 内 容	世界一流大学	一般研究型大学
A 适应	外部社会需求	全球需求/挑战	+++++	++
		本国劳动力需求	++	+++
		未来社会需求①	+++++	+++
G 目标达成	教育质量	一流/高水平教育质量和体验	+++++	+++++
		全球教育卓越	+	
	人才类型/层次	全球/未来领袖	++++	+
		全球公民	++	+
		世界一流学者	++	
		高水平专业人才	+	+
		国际化人才	++	+
	人才能力（培养内容）	批判性思维	++	++
		终身学习能力	++	++
		全球视野与跨文化交际能力	++++	+
		就业技能	++	+++
		创新/创业精神	++	++
		数字化技能	+	
		社会责任	+	
I 整合	资源	一流/优良的师资	++++	+++
		全球优质生源	+++	
		多样化的师生群体	+++++	++
		丰富的学科门类	++	+
		一流的教育设施	+	
	方法和途径	科研与教学相融合	++++	++
		国际交流与合作	++++	++
		科技融入教学	+++	+

①   这项内容包含"培育未来领袖"和"培养学生具备适应未来社会发展的技能"等内容，基于表 4-1 和表 4-2 整合而来。

（续表）

AGIL 模型		具 体 内 容	世界一流大学	一般研究型大学
I 整合	方法和途径	跨学科培养模式	++	++
		创新性教学法	++	+
		重视通识教育	++	
		服务型学习	+	+
		以学生为中心的教学法	+	+
		寓学于工	+	+++
		灵活的学位项目	+	
		本土国际化		+
L 维模	文化氛围	多元化/包容性/支持性的文化氛围	+++++	++++
		自由开放、提倡创新的学术氛围	++	+
		支持创新、创业的校园文化	+	+
	理念	提倡教育公平	+++	++++
	支撑	有关人才培养的战略、举措和政策	++	+

二、访谈法的研究结果

为便于与文本资料的分析结果进行对比分析，访谈结果也按照 AGIL 模型中的四个组成部分（适应、目标达成、整合、模式维持）进行论述。基于 AGIL 模型，受访者的观点可被总结为以下几个方面：

1. 适应

受访者们认为，在对外部环境的适应上，世界一流大学积极回应社会与时代发展需求，面向未来的全球劳动力市场，并对全球化与国际化所带来的变化做出回应。一般研究型大学则更加关注所属城市和（国内）区域以及本国劳动力市场对人才的需求。

WED4：对于一般研究型大学，特别是区域研究型大学来说，这些大学通常感到自己在所属区域和城市深深扎根。这些大学深知自己获得了很多区域性的支持，也因此必须为该区域回馈更多。这可能与针对区域需求调整课程项目有关。

2.目标达成

就两类大学的目标设定及实际的目标达成情况而言，受访者认为两类大学在人才培养功能上存在以下差异：① 培养的人才类型及层次。世界一流大学主要培养拔尖创新人才，培养符合社会和时代发展需求的综合性复合型人才，培养具有国际视野的全球各行各业的领袖等。但是，这并不代表世界一流大学培养的人才完全脱离了本国需求，世界一流大学培养的人才也是关注国内社会发展的专业人才。相比之下，一般研究型大学培养的是高素质的社会大众，更侧重于培养参与社会建设的人才、符合劳动力市场需求的应用型人才、专业人才。② 质量。就质而言，基于两类大学不同的培养目标，两类大学的教育质量差异不大，都提供高质量的教育；但是，就数量而言，世界一流大学的学科门类更为齐全，博士研究生和博士后的数量更多。少数受访者（$N = 8$）认为，世界一流大学的本科教育不一定优于一般研究型大学，且在某些情况下不及一般研究型大学，但其研究生教育优于一般研究型大学。就传统学科而言，世界一流大学的博士生数量和质量高于一般研究型大学；此外，得益于充足的资金，世界一流大学能够支持开展尖端研究的博士生项目。但近年来，一般研究型大学在某些新兴、专门领域的博士培养项目上甚至超越了世界一流大学，这主要是得益于这些大学与所属城市和（国内）区域的紧密联系，获得了来自当地商界、企业界更多的资源。

RUD1：就人才培养功能而言，一般研究型大学更多培养的是参与社会生活的高素质的社会大众……不仅帮助人们成为优秀的教师和商人，也培养人们的就业技能。因此，这些大学中的教育活动往往不太关注纯粹的科研……另一方面，世界一流大学也可以做到这一点，但世界一流大学还要培养博士生，还要从事大量的科学研究工作。因此，在这两类大学中，学生都可以在本科阶段获得高质量的教育。但是，当我们谈及世界一流大学时，其人才培养功能就有所不同，因为它已经在知识的探寻方面扩展到高水平的博士生教育了……世界一流大学和一般研究型大学都具有影响力，这是不争的事实，只是说一般研究型大学对其所属城市、区域、国家产生更大的影响，而世界一流大学可能会对国家和国际社会产生更大影响。

3. 整合

整合主要涉及人才培养的方法和途径以及发挥人才培养功能的条件和资源。就人才培养的方法和途径而言,主要包含以下两方面的差异:① 方法和途径。科研与教学相融合是世界一流大学人才培养的特点之一,这一点尤其体现在世界一流大学有意识地安排本科生参与科研项目,激发其科研潜能。世界一流大学提供门类齐全的学术项目供学生选择,一般研究型大学的学科门类不如世界一流大学齐全,且在广度和深度上与世界一流大学存在差异。一般研究型大学会针对所属城市需求开设与当地产业发展相关的专业,注重培养学生的就业能力并以此支持当地社会的发展。世界一流大学鼓励学生进行自主学习、主动学习和互动式学习,课堂形式一般是小班教学;但大多数的一般研究型大学仍旧保留着传统的大班教学模式。② 人才培养的国际化程度。世界一流大学致力于为师生提供丰富的国际化体验、营造多元化的校园氛围。一般研究型大学也重视国际化活动,但其国际合作网络不如世界一流大学广泛,且这类大学希望能与世界一流大学建立合作伙伴关系。但是,在本科招生及教学上,世界一流大学的国际化程度并不高,大多数国家的世界一流大学的本科教育仍使用母语进行教学(如瑞士、德国和荷兰),即便是英国最顶尖的大学(如牛津大学和剑桥大学),在本科生招生上也侧重于招收本国学生而非国际学生,这主要是受到了国家政策的影响。

就条件和资源而言,主要有以下三方面的差异:① 资金和设施。世界一流大学通常拥有充足的资金和政府拨款、完善的教学和科研设施;世界一流大学的国际合作网络范围大于一般研究型大学,有利于为学生提供更多的国际交流与实习机会;一般研究型大学获得的财务支持少于世界一流大学,但一般研究型大学与所属(国内)区域和城市的商、企业合作较为密切,能为学生提供更多的实践机会。② 声誉。世界一流大学有着良好的国际声誉和认可度;一般研究型大学通常在所属城市和全国范围内为人所知,在国际上的影响力、认可度通常小于世界一流大学。③ 师生质量。得益于良好的国际声誉,世界一流大学的师资通常优于一般研究型大学;世界一流大学的生源质量普遍优于一般研究型大学;一般研究型大学的生源更多来自其所属(国内)区域和城市。

EXP13:世界一流大学有更多选择,往往会获得更多的资源,因此,这些大学倾向于拥有最好的教职人员、学生尤其是研究生、资源和设备等。与一般研究型大学相比,世界一流大学在国际和全球范围内的合作交流网络也更加广阔。

4. 模式维持

模式维持主要涉及大学中的文化、价值及理念，也涉及相关的支持性政策和各类措施等，它们也会对世界一流大学的人才培养功能造成影响。世界一流大学具备对社会公益价值的追求，强调学生来源的多样性，包括肤色、族裔、家庭背景的不同，坚持人本主义理念；世界一流大学在人才培养上强调全球视野和国际标准，强调跨学科视角且致力于营造自由、包容的学习氛围和环境。一般研究型大学也强调自由、包容的校园文化，重视与本土社会的联系，将培养的人才视为服务本土社会的重要力量。

三、问卷法的研究结果

依据官方文件分析结果和访谈结果，本研究的问卷列出了与研究型大学人才培养功能相关的六个维度。从图 4-1 可见，问卷回复者认为差异最大的三个维度分别是：① 人才培养的理念、文化和氛围（61.9%）；② 人才培养的资源（参与者、经费等）（59.3%）；③ 人才培养的层次及类型（52.5%）。此外，有 4 位回复者（3.4%）对该问题进行了补充（在"其他"一栏中填入的内容）。

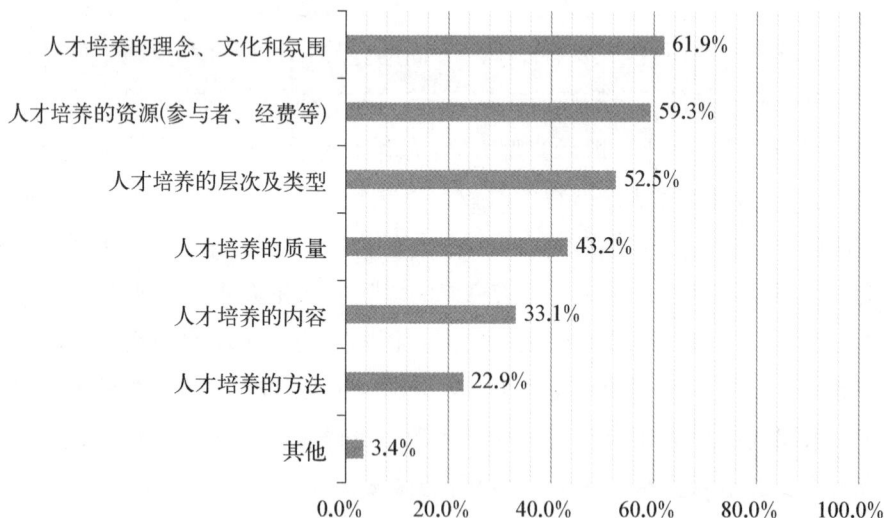

图 4-1　问卷回复者就"人才培养功能差异"的回答（多选题）①

---

① 百分比指的是选择该选项的人数占问卷回复者总人数的百分比。

虽然总体选择趋于一致,但在对不同国家/地区回复者的选择进行对比后发现,中国回复者认为在理念、文化和氛围(80%)、层次及类型(75%)上,世界一流大学与一般研究型大学的人才培养存在明显差异;美国、欧洲和其他国家/地区的回复者则认为在人才培养的资源(参与者、经费等)、理念、文化和氛围、层次及类型上的差异比较明显(见图4-2)。

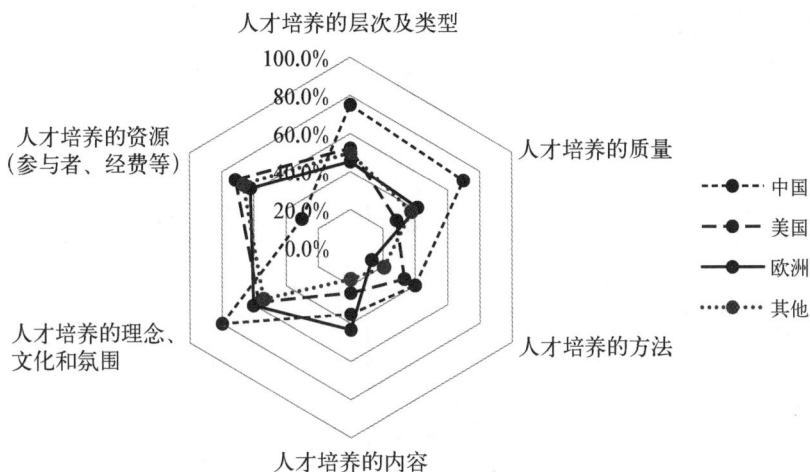

**图4-2　不同国家/地区问卷回复者对两类大学在
人才培养功能上具备差异的看法①**

第二节　两类大学科学研究功能的差异

一、文献资料法的研究结果

在世界一流大学组中,与"科学研究"功能相关的符码共计26个,编码点参考数及来源文件数见附录8。之后,研究者对符码进行了分类,并据此构建了新的子类目(1),共计9个;然后,依据AGIL模型总结为更加抽象、更具概括性的子类目(2),共计4个。世界一流大学"科学研究"功能的类目系统如表4-4所示。

_____

① 百分比指的是选择该选项的人数占所属国家/地区问卷回复者总人数的百分比。

表 4-4 "科学研究"类目系统(世界一流大学组)

符码(按来源文件数量降序排列)	子类目(1)	子类目(2)	译 文 示 例
● 增进人类知识/变革性的知识创造 ● 解决全球性问题/人类社会面临的最严峻挑战 ● 新技术的创造者 ● 解决(国家/国内区域/城市)问题 ● 开展变革性的科研活动	外部社会需求	适应①	通过卓越的科研和教育,莫纳什大学将发掘、引导并与合作伙伴合作,以应对时代挑战,服务于国家和国际社会。(莫纳什大学,澳大利亚)
● 最高的国际标准/最高水平的科学研究/全球科研卓越	科研质量/层次	目标达成	推动并支持跨学科的前沿领域的重要研究,以提升地球的健康发展及其居民的身体健康和社会福祉。(加州大学戴维斯分校,美国)
● 增进人类知识/变革性的知识创造 ● 新技术的创造者 ● 开展尖端研究 ● 基础研究为重 ● 关注/解决医学问题 ● 开展变革性的科研活动 ● 开展应用研究	科研类型/内容		
● 解决全球性问题/人类社会面临的最严峻挑战 ● 解决(国家/国内区域/城市)问题 ● 全球科研中心 ● 全球创新中心	科研贡献度/影响力		
● 一流的科研人员 ● 广泛的跨领域合作基础 ● 大量的资金投入 ● 一流的科研设施	资源	整合	通过跨学科方法解决世界上最具挑战性的问题。(宾夕法尼亚大学,美国)
● 跨学科科研合作 ● 广泛的国际合作 ● 新技术提升科研效率 ● 创新性的科研方法	方法和途径		
● 包容/开放/自由的环境 ● 跨文化和多元化氛围	文化、氛围、环境	模式维持	培养和支持跨学科的合作科研文化,以促进知识发展、开辟新领域并传播改变人类生活的发现。(加州大学圣地亚哥分校,美国)
● 开创性的科研精神 ● 提倡开放科学	精神和理念		
● 相关战略、政策和计划等	支撑		

---

① 针对"适应"子类目,大学的文本中有提及外部环境的变化及外部社会的需求,但研究者未专门针对此项内容进行编码,故此处以科学研究的层次和内容等间接体现世界一流大学在科学研究上对外部社会的回应。

在一般研究型大学组中,与"科学研究"功能相关的符码共计 22 个,编码点参考数及来源文件数见附录 8。之后,研究者对符码进行了分类,并据此构建了新的子类目(1),共计 8 个;然后,依据 AGIL 模型总结为更加抽象、更具概括性的子类目(2),共计 4 个。一般研究型大学"科学研究"功能的类目系统如表 4－5 所示。

表 4－5　"科学研究"类目系统(一般研究型大学组)

符码(按来源文件数量降序排列)	子类目(1)	子类目(2)	译 文 示 例
● 解决(国家/国内区域/城市)问题 ● 解决某些领域的重大问题 ● 解决全球问题	外部社会需求	适应①	伊利诺伊大学芝加哥分校在解决当代城市问题方面具有独特地位;立志培养解决 21 世纪复杂问题的领导人;促进社会、科学和技术进步。(伊利诺伊大学芝加哥分校,美国)
● 部分学科领域的科研水平达世界一流 ● 高质量的科研 ● 世界领先的研究/全球科研卓越 ● 国家层面的科研卓越	科研质量/层次	目标达成	在某些特定的科研领域,我们要以最高的国际标准开展有影响力的研发活动,强化应用研究并确保为城市和合作伙伴带来可观的商业和现实利益。(昆士兰科技大学,澳大利亚)
● 专注于特定领域的研究 ● 应用研究为主 ● 推动科研商业化 ● 变革性的知识创造 ● 关注某些领域的基础研究 ● 促进知识转化	科研类型/内容		
● 解决(国家/国内区域/城市)问题 ● 解决某些领域的重大问题 ● 解决全球问题	科研贡献度/影响力		

---

① 针对"适应"子类目,在大学的文本中均有提及外部环境的变化及外部社会的需求,但研究者未专门针对此项内容进行编码,故此处以科学研究的层次和内容等间接体现一般研究型大学在科学研究上对外部社会的回应。

（续表）

符码（按来源文件数量降序排列）	子类目(1)	子类目(2)	译 文 示 例
● 高水平的科研人员 ● 渐增的科研投入 ● 优化中的科研基础设施 ● 良好的社会合作基础	资源	整合	通过与城市、国家、全球范围内的企业、政府和社区建立更多的合作和互动关系，为我们的科研与知识创造开辟新的途径，从而对更广泛的社会产生有益影响。（卧龙岗大学，澳大利亚）
● 渐增的国际合作研究 ● 跨学科科研合作 ● 与本国/所在区域大学合作	方法和途径		
● 多元化/包容性的科研文化	环境、氛围、文化	模式维持	大学为"阶梯式"项目分配了2 000万美元。这项投资的主要目标是确保高级研究人员的留任、关键科研课题的国际化、大数据管理平台的开发以及大学对创新性研究与行业合作关系的更明确支持。（格里菲斯大学，澳大利亚）
● 相关战略、政策和计划等	支撑		

结合质性内容分析的结果，通过 MAXQAD2018 软件返回原文，再参考具体的文本内容，研究者总结了两类大学在"科学研究"功能上的差异（见表4‑6）。此处以"＋"代表两类大学科学研究功能中各项具体内容被提及的次数（以此反映在该项内容上的强弱程度），无"＋"则表示在官方文件中未提及此项内容。

表4‑6　基于 AGIL 模型两类大学在"科学研究"功能上的差异

AGIL 模型		具 体 内 容	世界一流大学	一般研究型大学
A 适应	外部社会需求	应对全球性问题/挑战	＋＋＋	＋
		技术创新	＋＋	
		变革性知识创造/尖端研究	＋＋＋＋＋	＋
		解决（国家/国内区域/城市）问题	＋＋	＋＋＋＋
G 目标达成	科研质量/层次	全球科研卓越	＋＋＋＋＋	＋＋
		高质量/高水平的科研	＋＋＋＋＋	＋＋
		国家层面的科研卓越		＋

（续表）

AGIL 模型		具 体 内 容	世界一流大学	一般研究型大学
G 目标达成	科研类型/内容	变革性知识创造/尖端研究	+++++	+
		技术创新	++	
		基础研究	++	+
		应用研究	+	++
		科研商业化		+
	科研贡献度/影响力	应对全球性问题/挑战	+++	+
		解决（国家/国内区域/城市）问题	++	++++
		全球科创中心	+++	
I 整合	资源	高水平/一流的科研人员	+++	+
		充足的资金投入	++	+
		一流的科研设施	+	
		跨领域/行业合作基础	++	++
	方法和途径	（开展/增加）国际合作	++++	++++
		跨学科研究	+++++	+++
		新技术提升科研效率	+	
		创新性的科研方法	+	
L 维模	文化、氛围、环境	自由/开放/包容/合作性/多元化的文化及环境	+++++	+++
	精神和理念	开创性的科研精神	+	
		提倡开放科学	+	
	支撑	相关战略、政策和计划等	++	+

二、访谈法的研究结果

大多数受访者认为，较之于人才培养和社会服务，两类大学在科学研究上的差异最为明显。基于 AGIL 模型，受访者的观点可被总结为以下几个方面：

1. 适应

世界一流大学开展科研活动更多受到国家发展需求、社会发展需求和技术发展需求等的驱动,关注的是那些需要创新和深入理解的领域;一般研究型大学开展的科研项目则是与其所属(国内)区域和城市需求紧密结合。

　　WUL2:作为一所公立的世界一流大学,我们有义务专注于那些需要创新和更多理解的领域,而这些领域中没有明显的获利动机。因此,我们将成为在这些领域开展科学研究的行动者……企业通常不会为这些领域的专门研究付费,因此,我们也必须找到另外的资金来源……

2. 目标达成

　　就两类大学的目标设定及实际的目标达成情况而言,受访者认为两类大学在科学研究功能上存在以下差异:① 重视程度。世界一流大学对科学研究的重视程度高于一般研究型大学,这也体现在世界一流大学拥有大规模的研究生教育项目、其科研与教学紧密结合。② 科学研究的内容、类型和层次。世界一流大学从事前瞻性的、引领世界发展的高水平科学研究。世界一流大学偏重基础研究,强调原创性的基础研究和高水平的应用研究。世界一流大学的科研活动关注人类社会面临的严峻问题和挑战(如气候变化、再生能源等)。一般研究型大学偏重应用型研究,常与其所在城市的工业界合作开展合约性研究,这些大学更多关注现实生活中的问题并提供短期解决方案。部分一般研究型大学也开展小规模的基础研究,在某些领域也具备很高的科研水平。两者所遵循的科研比较基准(benchmark)也有所差别,世界一流大学追求全球卓越和科研突破,一般研究型大学则以对标世界一流大学为目标。③ 贡献度和影响力。世界一流大学具有牵头发起全社会力量共同解决全球重大问题的影响力和号召力。世界一流大学科研活动的影响范围是国家和全球;而一般研究型大学的科研活动侧重于为城市、(国内)区域和国家发展服务,也强调科学研究对经济发展的推动作用。世界一流大学科学研究的水平与质量的全球认可度高于一般研究型大学。一般研究型大学扎根本土,为所属城市和(国内)区域的各种问题提供直接有效的解决方案。即便大多数世界一流大学领导者($N=13$)认为"世界一流"不意味着脱离本土,但仍有受访者认为世界一流大学因为过多关注国际合作与竞争而忽视了与本土社会的联系($N=6$)。④ 质量。世界一流大学科学研究的质量高、涉及范围广、重要性高,但一般研究型大学在某些专门领域的科学研究也能达到世界一流水平($N=5$)。总体而言,两类大学都开展高质量的科学研究,但研究的类型、解决的问题不同。世界一流大学开展的(高水平)科学研究活动远远多于一般研究型大学。

　　REL2：就科学研究而言,在数量或规模上两类大学差异明显……世界一流大学不仅产出卓越的科研成果,而且还产出很多这样的成果,规模上更大……这与其传统有关,因为世界一流大学通常与其他全球伙伴合作,包括大学和工业界,彼此之间有着历史联系,这可以帮助世界一流大学产出许多出色的研究;一般研究型大学有时会为此而苦恼,因为一般研究型大学可获得的资源和支持不如世界一流大学多……但我认为许多一般研究型大学也能产出卓越的科研成果,但规模较小……一般研究型大学倾向于专门研究某些领域的问题,而世界一流大学的研究范围更广。

3. 整合

整合主要涉及科学研究的方法和途径以及发挥科学研究功能的条件和资源。① 方法和途径。世界一流大学在较多的学科领域拥有广泛且深入的科学研究活动。世界一流大学开展跨学科的国际合作研究,其科研活动关注的是人类社会面临的严峻问题和挑战,开展的项目聚焦于前沿学科。一般研究型大学的科研合作网络更多建立在本国范围内,更多关注国内问题,部分一般研究型大学也加入了国际合作网络,开始参与解决全球问题。② 条件和资源。世界一流大学拥有充足的科研经费、多渠道的资金来源、一流的基础设施、广泛的国际合作网络、极高的知名度和良好的国际声誉。在各个学科领域,世界一流大学都拥有大量顶尖的科研人员且科研人员的全球学术流动性强于一般研究型大学。一般研究型大学在资源上逊色于世界一流大学,获得的政府拨款少于世界一流大学,资金来源渠道也少于世界一流大学。一般研究型大学与所属城市和(国内)区域的商界、企业界的交流与合作非常频繁,因此在少数领域也拥有顶尖的科研人员。

　　RCP1：我们 H 大学是一般研究型大学,跟地方的应用结合得更多,我们一方面要顶天立地,开展一些基础的、前沿的高水平研究,当然比例是比较小的,大部分还是结合我们 H 省一些产业的发展或者社会经济发展的需求更多搞好接地气的科学研究。

4. 模式维持

模式维持主要涉及大学中的文化、价值及理念对大学科学研究功能可能带来的影响，也涉及相关的支持性政策和各类措施。在科学研究上，世界一流大学坚持对国际化和多元化的承诺，努力营造自由开放的科研环境，对前沿的、突破性的、变革性的科学研究活动给予充分支持。部分一般研究型大学也致力于提升其科学研究的国际化水平。

　　EXP6：世界一流大学在科学研究上的国际化程度高于一般研究型大学，世界一流大学广泛吸引了来自世界各地的优秀学者，努力营造国际化和多元化的科研环境……学术人员和学生的多样性会创造一种充满活力的学术氛围，这将提升科研质量和国际科研合作的质量……

三、问卷法的研究结果

　　依据官方文件分析结果和访谈结果，本研究的问卷列出了与研究型大学科学研究功能相关的六个维度。问卷回复者们的选择情况可见图 4-3，他们认为差异最大的三个维度分别是：① 科学研究的质量（72.9%）；② 科学研究的规模和层次（66.1%）；③ 科学研究的理念、文化和氛围（61.9%）；此外，有 3 位回复者（2.5%）对该问题进行了补充（在"其他"一栏中填入的内容）。

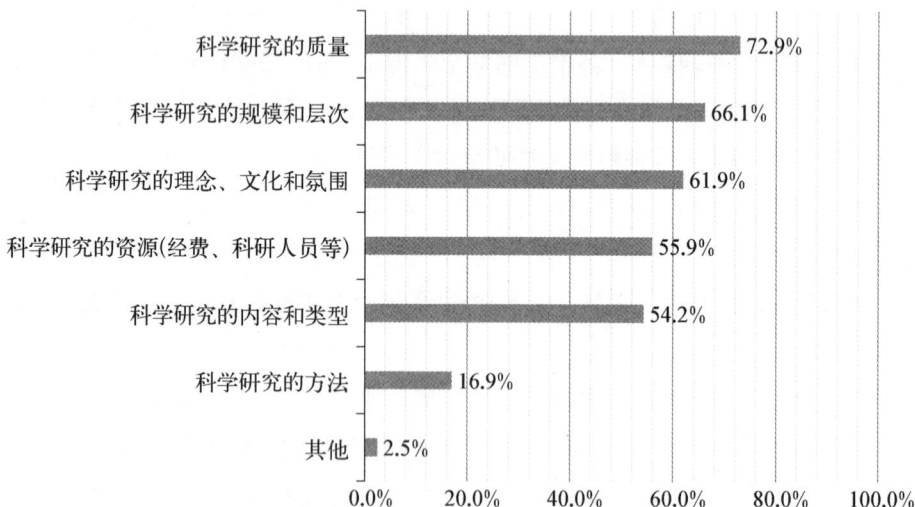

图 4-3　问卷回复者就"科学研究功能差异"的回答（多选题）①

———————————

① 百分比指的是选择该选项的人数占问卷回复者总人数的百分比。

不同国家/地区回复者都认为两类大学在科学研究的质量上存在明显差异。除此之外,中国回复者还认为在理念、文化和氛围(95％)、资源(75％)上,世界一流大学与一般研究型大学的科学研究存在明显差异;美国回复者则认为两类大学在科学研究的规模与层次(81％)、资源(71.4％)上的差异也比较明显;欧洲和来自其他国家/地区的回复者认为两类大学在科学研究的规模和层次上的差异比较明显(占比分别为64.2％和75％)(见图4-4)。

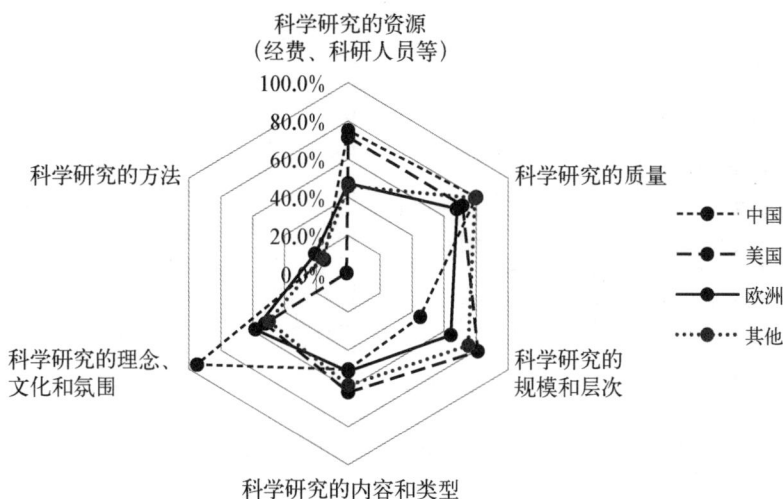

图4-4　不同国家/地区问卷回复者对两类大学在科学研究功能上具备差异的看法①

第三节　两类大学社会服务功能的差异

一、文献资料法的研究结果

在世界一流大学组中,与"社会服务"功能相关的符码共计24个,编码点参考数及来源文件数见附录9。之后,研究者对符码进行了分类,并据此构建了新的子类目(1),共计10个;然后,依据AGIL模型总结为更加抽象、更具概括性的子类目(2),共计4个。世界一流大学"社会服务"功能的类目系统如表4-7所示。

────────────

① 百分比指的是选择该选项的人数占所属国家/地区问卷回复者总人数的百分比。

表4-7 "社会服务"类目系统(世界一流大学组)

符码(按来源文件数量降序排列)	子类目(1)	子类目(2)	译 文 示 例
• 推动国家经济发展 • 应对全球(最严峻的)挑战 • 服务于可持续发展 • 贡献于未来社会的发展	外部社会需求	适应①	慕尼黑工业大学将自己视为社会服务者,积极应对全球化进程所带来的新挑战。(慕尼黑工业大学,德国)
• 服务全球 • 服务国家 • 服务(国内)区域 • 服务城市	服务范围	目标达成	我们由学者和创新者组成的跨学科团队在应对最严峻的社会挑战上具有影响力。我们激励自己的员工和专业人士以最高的标准要求自己,助力大学为公共利益服务,改善人类生活质量,并成为国家和世界的重要建设者。(加州大学戴维斯分校,美国)
• 推动国家经济发展 • (城市/国内/全球)医疗服务 • 应对全球(最严峻的)挑战 • 校友服务 • 服务于可持续发展 • 造福人类/提升人类生活水平 • 为城市公众提供继续教育机会 • 服务弱势群体	服务类型/内容		
• 社会服务的全球影响力 • 贡献于未来社会的发展	服务贡献度/影响力		
• 高水平/高质量的社会服务	服务质量		
• 全球校友网络 • 高质量校园资源对外共享	资源	整合	我们将把整个大学的多学科项目与世界各地类似的项目联系起来,以此建立一个专注于当今时代重大议题的全球大学网络……这些议题包括公共卫生、纳米科学与技术、脑科学与精神科学……(悉尼大学,澳大利亚)
• 广泛的社会参与/合作 • 参与国际合作解决全球问题 • 广泛参与(国际)公共事务 • 为城市公众提供继续教育机会 • 志愿者活动 • 高质量校园资源对外共享 • 科技推动社会服务	方法和途径		
• 赠地大学传统	传统	模式维持	我们致力于保持赠地大学传统,我们认为大学的宗旨之一是为人民和社会服务。(加州大学戴维斯分校,美国)
• 服务于可持续发展	文化/理念		
• 相关政策、项目及专项拨款	支撑		

---

① 针对"适应"子类目,在大学的文本中均有提及外部环境的变化及外部社会的需求,但研究者未专门针对此项内容进行编码,故此处以社会服务的类型和内容等间接体现世界一流大学在社会服务上对外部社会的回应。

在一般研究型大学组中，与"社会服务"功能相关的符码共计24个，编码点参考数及来源文件数见附录9。之后，研究者对符码进行了分类，并据此构建了新的子类目(1)，共计9个；然后，依据AGIL模型总结为更加抽象、更具概括性的子类目(2)，共计4个。一般研究型大学"社会服务"功能的类目系统如表4-8所示。

表4-8　"社会服务"类目系统(一般研究型大学组)

符码(按来源文件数量降序排列)	子类目(1)	子类目(2)	译文示例
● 服务城市/(国内)区域经济发展 ● 服务于可持续发展 ● 从服务城市/(国内)区域/国家再到全球	外部社会需求	适应①	我们致力于卓越的公共服务、推动经济发展并开展技术援助，旨在满足乔治亚州的战略需求并提供全面的继续教育，以满足乔治亚州公民终身学习和专业教育的需求。(乔治亚大学，美国)
● 服务城市 ● 服务(国内)区域 ● 服务国家 ● (在某些领域)服务全球	服务范围	目标达成	筑波大学将继续应对新的挑战，为所属城市、国内区域、国家及公民做出贡献，在此基础上，努力将其影响力扩展到整个世界。(筑波大学，日本)
● 服务城市/(国内)区域经济发展 ● 服务于可持续发展 ● 提升所在城市人民生活水平 ● 解决(城市/国内)医疗健康问题 ● 校友服务 ● 解决全球问题 ● 推动社会公平 ● 为当地公众提供继续教育/在线学习机会 ● 解决城市/国家的严峻问题 ● 服务弱势群体	服务类型/内容		
● 高质量的社会服务	服务质量		

① 针对"适应"子类目，在大学的文本中均有提及外部环境的变化及外部社会的需求，但研究者未专门针对此项内容进行编码，故此处以社会服务的类型和内容等间接体现一般研究型大学在社会服务上对外部社会的回应。

（续表）

符码（按来源文件数量降序排列）	子类目(1)	子类目(2)	译 文 示 例
● 校园资源共享	资源	整合	大学通过自己由州和联邦资助的研究中心向堪萨斯州提供服务。堪萨斯大学的学术课程、艺术设施和公共课程为外部社区提供了丰富文化涵养的机会。（堪萨斯大学，美国）
● 广泛的社会参与/合作 ● 广泛参与城市公共事务 ● 为当地公众提供继续教育/在线学习机会 ● 校园资源共享 ● 通过国际合作/联系开展服务 ● 志愿者活动 ● 兼顾城市和乡村需求	方法和途径		
● 赠地大学传统	传统	模式维持	尽可能多地增加学生、教职员工为大学内外部社会做贡献的机会，以此构建服务和参与的校园文化。（达尔豪斯大学，加拿大）
● 构建服务与参与的校园文化 ● 服务于可持续发展	文化/理念		
● 创业精神助推城市经济发展	精神		

结合质性内容分析的结果，通过MAXQAD2018软件返回原文，再参考具体的文本内容，研究者总结了两类大学在"社会服务"功能上的差异（见表4-9）。此处以"＋"代表两类大学社会服务功能中各项具体内容被提及的次数（以此反映在该项内容上的强弱程度），无"＋"则表示在官方文件中未提及此项内容。

表4-9　基于AGIL模型两类大学在"社会服务"功能上的差异

AGIL 模型		具 体 内 容	世界一流大学	一般研究型大学
A 适应	外部社会需求	应对全球挑战/问题	++	+
		满足城市/(国内)区域/国家经济发展需求	+++	+++++
		服务可持续发展	++	++
		应对未来发展的需求	+	
G 目标达成	服务范围	服务全球	+++++	++
		服务国家	+++++	++
		服务(国内)区域	++++	+++
		服务城市	+	++++

（续表）

AGIL 模型		具 体 内 容	世界一流大学	一般研究型大学
G 目标 达成	服务类型/ 内容	经济服务	+++	+++++
		医疗服务	+++	+
		应对全球性挑战	++	+
		服务于可持续发展	++	++
		提升人民生活水平	++	++
		校友服务	++	+
		继续教育	++	+
	服务贡献度/ 影响力	全球影响力	+	
		造福未来社会发展	+	
	服务质量	高水平/高质量的社会服务	+	+
I 整合	资源	全球校友网络	++	
		(高质量)校园资源	+	+
	方法和途径	广泛的社会参与/合作	+++	++++
		国际合作/联系	++	+
		参与国际公共事务	++	
		为城市公众提供继续教育机会	++	+
		志愿者活动	+	+
		校园资源对外共享	+	
		科技推动社会服务	+	
L 维模	传统	赠地大学传统	++	+
	文化/理念	构建服务与参与的校园文化		+
		倡导可持续发展理念	++	++
	支撑	相关政策、项目及专项拨款	++	

二、访谈法的研究结果

就社会服务功能而言,受访者认为两类大学最大的差别在于社会服务的范围不同。基于 AGIL 模型,受访者的观点可被总结为以下几个方面:

1. 适应

受访者指出，大学进行社会服务是基于大学的能力与社会需求的匹配度，如一般研究型大学致力于服务其所在城市和（国内）区域，而世界一流大学则是制定国际标准、解决全球问题的重要角色。在某些情况下，大学也要依据资金来源确定服务的对象和内容（$N=14$）。总体而言，基于其公立大学的身份，本研究中受访者所在世界一流大学和一般研究型大学都很关注服务本国发展，但由于世界一流大学具备全球视野和角色，所以世界一流大学在解决全球问题上发挥着重要作用。

RCL1：我们 N 大学现在的定位还是一般研究型大学，为 N 市或者本省服务，再过 30 年将变成全国一流大学，那时为国家服务……再过一个 30 年到国际上去竞争，就是全球服务……我觉得应该要有这样的考虑和胸怀，如果要成为世界一流大学，你不对全球做出贡献谁来认可你。你要成为全国一流大学，就必须针对国家重大战略、需求、问题提出方案……

2. 目标达成

就两类大学的目标设定及实际的目标达成情况而言，受访者认为两类大学在社会服务功能上存在以下差异：① 服务的内容、类型和范围。世界一流大学有能力服务全球社会，但世界一流大学也不缺乏本土认同，世界一流大学也常为本国政府提供政策建议、开展技术创新。一般研究型大学更关注的是以大学的发展来引领整个城市的发展，支撑所属（国内）区域的整体发展。一般研究型大学开展的社会服务更多面向所属城市和（国内）区域，如通过多种途径为公众提供继续教育机会，为公众提供文化设施（如图书馆），通过开展艺术和文化活动将大学与城市联系起来。一般研究型大学参与国家和国际公共事务、构建国际合作网络的活跃程度低于世界一流大学。② 贡献度和影响力。世界一流大学的影响力、社会声誉高于一般研究型大学。世界一流大学不仅为所在城市、（国内）区域和国家做贡献，也贡献于全球社会，有服务世界和影响世界的能力。一般研究型大学更多聚焦于城市、（国内）区域和国家，其国际影响力和贡献度小于世界一流大学。③ 质量。大部分受访者认为在社会服务的质量上两类大学差异不大，在服务所属城市和（国内）区域上，一般研究型大学优于世界一流大学，这得益于一般研究型大学与本土社会的紧密联系。

EXP13：世界一流大学的国际参与度更高，其社会服务功能在范围上可能更具国际性······它们可能参与了各种全球问题的讨论,如外层空间开发、全球健康或医学之类的问题。一般研究型大学通常也扮演着非常重要的角色,但这些大学通常在所属区域的发展中有更重要的作用,比如说针对区域需求进行农业、食品或健康等方面的研究······世界一流大学有时因忽视本土服务而受到批评······我认为这两类大学都扮演着重要角色,但分工有所不同。

3. 整合

整合主要涉及社会服务的方法和途径以及发挥社会服务功能的条件和资源。① 方法和途径。世界一流大学通过一系列的服务活动增加与城市的联系,使当地居民有机会近距离地了解世界一流大学的科研成果(如开展公民科学活动[citizen science]),并为当地居民和全球范围内的人们提供优质的医疗服务(大多数世界一流大学都有顶尖的医学研究中心)。世界一流大学在国家(政府)组织或者国际组织中占有重要地位,积极参与各类公共事务并提供政策建议。一般研究型大学在国家和国际事务中的参与度不及世界一流大学,但一般研究型大学在所属城市和(国内)区域的社会服务中发挥着至关重要的作用,特别是在文化推广和历史研究方面。一般研究型大学与所属(国内)区域的外部社会有着频繁的互动,这些大学为企业提供技术支持和培训等服务、为城市的建设与发展做出贡献。② 条件和资源。除得到大量的政府财政支持外(如中国一流大学),世界一流大学也是全球知识网络的成员,它们拥有充足的智力资源,与其他世界一流大学建立合作伙伴关系,助力于解决各类全球问题。一般研究型大学的学术网络不如世界一流大学国际化。

> WUP3:一般研究型大学的社会服务往往受到一些限制,更倾向于局部化和区域化,而世界一流大学则在全国范围内更多地参与公共事务,当然也会参与国际事务。例如,我们学校在撒哈拉以南非洲部分地区的社会服务方面开展了很多工作,也有在印度尼西亚开展社会服务活动的悠久历史。而一般研究型大学的社会服务可能更集中在城市或是本国之中。

4. 模式维持

世界一流大学崇尚多元化的校园环境,体现在多元化师生背景、文化理念、语言等方面上;在美国一流大学(特别是赠地大学)中,有明确的评估教师社会服务贡献的规章制度,这与其建校传统一脉相承。近年来,中国和欧洲一流大学开始逐渐关注这方面的内容。大多数一般研究型大学都非常重视对其所属城市和

(国内)区域的服务承诺。

　　WUP1：在加州大学系统中，社会服务是评估教师绩效的重要组成部分。广义上讲，这可以是与大学、社区和治理等问题相关的服务，当然也可以是其他形式的服务。在教师招聘和晋升中，加州大学有关于教师参与社会服务的明确规定。然而，这是世界上大多数大学所缺乏的，多数大学在教职人员的聘用和晋升上没有相关规定和制度来凸显教师参与社会服务的重要性。

三、问卷法的研究结果

　　依据官方文件分析结果和访谈结果，本研究的问卷列出了与研究型大学社会服务功能相关的四个维度①。图4-5显示大部分问卷回复者都认为在社会服务的范围(81.4%)上，两类大学差异明显。其余三个维度的选择比例均未超过50%。但明显的是，就社会服务的质量而言，问卷回复者们认为两类大学的差异最小(6.8%)。此外，有5位回复者(4.2%)对该问题进行了补充(在"其他"一栏中填入的内容)。

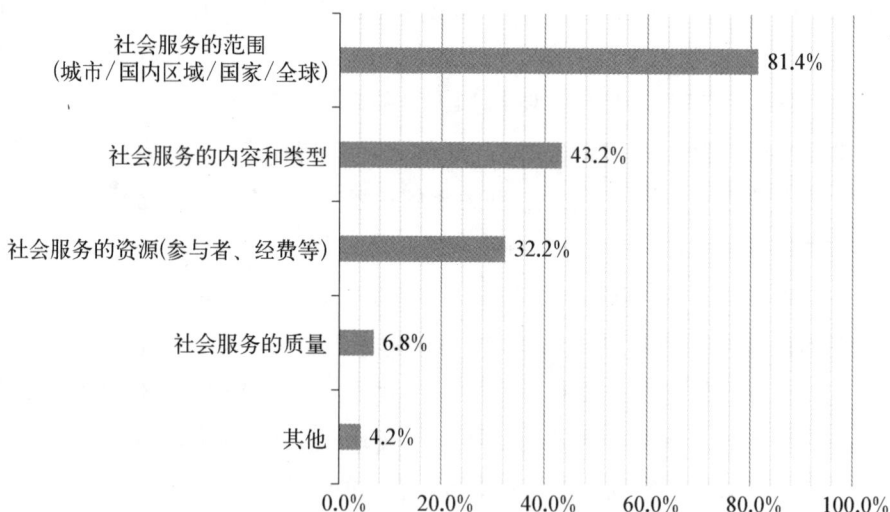

图4-5　问卷回复者就"社会服务功能差异"的回答(多选题)②

---

①　在问卷中，研究者未列出社会"服务的理念、文化和氛围"以及"社会服务的方法"两个维度；原因在于，通过对官方文件和访谈文本的分析后发现：① 两类大学在社会服务的理念和文化上差异较小；② 社会服务的方法在一定程度上与社会服务的内容和范围存在重复，故此处仅列出四个相关维度。

②　百分比指的是选择该选项的人数占问卷回复者总人数的百分比。

　　在对不同国家/地区回复者的选择进行对比后发现,所有回复者都认为两类大学在社会服务的范围上差异最大;此外,中国回复者还认为在社会服务的内容和类型(70%)上,世界一流大学与一般研究型大学存在明显差异;欧洲回复者的看法与中国回复者基本一致;美国和其他国家/地区的回复者则认为两类大学在社会服务的内容和类型、资源(参与者、经费等)上的差异比较明显(见图4-6)。

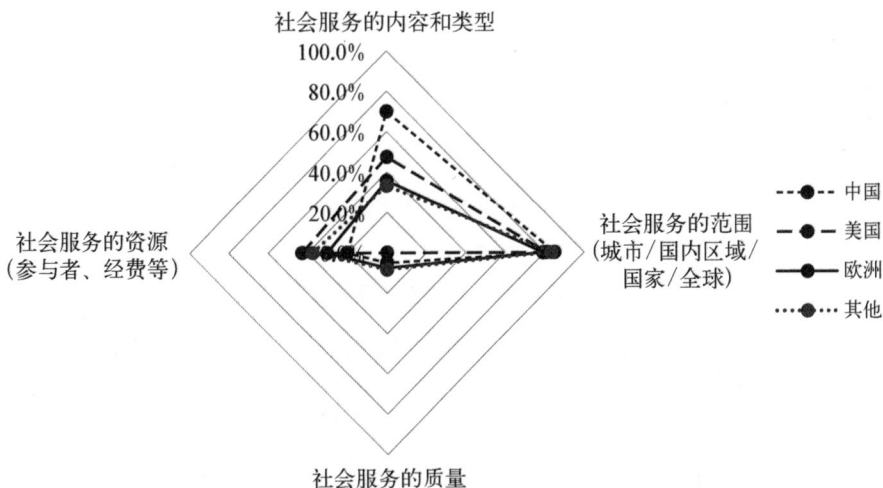

图4-6　不同国家/地区问卷回复者对两类大学在
社会服务功能上具备差异的看法①

第四节　两类大学三大基本功能
差异的对比分析

　　基于结构功能主义的分析框架,大学的人才培养、科学研究和社会服务功能涉及具体的实践活动、资源和条件、文化和政策等,构成了一个既纵横交错又相对独立的行动系统,是大学功能系统的一个子系统,受到内外力共同的影响。在 AGIL模型中,外力与"适应"相关,意味着大学需要适应外部环境的需求并据此设定目标和达成目标;内力与大学内部结构相关,在这一模型中与"整合"和"模式维持"有关②。

――――――――――

① 百分比指的是选择该选项的人数占所属国家/地区问卷回复者总人数的百分比。
② 这里并不意味着"整合"和"模式维持"中的所有内容都与大学内部结构相关,更多涉及的是"整合"中包含的条件和资源以及"模式维持"中包含的支持性政策和专门性项目等。

两类大学在 AGIL 各子行动系统（功能性前提）上的差异决定了它们在各项功能上的差异。此外，大学的内部结构可被视作"微观结构"，而外部社会/环境可被视作"宏观结构"①。下文将据此讨论两类大学在三大基本功能上的差异并简要地从"结构"角度进行解释②。

一、两类大学人才培养功能差异

基于结构功能主义分析框架和三组研究结果，世界一流大学与一般研究型大学的人才培养功能（行动系统）主要涉及图 4-7 中的内容。

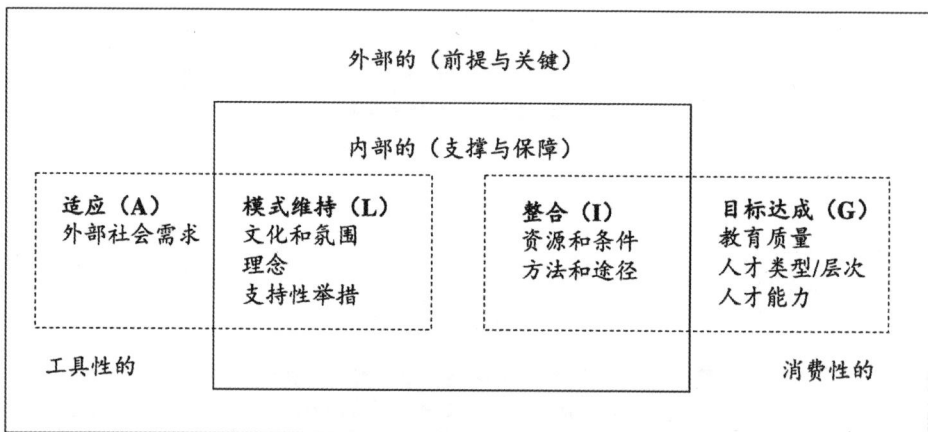

图 4-7   结构功能主义视角下的大学人才培养功能（行动系统）

具体而言，两类大学在人才培养功能上存在差异，主要体现在以下几个方面：① 在回应不同外部需求的基础上，两类大学培养的人才类型和层次不同，两类大学所关注的人才能力也不同。② 两类大学对不同层次教育（本科生教育和研究生教育）的关注度存在差异。③ 两类大学人才培养的途径和方法有所差异。④ 两类大学在人才培养上的国际化程度不同。以上差异与大学本身所具备的声誉和资源（包括经费、生源、师资、硬件设施等）密切相关。例如，得益于良好的国际声誉，世界一流大学聚集了全球范围内最为优秀的学者与学生；同时，

---

① 基于结构功能主义理论，大学的内部结构和外部社会/环境可同属"结构"范畴，因为在外部社会/环境中也存在相应的社会结构，它们也对大学功能造成影响。

② 由于本研究重点关注世界一流大学的功能，因此对"结构"的讨论可能存在不够深入和全面的情况，仅依据从实证方法中获得的有限数据进行分析和讨论。

世界一流大学配备了各类先进的教学设备,拥有充足的各类资源;一般研究型大学在经费、师资与生源上都逊色于世界一流大学。

两类大学培养的人才类型和层次有所差异,两类大学所关注的人才能力也有所不同。世界一流大学致力于培养全球顶尖人才、全球公民和领袖;一般研究型大学致力于培养能够推动国家和城市发展的专业人才以及某个领域的领导人才(如商业界),特别注重培养学生的就业能力。本研究的结果得到了已有研究的支持。例如,宋福进认为,几乎所有的世界一流大学都强调培养“杰出”“优秀”“高层次”或是“领导型”人才,这充分体现了世界一流大学在人才培养上的高起点和高要求。[①] 此外,与本研究的结果类似,信指出,在人才培养上,世界一流大学往往获得较多的公共资金,致力于培养全球领袖,其对创造力的重视程度大于对知识的传播与讲授;国家高水平大学和地方院校则致力于培养国内领袖,对学生创造力的关注程度不及世界一流大学。[②] 但需要注意的是,本研究的结果显示一般研究型大学同样重视对学生创新、创造能力的培养,特别是创业精神的培养。这与一般研究型大学所关注的外部需求及其人才培养目标相关,例如,一般研究型大学非常重视与所属(国内)区域和城市的联系,希望通过培养创新创业型人才推动当地经济的发展。本研究的结论得到了结构功能主义的支持,即为了维持社会、经济的稳定和发展,教育的分化与选择是必需的,这是因为作为外部环境的社会系统和经济系统需要不同类型和层次的劳动力。[③]

在人才培养上,两类大学对不同层次教育的关注度存在差异。世界一流大学更重视研究生教育,致力于培养科研人才,世界一流大学中博士研究生和博士后的数量更多;一般研究型大学的博士生数量明显少于世界一流大学。世界一流大学的研究生教育通常优于一般研究型大学,但其本科生教育不一定优于一般研究型大学。有受访者认为,世界一流大学为其本科生提供的附加值不一定高于一般研究型大学为其本科生提供的附加值,因为进入世界一流大学的本科生自身已是非常优秀的学生。所以,在本研究中,少数受访者($N=5$)甚至认为一般研究型大学的本科教育优于世界一流大学,因为一般研究型大学在本科教

① 宋福进.大学使命:美英著名大学的分析比较[J].江苏高教,2003,(2),123-126.
② SHIN J C. The world-class university: Concept and policy initiatives[M]//SHIN J C, KEHM B M. Institutionalization of world-class university in global competition. Dordrecht, Heidelberg, New York, London: Springer, 2013: 17-32.
③ 文军.当代社会学理论[M].北京:中国人民大学出版社,2019: 178-199.

育上投入的精力更多，教师参与的教学活动也更多。此外，在文献资料法的案例院校中，少数一般研究型大学也提及了为学生提供世界一流的教育，如田纳西大学(University of Tennessee-Knoxville)的校长寄语：

> 225年来，田纳西大学一直致力于为田纳西州人民服务。今天，我们继续通过世界一流的教育、改变生活的科学研究以及为国家带来的经济利益来兑现这一诺言。我相信教育属于每个人。大学学位意味着更好的工作、更多的机会以及为自己、家人和社区创造有意义的改变的机会……①

黄福涛认为，是否具备世界一流的本科教育不是世界一流大学的根本或重要特征，因为制约和影响本科教育水平的因素极其复杂，有限的资料和案例无法充分说明世界一流大学提供的本科教育就是世界一流的本科教育。他同时指出，世界一流大学与一般研究型大学在人才培养中尽管存在差异，但最明显之处在于世界一流大学更多强调研究生教育，特别是博士阶段的教育，更加强调教师从事世界一流的科研活动。② 这一观点与本研究所揭示的世界一流大学重视研究生教育、致力于培养科研人才的结果一致。

世界一流大学在人才培养的途径和方法中强调科研与教学相融合、以科研推动教学的进步。受访者们认为，科研与教学相融合是世界一流大学的特点之一，世界一流大学不只在研究生阶段注重培养学生的科研能力，在本科阶段也有意识地安排本科生参与科研项目，激发其科研潜能、培养其科研兴趣。李志巧和李怡认为，世界一流大学能很好地将科学研究与人才培养有机结合。没有一流的科学研究，就无法培养出一流的人才，脱离科学研究的大学人才培养不能凭借科学探索的无限可能使学生得到最大发展。③ 除了将科研与教学紧密结合外，本研究的结果还表明，在人才培养的途径和方法上，世界一流大学与时俱进，重视新科技在人才培养中的重要作用（如剑桥大学近年来发布了"教育数字战略"）、积极创新人才培养路径、设置更为灵活的学位项目（如悉尼大学推出的"创新学位路径"）、重视跨学科人才培养模式等；一般研究型大学在人才培养中的创新性和灵活性逊色于世界一流大学。这充分体现了世界一流大学在人才培养上的创新性和时代性——世界一流大学紧随时代步伐，积极回应全球社会的需求，

① PLOWMAN D. A message from the chancellor at University of Tennessee-Knoxville[EB/OL]. (2019 - 07 - 01)[2019 - 12 - 04]. from https://chancellor.utk.edu/.
② 黄福涛.什么是世界一流大学的本科教育[J].高等教育研究,2017,38(8)：1 - 9.
③ 李志巧,李怡.研究型大学科学研究的文化选择性[J].教育评论,2015,(8)：26 - 29.

为培养全球人才和世界公民做出贡献。

此外,本研究的结果显示,世界一流大学人才培养的国际化程度高于一般研究型大学。世界一流大学在人才培养上强调全球视野和国际标准,强调跨学科视角;一般研究型大学更加重视与本土社会的联系,将培养的人才视为服务本土的重要力量。在本研究中,虽然一般研究型大学也重视人才培养的国际化,但其国际合作网络不及世界一流大学广泛,所以一般研究型大学希望能与世界一流大学建立合作伙伴关系,促进国际学术流动。同时,部分一般研究型大学还大力提倡"本土国际化"(Internationalization at home),即国际化不再依赖跨境(国际)流动,而是通过其他与国际化有关的活动(如在课程中引入国际元素)来确保本国学生在不参与跨境流动的情况下的国际化和跨文化学习。当然,两类大学在人才培养上国际化程度的差异很大程度上取决于大学本身的各类资源(包括经济资源、国际合作资源等)及相关的国际化战略和政策等。

总的来说,已有研究对本研究的结果起到了支撑作用,但本研究的结果揭示了一些新的内容,如一般研究型大学与世界一流大学一样,都重视学生创新、创造能力的培养,特别是创业精神的培养;世界一流大学的本科教育不一定优于一般研究型大学;世界一流大学在人才培养中的创新性与灵活性高于一般研究型大学,前者更强调新科技在人才培养中的重要作用并敢于与时俱进地创新人才培养模式。由此可见,本研究所揭示的有关世界一流大学和一般研究型大学在人才培养功能上的差异扩充了已有研究的内容;并且,在基于已有研究的基础上,首次系统地阐释了两类大学在人才培养功能上的差异。

二、两类大学科学研究功能差异

基于结构功能主义分析框架和三组研究结果,世界一流大学与一般研究型大学的科学研究功能(行动系统)主要涉及图4-8中的内容。

具体而言,两类大学在科学研究功能上存在差异,主要体现在以下几个方面:① 在回应不同外部需求的基础上,两类大学所关注的科学研究问题不同,导致了科学研究的类型和内容不同;② 两类大学科学研究的层次和规模不同,在科学研究上的贡献度和影响力也不同;③ 两类大学开展科学研究的方法和途径不同。以上差异与大学的可用资源、声誉、自身定位、视野、科研理念和政策等密切相关。例如,世界一流大学所获科研经费远高于一般研究型大学;世界一流大

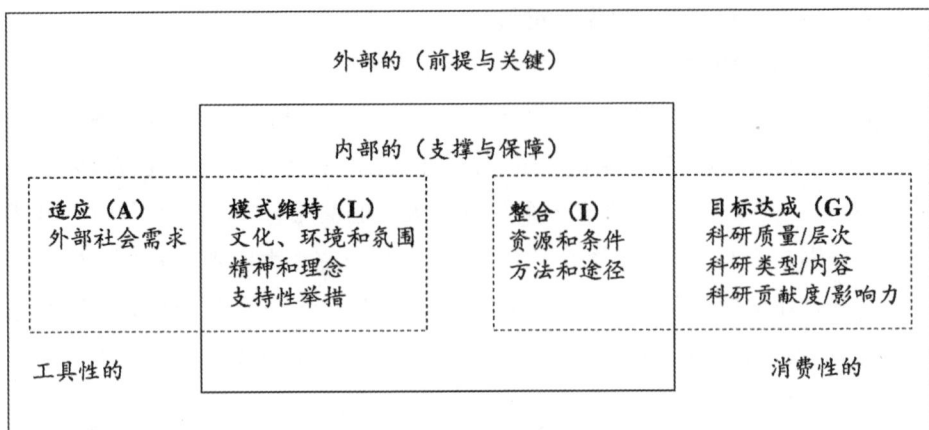

图 4 - 8　结构功能主义视角下的大学科学研究功能（行动系统）

学的科研团队和科研设施优于一般研究型大学；世界一流大学有强大的国际科研合作网络，一般研究型大学的合作网络更多建立在本国范围内。并且，大多数世界一流大学都制定了针对科学研究的专项财务政策、战略规划和卓越倡议以提升科研质量，如麦吉尔大学的"战略科研规划"；仅有少数一般研究型大学配备专门的科研支撑计划。

　　总的来说，本研究中的受访者们认为，两类大学在科学研究功能上的差异最为明显；世界一流大学的科研能力和影响力均强于一般研究型大学，世界一流大学的科研水平很大程度上决定了其"世界一流"的地位。这一结论得到了雷谢尔（Reichert）的支持，在对欧洲五国高等教育系统的差异性进行对比分析后发现，科学研究的质量、层次、类型是作为区分一所大学是世界一流大学还是一般研究型大学的核心要素。[1] 马金森（Marginson）也认为，科学研究的广度和深度是区分大学层次与水平的关键因素。[2] 由此可见，高水平的科学研究是世界一流大学的核心竞争力，科研水平与创新能力是世界一流大学区别于其他大学的重要标志。[3]

[1]　REICHERT S. Institutional diversity in European higher education. Tensions and challenges for policy makers and institutional leaders [EB/OL]. （2009 - 12 - 02）[2019 - 07 - 13]. https://eua. eu/ downloads/publications/institutional％20diversity％20in％20european％20higher％20educational％ 20diversity％20in％20european％20higher％20education％20％20tensions％20and％20challenges. pdf.

[2]　MARGINSON S. The World-Class Multiversity：Global commonalities and national characteristics [J]. Frontiers of Education in China, 2017，12(2)：233 - 260.

[3]　张晓红.论科学研究在高校中的地位与功能[J].国家教育行政学院学报,2011,(5)：37 - 40.

本研究的结果显示,两类大学所关注的科学研究问题不同,导致了科学研究的类型和内容不同。世界一流大学重视原创性的基础研究和高水平的应用研究,关注的是那些需要创新和深入理解的领域,不以获得经济利益为主要目的;一般研究型大学更重视应用研究,致力于在应用研究领域成为领导者,重视应用研究的商业价值。世界一流大学的科学研究关注重大全球问题,与此同时,满足本国社会发展的需求;一般研究型大学的科学研究更多关注国内社会面临的问题并关注某些领域的(全球性)重大问题。这一研究结果与信(Shin)的观点一致,即便他对比的是世界一流大学和国家高水平大学及地方院校之间的差异。①总的来说,较之于一般研究型大学,世界一流大学关注的是真正的创新性研究和重大问题,这些研究可能是在当下"不具影响力"和"不流行"的,但却是奠定了未来重大创新性研究的基础;同时,在开展科学研究的过程中,揭示新问题、解决难题是世界一流大学科学研究的主要驱动力。

本研究的结果也表明两类大学科学研究的层次和规模不同;因此,两类大学在科学研究上的贡献度和影响力也不同。世界一流大学致力于成为世界上最重要的科研中心,开展前瞻性的、多样性的、引领世界发展的高水平研究;世界一流大学重视跨学科研究方法,产出世界一流的科研成果并致力于解决最为复杂的国际难题,为人类社会的发展做出贡献。一般研究型大学首先希望成为本国顶尖的研究型大学,这些大学所开展的科研项目也更加强调与国家、国内区域和城市的联系;一般研究型大学在部分领域也开展高水平和高质量的研究,但规模小于世界一流大学。由此可见,世界一流大学科学研究的影响范围是国家和全球,而一般研究型大学的科学研究侧重于为所在城市、国内区域和国家发展服务。在此基础上,世界一流大学做出了更多国际贡献,其科研水平与质量的国际认可度高于一般研究型大学。蒋国华和孙诚的研究部分地支持了以上结论,即世界一流大学的科学贡献创造了世界的科学中心,产出了一流的科研成果,这些大学在推动人类社会进步的同时也提升了自己的国际影响力和声誉。②但是,他们的研究未对世界一流大学科学研究的层次、规模和内容等进行详细的阐释。总的来说,基于本研究的结果,在科学研究上,世界一流大学具备国际视野,追求全

---

①　SHIN J C. The world-class university: Concept and policy initiatives[M]//SHIN J C, KEHM B M. Institutionalization of world-class university in global competition. Dordrecht, Heidelberg, New York, London: Springer, 2013: 17 - 32.

②　蒋国华,孙诚.一流大学与科学贡献[J].高等教育研究,2000,(2): 65 - 68.

球卓越和科研突破，一般研究型大学则以对标世界一流大学为目标。但是，这并不意味着世界一流大学的科学研究在所有学科中都领先于一般研究型大学，一般研究型大学在某些领域开展的科学研究也可被称为"世界一流"。并且，虽然世界一流大学科研水平与质量的国际认可度高于一般研究型大学，但其开展的地方性研究不如一般研究型大学，因为一般研究型大学扎根本土，与所属城市和（国内）区域联系密切，这种优势让这些大学在当地社会中扮演着不可或缺的角色，它们能为所属城市和（国内）区域的各种问题提供直接有效的解决方案。

　　本研究的结果还显示两类大学在开展科学研究活动上的方法和途径略有不同。具体而言，世界一流大学更多开展国际合作研究，这得益于其强大的国际科研合作网络；相比之下，一般研究型大学的合作网络更多建立在本国范围内。世界一流大学比一般研究型大学更重视研究生教育和跨学科研究方法。世界一流大学比一般研究型大学更多利用新技术开展前沿和尖端研究。

　　值得注意的一点是，无论是在人才培养还是科学研究中，本研究的参与者（特别是问卷回复者）尤其强调世界一流大学与一般研究型大学的理念、文化与氛围对以上两项功能的影响。这尤其符合结构功能主义理论的逻辑，该理论认为社会功能与价值关怀是直接整合在一起的，社会系统中的模式维持子行动系统（在此主要与文化相关）发挥着导向和支撑作用，由此也凸显了文化、理念与价值对于功能的重要影响。[①] 此外，本研究的参与者强调的世界一流大学的理念、文化与氛围（如人本主义、包容性、自由多元等）的重要性得到了已有研究的支持。例如，王世华认为，先进的大学理念是评价一所大学是否是"世界一流"的重要标准之一，世界一流大学坚持的理念具有改革创新、以人为本、求实崇真、使命导引、学术自由等共同特点，既是对世界一流大学精神、性质、功能、使命与价值观等基本发展思想的概括，也是世界一流大学文化传统的传承。[②]

　　总的来说，已有研究对本研究的结果起到了支撑作用，但本研究的结果揭示了一些新的内容。例如，本研究在肯定两类大学在科学研究功能上存在明显差异的基础上，系统说明了世界一流大学与一般研究型大学在科学研究的层次、规模、类型和内容上的差异，解释了为何世界一流大学所开展的（国内）区域性研究

①　王树生.大学的功能与价值关怀的剥离——一种结构功能主义的视角[J].哈尔滨工业大学学报（社会科学版），2004，（2）：121-126.
②　王世华.世界一流大学的办学理念及启示[J].中国高教研究，2007，（9）：3-6.

不一定优于一般研究型大学,并阐释了两类大学在开展科学研究活动上的方法和途径的差异,突出了世界一流大学所具备的资源优势和国际合作优势等。由此可见,本研究所揭示的有关世界一流大学和一般研究型大学在科学研究功能上的差异扩充了已有研究的内容;并且,在基于已有研究的基础上,首次系统地阐释了两类大学在科学研究功能上的差异。

三、两类大学社会服务功能差异

基于结构功能主义分析框架和三组研究结果,世界一流大学与一般研究型大学的社会服务功能(行动系统)主要涉及图 4-9 中的内容。

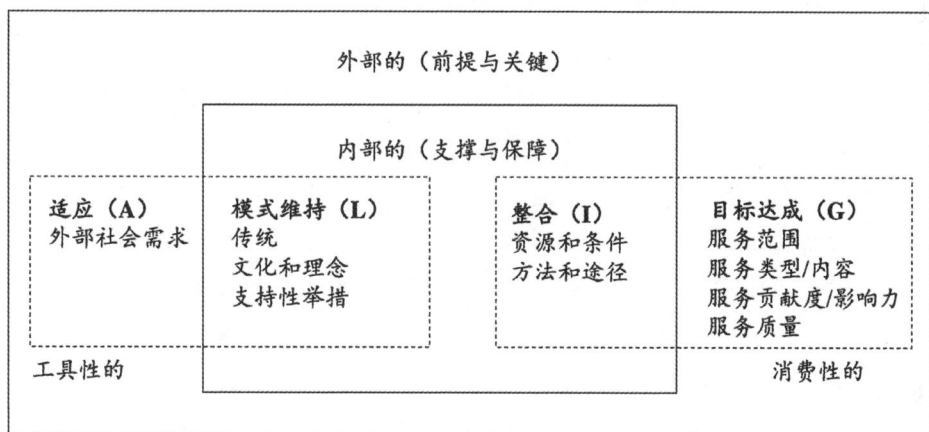

图 4-9　结构功能主义视角下的大学社会服务功能(行动系统)

具体而言,两类大学在社会服务功能上存在差异,主要体现在以下几个方面:① 在回应不同外部需求的基础上,两类大学社会服务的范围明显不同;② 两类大学社会服务的类型和内容不同;③ 由前两项差异所造成的两类大学在社会服务上的贡献度和影响力也不同。以上差异与大学本身的资源、校友网络、外部联系、国际网络等密切相关。例如,世界一流大学拥有高质量和丰富的学术资源、遍及世界的校友网络、多样化的资金来源;一般研究型大学则拥有与所属城市和(国内)区域的密切联系和互动、与当地企业的广泛合作等。世界一流大学活跃于国际舞台,建立了国际合作网络;一般研究型大学的合作网络不如世界一流大学国际化。

本研究的结果显示,两类大学在社会服务的范围上明显不同。世界一流大学的社会服务宗旨是立足本土、造福世界（服务全球）；一般研究型大学在优先服务本土的基础上，力争服务全球社会。正如顾建民和刘爱生所说，服务社会是世界一流大学的终极目标，但与其他大学不同的是，世界一流大学开展社会服务的对象是面向国家和世界的"大社会"；这种社会服务功能主要是通过追求卓越的教育和科研来间接实现的。① 由此可见，世界一流大学服务国家和全球社会是基于其高水平的人才培养和科学研究，这也侧面反映了世界一流大学三大功能之间的紧密联系。同时，本研究的结果也与信的观点一致，即在社会服务上，世界一流大学优先关注全球问题，而其他大学对全球问题的关注度不及世界一流大学，其他大学更关注本土问题。② 受访者们认为，即便世界一流大学较高的国际参与度有时是以忽视本土重要问题为代价的，但大多数一般研究型大学仍希望以世界一流大学为榜样，增加其社会服务的国际化程度和国际影响力。事实上，本研究的结果显示，在服务所属城市和（国内）区域上，一般研究型大学优于世界一流大学。这一结论与两类大学在科学研究功能上的差异类似，也就是说，虽然世界一流大学在社会服务和科学研究上的国际化程度高于一般研究型大学，但其开展的地方性研究和服务不如一般研究型大学，因为一般研究型大学有着天然优势，能依托地方特色、融合当地各种资源、服务于地方建设。

　　本研究的结果表明，两类大学社会服务的类型和内容不同。世界一流大学关注全球挑战和未来社会的发展，致力于解决人类面临的严峻问题（尤其强调健康和医疗问题），同时也在努力满足国内需求。一般研究型大学优先关注城市、（国内）区域和国家需求，也重视某些领域的全球问题。世界一流大学参与国家和国际公共事务的活跃度高于一般研究型大学。信认为，在社会服务上，世界一流大学优先关注全球问题，不关注社会服务活动的经济价值；其他大学对全球问题的关注程度不及世界一流大学，更关注国内问题和地方性问题，有时也关注社会服务活动带来的经济价值。③ 虽然没有直接强调社会服务本身的经济价值，但在本研究中，受访者们提及了世界一流大学的社会服务对推动经济发展的重

---

① 顾建民，刘爱生.世界一流大学的价值追求[J].教育发展研究，2011，(17)：54－57.

② SHIN J C. The world-class university：Concept and policy initiatives[M]//SHIN J C, KEHM B M. Institutionalization of world-class university in global competition. Dordrecht，Heidelberg，New York，London：Springer，2013：17－32.

③ SHIN J C. The world-class university：Concept and policy initiatives[M]//SHIN J C, KEHM B M. Institutionalization of world-class university in global competition. Dordrecht，Heidelberg，New York，London：Springer，2013：17－32.

要作用。本研究中的美国受访者尤其强调这一点。但值得注意的是,在本研究中,并非所有的受访者都赞同大学直接服务于经济发展,部分受访者认为,世界一流大学不应直接参与到推动经济发展的活动之中,而应通过培养人才和产出科研成果间接推动经济发展,否则,世界一流大学将变得越来越商业化。

此外,本研究的结果还显示两类大学在社会服务的贡献度和影响力上存在差异。基于前文的分析可知,世界一流大学强调其全球角色和全球视野,一般研究型大学则更关注其本土角色,这导致了两类大学在服务本土和全球社会上贡献度的差异。当然,这也和大学的能力、资源及其与服务对象的匹配度相关。具体而言,世界一流大学希望以变革性的方式推动世界的发展与进步,为全球的可持续、稳定、和平发展做出贡献;一般研究型大学首先服务所在城市、(国内)区域和国家,致力于为城市和国家的发展做贡献。世界一流大学在开展社会服务上的国际影响力大于一般研究型大学。这一结论与阿奎洛(Aguillo)和奥东那-马利(Orduña-Malea)的观点完全不同。他们认为,在社会服务上,地方院校的实力和影响力最强,也最有优势,紧随其后的是国家高水平大学和世界一流大学。[①] 这一观点存在片面性,因为它并未清楚地界定大学社会服务影响力的范围,以及大学社会服务的实力与优势源于何处。本研究的结果否认了这一观点,并对两类大学社会服务的影响力及其所具备的实力和优势做了区分。本研究的结果表明,在服务全球社会上,世界一流大学的影响力和实力最强,其优势源于经济和学术资源、广泛的国际网络、遍及世界的校友网络等;在服务本土社会(主要是所属城市和国内区域)上,一般研究型大学的影响力和实力较强,其优势来源于其与所属城市和(国内)区域紧密的联系和互动、与当地企业的广泛合作等。

总的来说,部分已有研究对本研究的结果起到了支撑作用,但本研究的结果揭示了一些新的内容。例如,在服务全球社会和本土社会上,两类大学的影响力和实力不同。这既是需求匹配度的问题,也是有关大学自身的优势与定位的问题。此外,美国一流大学尤其强调通过社会服务推动经济发展。本研究所揭示的有关世界一流大学和一般研究型大学在社会服务功能上的差异扩充了已有研

---

① AGUILLO I F, ORDUÑA-MALEA E. The ranking web and the "world-class" universities: New webometric indicators based on G-factor, interlinking, and Web 2.0 tools[M]//WANG Q, CHENG Y, LIU N C. Building world-class universities: Different approaches to a shared goal. Rotterdam: Brill Sense Publishers, 2013: 197-218.

究的内容；并且，在基于已有研究的基础上，首次系统地阐释了两类大学在社会服务功能上的差异。

本 章 小 结

　　基于对世界一流大学和一般研究型大学的四类官方文件文本的深入分析以及访谈和问卷结果，本研究发现，世界一流大学与一般研究型大学在三大基本功能上存在差异。其中，在科学研究功能上的差异最为明显，两类大学在科学研究的类型、内容、层次和规模上不同；在人才培养功能上，两类大学在人才培养的类型、层次、方法和途径上差异较大；在社会服务上，两类大学最大的差异在于社会服务的范围不同。以上差异受到了大学的可用资源、理念、自身定位和视野等的影响，也与大学对不同外部需求的回应有关。

　　具体而言，在人才培养上，世界一流大学致力于培养全球顶尖人才和全球领袖；一般研究型大学致力于培养能够推动国家和城市发展的专业人才以及某个领域的领导人才。世界一流大学人才培养的鲜明特色是教学与科研相融合，重视研究生教育。虽然世界一流大学的研究生教育常优于一般研究型大学，但其本科生教育不一定优于一般研究型大学。较之于一般研究型大学，世界一流大学在人才培养上更为与时俱进和敢于创新。在人才培养的国际化程度上，世界一流大学高于一般研究型大学。

　　在科学研究上，世界一流大学对基础研究的重视程度高于一般研究型大学。世界一流大学开展的是前瞻性的、引领世界发展、具备多样性的高水平科学研究；世界一流大学重视跨学科研究方法，产出世界一流的科研成果，并致力于解决最为复杂的国际难题。一般研究型大学开展的科研项目更强调与国家、（国内）区域和城市的联系。世界一流大学科学研究的规模通常大于一般研究型大学。通常情况下，一般研究型大学以对标世界一流大学为目标。但是，这并不意味着世界一流大学的科学研究在所有领域都领先于一般研究型大学，一般研究型大学在某些领域开展的科学研究也可被称为世界一流的科学研究。并且，一般研究型大学开展的地方性研究优于世界一流大学。

　　在社会服务上，世界一流大学的宗旨是立足本土、造福世界；一般研究型大学在优先服务本土的基础上，力争服务全球社会。世界一流大学关注全球挑战和未来社会的发展,致力于解决人类面临的严峻问题(尤其强调健康和医疗问题),同时也在努力满足国内需求。一般研究型大学首先服务所在城市、(国内)区域和国家,致力于为城市和国家的发展做贡献,也重视某些领域的全球问题。

　　本研究的结果符合结构功能主义理论的逻辑,即作为一个相对稳定的(行动)系统,大学功能既受到外部环境(如社会、政治和经济等)的影响,也受到自身内部结构的影响。因此,不同类型的大学在功能上具备差异(涉及功能期待、功能发挥和功能效应等内容)。同时,本研究的结果也显示了功能视角下不同大学的社会分工以及它们对于维持社会稳定和有序运转所发挥的积极作用。虽然大学在实际办学过程中时有功能错位现象发生,但面对多元化且不断变化的外部需求,这种现象将会越来越少。大学在合理定位、各安其位、办出特色中得以生存和发展。

第五章
世界一流大学的特有功能/特殊使命

如第四章所示,世界一流大学与一般研究型大学在三大基本功能上存在差异。基于此,本研究将进一步探索世界一流大学是否有除人才培养、科学研究和社会服务三大基本功能外,世界一流大学所特有的、其他研究型大学没有或是不明显的功能。基于这一问题,本章的数据收集方法主要包括访谈法和问卷调查法。首先对受访者提及的且受到问卷回复者认可的世界一流大学特有功能(或其表现形式)进行了分析;然后,总结并深入分析了特有功能的本质特征;在此基础上,厘清了特有功能与三大基本功能的关系,将其总结为世界一流大学的特有功能/特殊使命并给出了相关定义;之后,专门讨论了中国一流大学的特有功能/特殊使命;最后,对上述内容进行了总结。

第一节　世界一流大学的特有功能

一、访谈法的研究结果

在所有74位受访者中,约95%的受访者($N=70$)认为世界一流大学有区别于一般研究型大学的特有功能。其中,超过一半的受访者($N=44$)认为服务全球共同利益是世界一流大学的特有功能(或其表现形式);约三分之一的受访者($N=24$)认为全球(研究型大学)榜样是世界一流大学的特有功能(或其表现形式);超过10位受访者提及的世界一流大学的特有功能(或其表现形式)还包括服务国家软实力。

就世界一流大学受访者($N=36$)与一般研究型大学受访者($N=24$)的对比

而言,两类大学受访者的看法一致,均有超过 90% 的人认可世界一流大学有区别于一般研究型大学的特有功能。具体而言,两类大学受访者最常提及的世界一流大学的特有功能(或其表现形式)是服务全球共同利益,其次是作为全球(研究型大学)榜样(见图 5-1)。

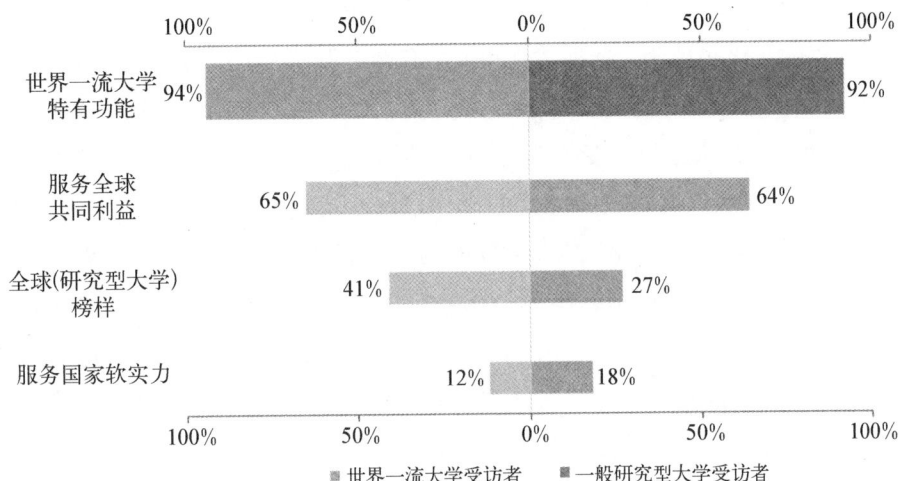

图 5-1　两类大学受访者对世界一流大学特有功能的看法①

1. 服务全球共同利益

总的来说,在访谈中,有 44 位(60%)受访者认为世界一流大学服务全球共同利益②。他们认为全球共同利益指的是超越了个人、民族、国家层面的利益,是全人类的共同利益,与人类福祉息息相关。受访者们认为世界一流大学之所以被称为"世界一流"是因为这些大学具备服务全球共同利益的愿景与能力。

> WCP2:世界一流大学应该造福的是全人类……首先就是全球、全人类,一定是全球共同利益。所以有些校长们经常会谈到第一是国家需求,错没错?没错。但是不是最高尚?最高尚的大学,如果你加上"世界"两个字,世界一流大学必定是造福全人类、推动全球的发展……既然是世界的,就必须要站在世界的角度去考虑问题,并且为世界服务。不能因为你叫 S 大学

---

① 图 5-1 中的百分比表示提及每项特有功能(或其表现形式)的人数分别占两组受访者人数的百分比,有受访者同时提及两个(及以上)特有功能(或其表现形式)。

② 在英文访谈中,受访者们对"服务全球共同利益"的英文表达主要包括:Serving the global common good,serving the global community to provide global common goods,contributing to the global common good。

你就只为 S 市服务，你是一定要去研究全球的问题，比如说全球变暖，这就是为人类服务的问题。

具体而言，世界一流大学服务全球共同利益主要体现在以下六个方面：① 世界一流大学培养具备全球视野和引领未来发展的人才与领袖。这些人才遍布全球各个国家，在推动各国及全球进步的同时，也传递着跨越国家边界、有关人类共同利益的文化和理念。这种文化和理念有助于引导人们不再局限于本土和国家利益，而要考虑更广泛的全球利益和人类福祉，意识到个人与全球社会的关系。② 世界一流大学产出变革性、引领性的知识与技术。这些成果不仅能推动全球社会的进步，也能对整个社会的文化、理念、道德和价值观产生引领作用。③ 世界一流大学助力全球学术共同体的构建。通过开展全球合作，世界一流大学构建、参与全球合作网络并塑造全球学术共同体。处于全球合作网络或是学术共同体中的世界一流大学作为一个整体，共享人才、知识和资源，在解决全球问题上肩负着共同的责任与使命并为达到共同目标而努力。④ 世界一流大学致力于揭示和解决全球社会复杂问题。世界一流大学汇聚了全球一流人才和顶尖的学术资源，承载着全球社会的高度期待，世界一流大学有责任也有能力帮助解决人类社会共同面临的重大问题。⑤ 世界一流大学保持着对可持续发展的坚定承诺。世界一流大学在回应当代人的需要及未来发展需求的过程中，在资源开发、投资方向、技术发展和制度变革中努力保持环境的平衡、和谐。8 位受访者认为，对可持续性（sustainability）的重视也应成为衡量一所大学是否是"世界一流"的标志之一。⑥ 世界一流大学推动包容性创新（inclusive innovation）和社会流动①。包容性创新涵盖两个方面的内容：首先，世界一流大学科研创新的动力不是为了盈利，而是为了真正解决弱势群体所面临的问题，如对"被忽视疾病"（neglected diseases）的研究；其次，世界一流大学有能力也有责任提前预知新技术对一部分人的伤害，提前做好预防措施以缓解这种可能带来的伤害，即实现新技术的"软着陆"。

WUL2：服务全球共同利益跟我刚刚谈到的在全球网络中与其他世界一流大学合作的机会有关……世界一流大学服务全球共同利益最为得天独

---

① 世界一流大学推动社会流动在某些国家可能存在争议；例如，在访谈中，少数受访者（$N=4$）认为，因为资源的分配不均、高昂的学费、极高的入学门槛等使美国一流大学常被认为是阶级复制的工具，具有推动社会流动和加剧社会不公的双重角色。

厚的优势在于我们有一个全球网络,这个全球网络不是说我们的大学与我们所在城市的政府、企业、非盈利组织等合作,而在于与我们合作的其他世界一流大学也有自己的全球合作网络,这样一来,世界一流大学可以把这些"集体性"的合作网络联结到一起,为增进人类福祉做出更多的贡献。比如说环太平洋大学联盟就是一个很好的例子,它包含了与全球健康、人口老龄化、可持续城市、海洋未来发展等问题相关的全球合作网络……对于世界一流大学而言,参与这样的网络化组织以解决人类共同面临的问题,这既是特权也是责任……在这个合作过程中,我们可以相互学习,共同应对这些挑战……

此外,部分中国受访者(N=7)认为,全球共同利益的理念与中国提倡的人类命运共同体理念有共通之处,它代表的是全人类的生存与发展,强调的是全球社会的相互依存与紧密联系,超越了个人利益和国家利益。

2. 全球(研究型大学)榜样

世界一流大学仅代表全球高等教育系统中的一小部分院校,但其他院校通常将其视为模仿对象(榜样),因此,世界一流大学的影响力远远大于其存在数量。世界一流大学是研究型大学中的全球顶尖大学,这些大学是全球范围内其他研究型大学制定发展战略和规划的参照组和对标对象。24位受访者认为世界一流大学是全球(研究型大学)榜样。这主要体现在:① 世界一流大学是全球范围内其他研究型大学以及想成为研究型大学的普通院校制定战略规划的参照组和对标对象。在许多研究型大学的战略规划和愿景描述中,成为世界一流大学是它们努力的目标,因为"世界一流"的地位不仅反映了一所大学良好的国际声誉,同时也体现了该大学在全球舞台上的影响力。② 世界一流大学是高水平学术标准的制定者和保持者,同时也是以新方法获取和传播知识、解决人类共同面临的迫切问题的领导者和先行者。世界一流大学具有开拓精神,无论是在教育、工业、技术还是科学领域中,世界一流大学都能起到领导作用并为其他(研究型)大学树立榜样。③ 世界一流大学通常是新思想、理念和实践的开创者和引导者,既是某一国家和社会中的典范,又能对学生、教师、大学和整个社会起到精神、价值、文化和实践引领的作用。

RUL1:为了获得"世界一流"的称号,这些大学必须有服务全球共同利益的目标和责任。作为受人尊敬的大学,这些大学自然而然地成为其他大学的榜样,并通过其行为为其他大学树立标准——无论是在办学目的上、在道德行为上、还是在对学术卓越和其他价值观的追求上，例如学术自由、学术诚信、教育公平……并且，重要的是，这些大学也在思考全球范围内的科学、技术、社会、经济、文化和政治问题上发挥着榜样功能。

WUD1：世界一流大学在建立和维持较高的学术标准以及建立新的知识获取与传播方法上都是其他研究型大学的榜样……这恰恰体现了世界一流大学在全球学术界的重要作用。

同时，有受访者指出，世界一流大学所发挥的榜样功能并不意味着所有的研究型大学都要照搬特定的某一所世界一流大学的模式，全球高等教育体系仍需要多样化的世界一流大学。也就是说，虽同属世界一流大学网络，在某些问题上有着共同的目标（common and shared goals），但每所世界一流大学仍保留着自己的特色与理念。

REL3：每个人都盯着美国的顶尖研究型大学，但也许有时候人们应该把其他世界一流大学而不是美国一流大学视为榜样……例如，加拿大的大学应该关注欧洲一流大学，欧洲一流大学也可以关注加拿大大学而非总是关注常春藤大学……换句话说，世界一流大学是多样化的，每所学校都有自己为人称道的特色……这才是世界一流大学的吸引力所在。

3. 服务国家软实力及其他

在访谈中，超过 10 位受访者提及的世界一流大学的特有功能（或其表现形式）还包括服务国家软实力，即世界一流大学通过自身的文化、价值理念、制度和实践等影响和感召外部环境，吸引和集聚海内外的资源和人才，推动国家发展；与此同时，传播大学所在国的文化和价值理念等，从而增强其所在国家的软实力。这主要体现在以下三个方面：① 世界一流大学的品牌效应为国家汇聚资源和人才；② 世界一流大学提升了国家的学术实力及其在国际舞台上的学术影响力；③ 世界一流大学有助于传播和推广国家的文化、实践、理念和制度等。例如，在美求学的来自世界各地的留学生使美国文化和价值理念在全球范围内得到了广泛传播并使美国一流大学一度成为世界各地研究型大学竞相模仿的对象。

EXP11：当然有服务国家软实力的功能……但更多可能是通过文化实现的。在我看来，世界一流大学增强了一国的软实力……如果一个国家有一所很好的大学，那么这个国家的吸引力就会上升，人才的向内流动会增加，获得的经济投资也会增加。

除此之外,也有少数受访者提及了世界一流大学可能具备的其他特有功能(或其表现形式),但由于提及人数较少,故在此不作专门论述。

二、问卷法的研究结果

在完成对访谈数据的分析后,研究者向世界一流大学校领导与国际(学术)专家发放了问卷以对访谈结果进行验证。问卷中列出了三项最常被受访者提及的世界一流大学的特有功能(或其表现形式),包括:① 服务全球共同利益;② 全球(研究型大学)榜样;③ 服务国家软实力;并增加了可自由填写的;④ "其他"选项。

就列出的特有功能(或其表现形式)而言,绝大多数问卷回复者都认为世界一流大学服务全球共同利益(70.3%)和作为全球(研究型大学)榜样(72.9%),但只有不到一半的问卷回复者认为世界一流大学服务国家软实力(38.1%)(见表5-1)。较之于"服务全球共同利益"和"全球(研究型大学)榜样"在问卷中较高的选择比例(均超过70%),选择"服务国家软实力"作为一项特有功能(或其表现形式)的人数较少;所以,问卷结果无法支撑"服务国家软实力"作为世界一流大学的特有功能(或其表现形式)。因此,在后续的分析过程中不再单独分析"服务国家软实力"这项内容。

表5-1　问卷回复者对世界一流大学特有功能的看法(多选题)

世界一流大学的特有功能(或其表现形式)	选择人数	占比(%)
服务全球共同利益	83	70.3
全球(研究型大学)榜样	86	72.9
服务国家软实力	45	38.1
其他	9	7.6

此外,有9位问卷回复者(世界一流大学校领导)对已列出的特有功能(或其表现形式)进行了补充。其中,有3位校领导补充的信息可直接并入"服务全球共同利益"之中,如世界一流大学是解决国家和全球问题的专家;世界一流大学是解决各类挑战性问题的核心力量,具备长远目光;世界一流大学是跨国/跨文化师生交流的引领者。另5位校领导补充的回答可并入世界一流大学的三大基本功能之中。值得注意的是,有一位大学校长认为问卷中列出的选项都属于社会服务功能的范畴。但在访谈中,10位受访者明确指出虽然大学的社会服务功

能囊括的内容很多,但就其特点而言,世界一流大学的确具备区别于一般研究型大学的特有功能,如服务全球共同利益的全局性与深远性、其实践途径的复杂性和多元性已经超越了大学的社会服务功能;而全球(研究型大学)榜样更是体现了世界一流大学自身的影响力和吸引力,这显然已经超越了社会服务的范畴。例如,一位来自中国一般研究型大学的受访者解释道:

RCP1:我认为服务全球共同利益、作为全球大学的榜样、服务国家软实力、引领社会等这些功能更多是在那些被称为世界一流大学的顶尖大学身上更加鲜明一些。尤其我们现在讲和谐世界,要建立一个世界体系、要建立人类命运共同体……是需要基础和条件才可能实现的。比如说非洲一个小国,在建设人类命运共同体上它可能发挥不了什么作用……像我们一般的研究型大学、区域性的一个很小的大学要发挥全球性的功能估计也很难,尤其这所大学本身都没有国际化,所以还不能发挥这种功能。这些特有的功能很重要,真正的世界一流大学肯定要有超出基本功能之外的这些功能。

不同国家/地区受访者的观点有所不同,中国(80%)和其他国家/地区的问卷回复者(71%)最认可的是世界一流大学服务全球共同利益,美国(76%)和欧洲(79%)回复者最认可的是世界一流大学作为全球(研究型大学)榜样(见图5-2)。此外,就世界一流大学的校领导与国际(学术)专家的对比而言,两组人员的选择

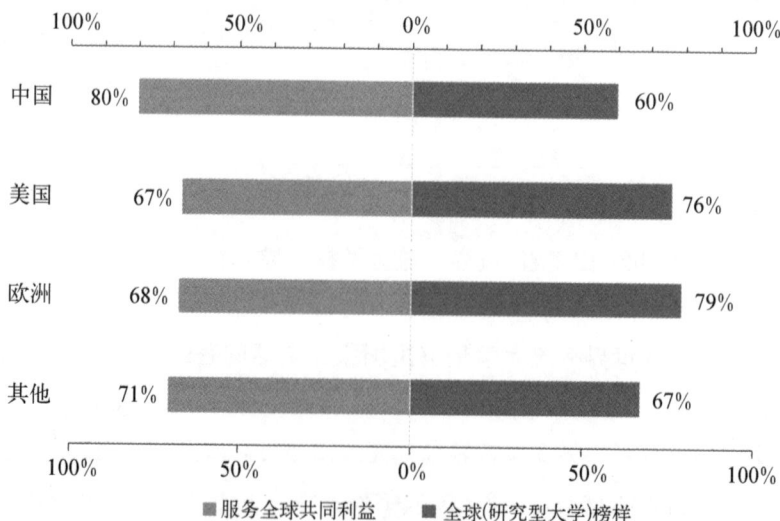

图5-2　不同国家/地区的问卷回复者对世界一流大学特有功能的看法

基本一致,均有约 70% 的人认可世界一流大学服务全球共同利益和作为全球
(研究型大学)榜样。

第二节　世界一流大学特有 功能的特征分析

一、世界一流大学特有功能的本质特征

本研究的结果显示,世界一流大学具备区别于一般研究型大学的特有功能,主
要表现在服务全球共同利益和作为全球(研究型大学)榜样上。通过分析后发现,
受访者提出且受到世界一流大学校领导和国际(学术)专家认可的特有功能的本
质特征是其全球(导向)性,可被总结为:全球定位、全球贡献、全球影响和全球
合作。这四个特征同时也侧面反映出世界一流大学的全球性。这一结论与莫尔
曼等学者提出的"研究型大学的新全球模式"(the Emerging Global Model)[1]和
马金森提出的"全球研究型大学"(Global Research University)概念相吻合。[2]
这两个概念都强调了顶尖研究型大学的全球性,包括建立全球科学研究联络网、
积极参与全球治理、促进全球学术流动等。同时,这两个概念与"世界一流大学"
有共通之处,如莫尔曼将"研究型大学的新全球模式"等同于世界一流大学,[3]程
莹等学者则认为"全球研究型大学"就是"世界一流大学"的另一称谓。[4] 此外,
以上本质特征还得到了已有的关于世界一流大学功能和使命的文献的支持——
强调世界一流大学的国际影响、国际责任和世界贡献等。[5][6] 本研究中总结出的

① MOHRMAN K, MA W H, BAKER D. The research university in transition: The emerging global model[J]. Higher Education Policy, 2008, 21(1): 5-27.
② MARGINSON S. Nation-states, educational traditions and the WCU project[M]//SHIN J C, KEHM B M. Institutionalization of world-class university in global competition. Dordrecht, Heidelberg, New York, London: Springer, 2013, 59-77.
③ MOHRMAN K. The emerging global model with Chinese characteristics[J]. Higher Education Policy, 2008, 21(1): 29-48.
④ CHENG Y, WANG Q, LIU N C. How world-class universities affect global higher education[M]// WANG Q, CHENG Y, LIU N C. How world-class universities affect global higher education. Rotterdam: Sense Publishers, 2014: 1-14.
⑤ SHIN J C. The world-class university: Concept and policy initiatives[M]//SHIN J C, KEHM B M. Institutionalization of world-class university in global competition. Dordrecht, Heidelberg, New York, London: Springer, 2013: 17-32.
⑥ 王明明.国际责任与话语权:一流大学国际化建设的使命与方向[J].现代教育管理,2018,(11): 59-64.

世界一流大学特有功能的本质特征（全球定位、全球贡献、全球影响和全球合作）进一步充实了已有研究的内容，系统说明了世界一流大学的全球（导向）性，并首次加入了有关世界一流大学全球定位和全球合作的内容。这意味着世界一流大学将自己置身于全球社会之中，推动和引导全球合作以解决人类社会共同面临的重大挑战，服务全球共同利益；同时，世界一流大学是全球范围内研究型大学的榜样，在扩散自身学术和文化影响力的过程中，也做出了全球贡献。这些大学既是民族国家中的重要力量，也是全球高等教育系统中的领导者。

1. 全球定位

世界一流大学特有功能所彰显的全球定位，既是世界一流大学的功能定位和身份认同，也是世界一流大学秉持的发展理念。本研究的结果显示，世界一流大学特有功能的全球定位体现在其培养全球人才和领袖、引领全球社会进步与发展、肩负全球角色与责任、解决全球问题、构建全球学术共同体、致力于全球可持续发展、担当全球学术标准的制订者和保持者等方面上。例如，在全球化的时代背景下，世界一流大学培养的人才将成为世界公民和领袖，不再局限于服务本国；他们立足全世界，考虑更广泛的全球共同利益和人类福祉，为解决全球问题提供对策，从而为全人类的发展贡献力量。与此同时，在全球化背景下，以往各国面临的许多国内问题，如环境污染、食物安全、疾病传播、资源短缺等已不再是国家问题和区域性问题，而已成为全球社会的共同问题；作为全球顶尖研究型大学的世界一流大学，通过开展学术活动和全球合作，将自己定位在寻求实际解决方案以应对这些严峻挑战的最前沿，成为解决人类共同面临的问题的领导者和先行者。

正如马金森所说，针对全球共同挑战的跨国合作将世界一流大学提升到了更高的位置，超越了其推动国家繁荣与个人发展、提升国家声望的本土化功能。[①] 也就是说，世界一流大学具备全球视野，能主动承担推动人类社会发展的责任与使命；具体体现在世界一流大学可以产出具有突破性和变革性的重大科技成果，构建引领人类社会文明进步的先进思想和文化观念，培养有能力参与全球治理、引领人类社会发展的全球领袖，主动担当促进人类命运共同体建设与发

---

① MARGINSON S. Global cooperation and national competition in the world-class university sector [M]//WU Y, WANG Q, LIU N C. World-class universities: Towards a global common good and seeking national and institutional contributions. Rotterdam: Brill Sense Publishers, 2019, 13 - 53.

展的使命和责任,从而为国家和人类社会的永续发展做出重要贡献。[①②] 世界一流大学特有功能的全球定位决定了世界一流大学在全球社会中的重要作用,这些大学汇聚了全球顶尖的人才和学术资源,同时也承载着全球社会的高度期待;这意味着世界一流大学将成为应对全球挑战的中心和促进世界沟通的桥梁,充分彰显了世界一流大学的全球责任和影响力。

2. 全球贡献

世界一流大学特有功能强调的全球贡献是世界一流大学责任和能力的体现。本研究的结果显示,世界一流大学特有功能体现的全球贡献包括教育贡献、学术贡献和社会贡献三种类型。教育贡献体现在世界一流大学输出全球人才、引领大学发展模式,产出先进的教育思想、理念和实践等;学术贡献体现在世界一流大学创造变革性和引领性的全球知识、制定和保持高水平的学术标准;社会贡献体现在世界一流大学为全球问题提供有效解决方案、开展包容性创新并不断推动社会流动、对可持续发展保持坚定承诺等。例如,在比利时鲁汶大学的战略规划中,该校的工作重点之一就是推动可持续发展,这体现在其可持续的大学管理和在科学研究与人才培养中对可持续发展目标的坚定承诺上。可持续的大学管理指的是鲁汶大学鼓励教职人员绿色出行、建立可持续发展办公室、减少建筑物碳排放量等。在科学研究与人才培养中践行可持续发展目标体现在鲁汶大学在新生入学第一周就为他们介绍可持续发展的现状和趋势、提供有关可持续发展的本科课程、鼓励学生撰写有关可持续发展的(跨学科)科研论文等。[③] 鲁汶大学的可持续发展理念正在或即将引领未来大学、城市发展的新方向,贡献于全球可持续发展目标的实现。

这意味着较之于其他研究型大学,世界一流大学需要承担全球责任,做出与其世界性的影响力相匹配的贡献,即世界一流大学肩负着引领世界的远见卓识、培养世界领袖、贡献世界性知识、服务世界发展、解决世界问题的使命和责任。[④] 也就是说,世界一流大学要有为人类服务的责任与担当,能够创造引领人类社会

①　袁广林.国际经验与中国道路:中国世界一流大学建设的路径分析[J].现代教育管理,2020,(1):21-28.

②　叶静漪."一带一路"和大学的使命[J].大学(研究版),2018,(5):57-59.

③　KU Leuven. Strategic Plan of KU Leuven[EB/OL]. (2019-12-17)[2019-09-05]. https://www.kuleuven.be/english/about-kuleuven/strategic-plan/index.html.

④　王明明.国际责任与话语权:一流大学国际化建设的使命与方向[J].现代教育管理,2018,(11):59-64.

发展的思想理念,具备与其他研究型大学不同的特有功能。如果一所大学仅对自己国家的发展有所贡献,而对其他国家关切的问题无能为力的话,那么,国际社会很难认可这样的大学能被称为"世界一流"。① 但是,正如部分受访者所指出的那样,世界一流大学特有功能所强调的全球贡献并不意味着世界一流大学脱离了本土社会,世界一流大学仍要认真思考"全球—国家—本土"关系。这意味着世界一流大学也需要坚守本土的文化价值和服务宗旨,不在全球化中迷失方向。全球、国家和本土是世界一流大学发展中的三个重要维度,扎根于本土和国家,重视国家、民族的"灵魂与文化",才能使世界一流大学在服务国家与融入世界之间彰显全球性价值。②

3. 全球影响

世界一流大学特有功能显现的全球影响与其所强调的全球定位和全球贡献密不可分。世界一流大学特有功能所强调的全球定位决定了世界一流大学必须肩负全球责任、做出全球贡献;而世界一流大学的全球贡献为其带来了全球范围内的影响。基于本研究的结果,世界一流大学特有功能所彰显的全球影响主要包括思想影响、实践影响、学术影响和文化影响等。

首先,世界一流大学在思想、理念和实践上对学生、教师、(其他)大学和整个社会有引领作用。世界一流大学是高水平学术标准的制定者和保持者,同时也是以新方法获取和传播知识、解决人类共同面临的迫切问题的领导者和先行者。以诺贝尔奖获得者为例,作为世界一流大学的德国慕尼黑工业大学迄今为止有17人获得了诺贝尔奖,涵盖了包括化学、物理、医学等领域;慕尼黑工业大学还培养了许多享誉世界的科学家,如"流体力学之父"普朗特(Prandtl)。此外,多所世界一流大学在其官方文件中都表达了它们将继续通过其学术活动和成果对全球政策、文化、实践与理念产生巨大影响。例如,英国伦敦大学国王学院在其战略规划中宣称"我们的学者与其他大学、企业、文化机构、医疗机构和政府决策者建立联系并进行协作,从而确保我们的学术活动具有全球影响力——改变并影响全球范围内的实践、理念、行为、政策和文化"。③

---

① 袁广林.国际经验与中国道路:中国世界一流大学建设的路径分析[J].现代教育管理,2020,(1): 21-28.

② 刘康宁.如何认识与评价世界一流大学的"全球性"潜在特征[J].江苏高教,2019,(9):29-34.

③ King's College London. King's Strategic Vision 2029[EB/OL]. [2019-12-04]. https://www.kcl.ac. uk/aboutkings/strategy/index.aspx.

其次,世界一流大学在全球范围内的影响力也可视作其自身的吸引力和号召力。世界一流大学有着"特权声音"(privileged voice),这得益于全球社会对其学术能力和声誉的认可。因此,在解决重大问题和提出新的理念时,世界一流大学是最容易被认可的群体,同时也影响着学术趋势的走向。世界一流大学也代表了其所在国家在全球学术舞台上的重要性,标志着一国的高等教育强国地位。

再次,世界一流大学培养具备全球视野和引领未来发展的人才与领袖。这些人才遍布全球各个国家,在推动各国及全球进步的同时,也传递着跨越国家边界、有关人类共同利益的文化和理念。因此,世界一流大学的全球影响(特别是文化影响)不可小觑。正如周光礼等学者所说,真正的世界一流大学应该是文化意义上的而非指标意义上的世界一流大学,这些大学具有一定的高度和宽度,高度上超越功利而求"止于至善",宽度上超越国界而求"世界大同"。指标意义上的世界一流大学可能带来竞争而非合作,但文化意义上的世界一流大学以构建人类命运共同体为己任,是真正的世界一流大学。这些大学植根于独特的文化土壤,有特有的功能、使命和价值观,有远大的抱负和广泛的影响,不仅能服务本国,也能为其他国家、其他文明提供实质性的启示和借鉴。①

4. 全球合作

世界一流大学特有功能强调的全球合作既是世界一流大学的优势与资源,也是其特有功能得以形成和发挥的必要条件。本研究的结果显示,世界一流大学特有功能所强调的全球合作不只局限于国际学术交流与互动、参与各类国际组织以开展跨国合作,更体现在世界一流大学构建和参与全球合作网络和各类大学联盟,最终推动全球学术共同体的形成。通过直接或间接的联系,全球范围内的世界一流大学在无形中构成了一个全球性的合作网络,这一全球网络中的参与者(世界一流大学)共享人才、知识和资源,在解决全球问题上肩负责任与使命,并为达到共同的目标而努力。正如伍尔德里奇(Wooldridge)所说:"高等教育最重要的发展是全球大学超级联盟的出现,这种联盟的革命性和创造性意义不仅体现在这些大学把整个世界作为舞台,而且体现在大学中的学者之间在跨国合作中形成的学术共同体。"②当然,除了世界一流大学之间、学者之间的学术

---

① 周光礼,蔡三发,徐贤春,等.世界一流大学的建设与评价:国际经验与中国探索[J].中国高教研究,2019,(9):22-28+34.

② WOOLDRIDGE A. The brain business:A survey of higher education[J]. Special report of the Economist,2005,4:1-14.

网络外，大学、师生与校友之间也存在着类似的全球网络。马金森指出，作为相当"密集"的网络化机构，世界一流大学构成了两种对话的空间：学术领域的知识形成对话以及针对当前事务的更多通用对话。因此，世界一流大学比其所处的国家或是本土社会更加全球化。① 通过发挥特有功能、开展全球合作，世界一流大学在科研探索、思想创新以及知识传播方面维持着不断扩大的全球空间。这也意味着世界一流大学的特有功能强调世界一流大学作为一个整体或集体（通过全球合作）发挥着积极作用。

正如本研究中多位受访者所提及的那样，世界一流大学必须成为相互之间坚定的合作伙伴，跨越国家边界、共同制定国际议程，开展更具全球性的合作，以此不断加深自己的全球使命感。世界一流大学全球合作的建立意味着在垂直方向上的排名中相互竞争的世界一流大学也在水平方向上协同工作。但这并不意味着世界一流大学的竞争和合作（或者说是其国家目标和全球活动）以无缝方式巧妙融合在一起。全球合作中有协同作用，但也存在着紧张关系和封闭的角落。在全球高等教育活动中，共同利益不一定是最重要的，但显而易见的是，全球合作网络的扩张意味着潜在的全球共同利益已从根本上得到了扩展。② 正如刘继文等学者指出，世界一流大学有两项重要的角色：第一是国家角色，在世界一流大学迈出象牙塔、从社会边缘走向社会中心时，这些大学要服务于所在国家的教育科技发展战略，提供智力支持和人才支撑；第二是全球角色，世界一流大学要有仰望星空的精神，关注全球公共事务，研究人类社会面临的共同挑战。③ 2017年，上海交通大学与英国爱丁堡大学共建中英低碳学院就是这一全球角色的体现。由此可见，世界一流大学特有功能所强调的全球合作强化了世界一流大学的全球角色。全球合作拒绝封闭与保守，鼓励全球范围内的世界一流大学和教育工作者通力合作、积极互动，从而服务于全球共同利益。

---

① MARGINSON S. Global cooperation and national competition in the world-class university sector [M]//WU Y, WANG Q, LIU N C. World-class universities: Towards a global common good and seeking national and institutional contributions. Rotterdam: Brill Sense Publishers, 2019: 13 - 53.

② MARGINSON S. Global cooperation and national competition in the world-class university sector [M]//WU Y, WANG Q, LIU N C. World-class universities: Towards a global common good and seeking national and institutional contributions. Rotterdam: Brill Sense Publishers, 2019: 13 - 53.

③ 刘继文,聂明局,张南洋生.国际视域下的"双一流"建设及其中国特色体现[J].大学教育,2018,(11): 18 - 20＋25.

二、全球化进程与世界一流大学特有功能的本质特征

1. 全球化进程与世界一流大学

全球定位、全球贡献、全球影响和全球合作是世界一流大学特有功能的四个本质特征;而特有功能又是世界一流大学所特有的、区别于其他研究型大学的功能。因此,特有功能的四个本质特征同时也可看作是世界一流大学全球性的体现。莫尔曼等学者认为,世界一流大学的全球性在渐增的全球化教育环境中尤其明显,这些全球顶尖大学非常关注其所处的环境,不仅包括其所在国家的文化和历史细节,而且关注对高等教育产生影响的重要全球力量(如全球化进程)。[①]

全球化作为高等教育国际化的一种动力环境,驱动着大学走变革之路来应对逐渐加快的全球化进程。[②] 作为全球性的高等教育机构,世界一流大学深受全球化进程的影响;与此同时,世界一流大学也在积极回应全球化世界的需求。首先,全球化打破了基于国家利益的国家边界,世界一流大学的全球合作与互动更加自由与频繁。正如本研究的结果显示的那样,世界一流大学不是孤立存在的,而是作为一个集体和网络共同发挥其特有功能。无论是服务全球共同利益还是作为全球(研究型大学)榜样,都侧面反映出世界一流大学对全球化趋势的积极回应。例如,全球化世界中的许多问题不再是某一国家的问题,而是全人类共同面临的重大挑战(如气候变化、环境保护、外层空间开发等问题),而任何一所世界一流大学都不可能凭借一己之力来解决这些极具挑战性的问题;在此基础上,世界一流大学必须比自己所处的国家或本土社会更加全球化,这些大学积极开展全球合作,探索全球问题的解决方案,做出全球贡献,服务全球共同利益。因此,作为全球顶尖研究型大学的世界一流大学有着极高的全球参与度,因为这些大学既是产生全球知识社会所需智力资本的主要来源,[③]也是提供全球问题解决方案的关键角色。其次,在全球化市场理论的影响下,高等教育的"市场导向"逐步占据了全球高等教育发展主流话语并通过经济全球化变得更加明显。高等教育逐渐被当成一种服务或是商品进入全球市场,部分国家的世界一流大学更是成为"抢手商品",这催化了全球

① MOHRMAN K, MA W H, BAKER D. The research university in transition: The emerging global model[J]. Higher Education Policy, 2008, 21(1): 5 - 27.
② 王战军,蓝文婷.新时代一流大学的内涵探析[J].现代教育管理,2019,(8): 1 - 7.
③ MOHRMAN K, MA W H, BAKER D. The research university in transition: The emerging global model[J]. Higher Education Policy, 2008, 21(1): 5 - 27.

性的高等教育商业化及其不平等性。正如本研究中部分受访者所担忧的那样,某些国家和地区的世界一流大学具有推动社会流动和加剧社会不公的双重角色;人们担心世界一流大学可能会造成阶级固化,因为来自富裕家庭的学生往往有更多的机会入读精英大学。也就是说,全球化背景下部分世界一流大学可能会成为"逐利者"而非"服务者",因为这些大学转向由来自富裕家庭的国际学生组成的全球市场,无暇顾及本土的、经济条件较差的少数族裔学生。① 但总的来说,世界一流大学,尤其是公立研究型大学,一直在努力消减社会公众对它们的"不良印象",这些学校为来自贫困家庭的学生设置了专项奖学金,资助那些家族中的"第一代大学生"前来就学;例如,美国华盛顿大学的"赫斯基承诺"(Husky Promise)旨在资助华盛顿州的弱势群体学生,为他们提供获得高等教育的公平机会。

2. 全球化进程对世界一流大学特有功能本质特征的影响

基于上述讨论可以发现,全球化在影响高等教育发展的基础上塑造着世界一流大学;同时,全球化进程也充实了世界一流大学的全球性(侧面反映在世界一流大学的特有功能之上)。沃特斯(Waters)认为,全球化的三项重要特点在于: ① 全球化过程克服了地域阻隔,从而将原本仅局限于本土和国内的个人生活、社会关系以至社会制度转向跨地域及全球性发展;② 全球化是多层面的,包括经济、政治、社会及文化层面;③ 全球化不仅是社会上客观制度和物质层面的改变,也涉及个人全球意识的觉醒。② 世界一流大学特有功能与全球化进程密切相关,其本质特征在于世界一流大学的全球定位、全球贡献、全球影响和全球合作。以上特征无一不跨越了地域边界,超越了社会利益和公共利益,聚焦全球社会,强调世界的相互联系。同时,世界一流大学的特有功能不只局限于学术和文化层面,也上升到了社会发展等方面。毫无疑问,世界一流大学的特有功能是全球化不断加深的产物之一,正如范·德·文德(van der Wende)所说,全球化带来了机遇和挑战,世界一流大学不仅享受着全球化的益处,也要应对全球化带来的挑战。③

全球化带来了全球人才和资本的自由流动,加速了各国间的交流、互动与沟

① RHOADES G. Backlash against "others"[J]. International Higher Education, 2017, 89: 2-3.
② WATERS M. Globalization (2nd ed.)[M]. London: Routledge, 2001: 5-7.
③ VAN DER WENDE M C. World-class universities' contribution to an open society: Chinese universities on a mission? [M]//WU Y, WANG Q, LIU N C. World-class universities: Towards a global common good and seeking national and institutional contributions. Rotterdam: Brill Sense Publishers, 2019: 189-214.

通,全球社会日益成为一个"你中有我、我中有你"的"命运共同体"。全球化进程的不断深化敦促人类作为一个整体共同应对挑战、解决问题、共享益处,而这也正是"人类命运共同体"理念产生的背景之一。世界一流大学特有功能强调的全球合作(助力构建学术共同体)和全球贡献(解决人类社会面临的共同问题、推动可持续发展、开展包容性创新以造福弱势群体等)对于回应全球化进程的需求、构建人类命运共同体至关重要。因为"人类命运共同体"这一理念强调不同国家和民族间的相互依存,全人类同属一个大家庭。因此,构建人类命运共同体需要各国人民同心协力、合作共建,即每个人都有创造更美好世界和关心地球家园的不可撼动的责任,这同时也符合"全球共同利益"这一理念所强调的"内在(普遍性)价值"和"共同参与"。①② 世界一流大学理应肩负起这样的责任与使命,引导人们不再局限于本土和国家利益,而要考虑更广泛的全球利益和人类福祉,引导人们形成一种以应对人类共同挑战为目的全球价值观。正如吴立保和高凡所说,世界一流大学有一种共同的特质,即世界主义精神。这种精神一方面是出于知识的不可分割性而具有世界范围内的同质性;另一方面则是世界一流大学文化的体现,这些大学追寻超越民族国家的、关涉全球伦理的以及全人类都应该遵守的某些基本的价值规范和道德准则。③ 在全球化日益加深的背景下,人类命运共同体理念的优势不断凸显,世界各国之间的联系日益紧密,大学的民族性虽然很重要,但作为全球顶尖研究型大学的世界一流大学理应不断强化其全球定位,成为世界的共同财富,从而服务于全球社会的发展。

但不可否认的是,即便在全球化过程中出现了"你中有我,我中有你"的相互依赖现象,全球化却并不总是有益的。因各国在文化传统、政治理念和道德价值观等方面存在巨大的差异,全球化的出现无疑对传统国家主权、经济结构、发展方式、社会文化传统等诸多方面都提出了挑战。并且,全球化过程中的发展不平衡和经济不平等问题也日趋严重,由此出现了全球化进程中的"赢家"和"输家",即经济实力强的发达国家往往有能力从自身利益出发决策全球化,因而很容易

---

① UNESCO. Rethinking Education. Towards a global common good?. Paris: UNESCO[EB/OL].[2017 - 01 - 28]. http://unesdoc.unesco.org/images/0023/002325/232555e.pdf.

② Tian L, Liu N C. Rethinking higher education in China as a common good[J]. Higher Education, 2019, 77(4): 623 - 640.

③ 吴立保,高凡.我国一流大学建设的异化与纠偏——鉴于西方学者的反思及其启示[J].教育发展研究,2018,38(Z1): 13 - 21.

从全球化过程中获益；但是，经济实力差的发展中国家经常处于被决策的环境中，它们则很难在全球化过程中受益。① 全球化带来的负面影响对世界一流大学提出了新的要求，例如，世界一流大学要为缓解全球化的"赢家"和"败者"之间日益加剧的不平等现象承担更多责任。这意味着世界一流大学需要做出更多惠及全球社会（尤其是不发达国家和弱势群体）的贡献并通过援助性的全球合作帮助提升欠发达国家的教育水平与质量。除此之外，世界一流大学需要变得更加开放和包容，并努力平衡全球化过程中经济和社会领域的紧张关系。例如，世界一流大学必须在全球化背景下把握自己服务全球共同利益的作用，它们需要在全球范围内（重新）定义其社会契约——关键在于增加移民和少数族裔学生等弱势群体的入学机会，支持具有不同文化、种族和宗教背景的学生群体的融合，成为尊重多样性的国际和跨文化学习社区。② 这也表明了世界一流大学的全球定位、全球贡献和全球影响在全球化进程中不断增加的重要性。全球化背景下的世界一流大学需要肩负更多的全球责任，做出全球性的教育贡献并引领未来全球高等教育机构（特别是研究型大学）发展的新方向。

总的来说，世界一流大学特有功能的本质特征（全球定位、全球贡献、全球影响和全球合作）在不断加深的全球化进程中显得愈发重要和珍贵；与此同时，世界一流大学的全球性也被不断强化。这意味着世界一流大学将自己置身于全球社会之中，促进全球社会的发展、缓解全球化进程带来的问题与紧张关系、帮助人类共享全球化带来的益处并推动人类命运共同体的构建。

第三节　世界一流大学特有功能/特殊使命的内涵界定

一、世界一流大学特有功能与基本功能的关系

1. 世界一流大学特有功能与基本功能的对比

基于本研究的结果可以发现，世界一流大学的特有功能与其三大基本功能

① 马万华.全球化，全球参与和世界一流大学建设应关注的问题[J].华中师范大学学报：人文社会科学版，2014，53(2)：148-158.

② VAN DER WENDE M C. World-class universities' contribution to an open society：Chinese universities on a mission？[M]//WU Y, WANG Q, LIU N C. World-class universities：Towards a global common good and seeking national and institutional contributions. Rotterdam：Brill Sense Publishers, 2019：189-214.

密切相关但又存在差异。基于结构功能主义视角下的 AGIL 模型,表 5‑2 总结了两者间的相关性(重合情况)与差异。虽然世界一流大学的特有功能与其三大基本功能有部分重叠的情况,但两者间仍存在较大差异,三大基本功能无法涵盖世界一流大学的特有功能。

表 5‑2　基于 AGIL 模型的世界一流大学特有
功能与三大基本功能的对比①

AGIL 模型	具 体 内 容	与三大基本功能的重合情况(是/否)
适应	全球化与国际化	是
	全球挑战/问题	是
	全球社会发展需求	是
	全球高等教育的发展与变化	否
	全球大学排名的兴起	否
	……	/
目标达成服务全球共同利益全球(研究型大学)榜样	培养具备全球视野、引领未来发展的人才和领袖	是
	引导人们思考更广泛的全球利益和人类福祉	否
	产出变革性、引领性的知识与技术推动社会进步	是
	构建全球学术共同体	否
	解决人类社会共同面临的全球性问题和重大挑战	是
	推动全球可持续发展	是
	推动包容性创新	否
	推动社会流动	否
	引领全球范围内研究型大学的发展	否
	全球最高学术标准制定者与保持者	否
	全球知识生产、技术创新的领导者和先行者	是
	新思想、理念和实践的开创者和引导者	是
	引领公众的思想进步和社会发展	否

① 注:此处有关世界一流大学三大基本功能的内容可参见第四章中的详细信息,如表 4‑1、表 4‑4、表 4‑7 等。

（续表）

AGIL 模型	具 体 内 容	与三大基本功能的重合情况（是/否）
整合	资源： 一流的师生群体 一流的学术设施 充足的经费 广泛的国际合作基础 ……	是
	方法和途径： 构建和参与全球合作网络 跨学科、跨领域合作 全球（学术）援助 新技术的"软着陆" 关注弱势群体面临的问题 ……	否
模式维持	敢为人先的创新与创造精神 富有特色的历史文化传统 相关的支持性战略及政策 ……	是

在对外部环境的适应上，两者都关注全球社会发展需求以及全球问题和挑战；同时，全球化、国际化等趋势也影响着相关功能的发挥。但是，世界一流大学的特有功能与全球高等教育的发展和变化、全球大学排名的兴起有关。例如，世界一流大学作为全球研究型大学的榜样、引领全球范围内研究型大学的发展，一方面是研究型大学自身的发展需求，另一方面受到了全球大学排名的驱动。正如迪姆（Deem）等学者的研究显示，鉴于全球化环境中各国高等教育系统之间的竞争愈发激烈，许多国家（如东亚的一些国家）被世界一流大学的形象所吸引，因此，它们希望通过学习甚至是复制世界一流大学的模式（主要是西方大学）来重塑其高等教育领域并提升其高等教育水平。① 在目标达成方面，世界一流大学特有功能中强调的"培养具备全球视野的人才和领袖"（人才培养功能）、"知识和技术创新"（科学研究功能）、"解决人类社会共同面临的全球性问题和重大挑战"

① DEEM R, MOK K H, LUCAS L. Transforming higher education in whose image? Exploring the concept of the "world-class" university in Europe and Asia[J]. Higher Education Policy, 2008, 21(3)：83-97.

(科学研究和社会服务功能)等内容与世界一流大学的三大基本功能相关,但世界一流大学的三大基本功能并未涵盖有关"构建全球学术共同体""推动包容性创新"等内容。在整合方面,虽然世界一流大学的特有功能仍依赖于其一流的师生群体和学术设施、充足的经费和广泛的国际合作基础等,但其发挥特有功能的途径和方法有所不同,如构建和参与全球合作网络、开展全球(学术)援助、推动新技术的"软着陆"等。在模式维持方面,两者并无差异,都依赖于世界一流大学已有的价值观、理念、文化和支持性政策等。

2. 世界一流大学特有功能超越了基本功能的范畴

世界一流大学的特有功能远远超出了其三大基本功能的范畴,这主要体现在目标达成方面。首先,世界一流大学特有功能强调的通过开展全球合作构建全球学术共同体超越了传统的国际合作与交流,也超越了世界一流大学的科学研究和社会服务功能,它有以下两层含义:① 世界一流大学构建了全球合作网络,这一合作网络把每所世界一流大学都视为网络中的关键节点,缺一不可。全球网络的建立得益于每所身处其中的世界一流大学,这些大学本身就起到了扩展网络的作用。通过直接或间接的联系,全球的世界一流大学可以在无形中组成一个动态的、覆盖全球的合作网络,网络中的成员们互通有无,通过交流与互动,传输人才与信息,以此共同应对全球社会面临着的严峻挑战并引导全球社会的发展与进步。② 世界一流大学搭建了全球沟通桥梁,加速了全球学术共同体的形成。这里的学术共同体并非只是科研共同体(主要开展国际科研合作),它还承载着服务全球共同利益的功能。通过全球合作形成的全球学术共同体打破了国家利益壁垒,指向的是人类命运共同体的终极目标。总的来说,如果世界一流大学的社会服务功能更多强调的是世界一流大学对社会做出的贡献,那么,世界一流大学的特有功能则将世界一流大学获得的益处也纳入了考虑之中(特别体现在全球学术共同体的构建之上)。与此同时,较之于世界一流大学的三大基本功能,世界一流大学的特有功能更加强调世界一流大学作为一个整体或集体(通过全球合作)所发挥的积极作用。正如罗兹(Rhodes)所言,大学功能的发挥要依靠学术共同体,因为具有相互作用特点的共同体能够壮大其力量,扩展其成员的能力范围。以学术共同体形式存在的大学可以消解和改变单个学者或大学的孤立状态,因为知识的增长不仅取决于个人的洞察力和研究成果,知识更多地来源于共同的质疑和讨论。成为学术共同体的一员既享有特权也要付出代价,特权在于从共享的对话中获利，代价则是接受共同体的约束。①

其次，世界一流大学特有功能所提倡的包容性创新超越了科学研究功能中传统的知识创造与技术创新，更多涉及在此过程中对弱势群体的关怀。"包容性创新"一词在经济学领域被解释为为贫困群体提供均等的参与机会，消除社会排斥，通过创新性的思想、模式与方法实现可以人人共享的经济增长。② 但在本研究中，高等教育领域的包容性创新被赋予了新的内涵，它主要包括以下两方面的内容：首先，世界一流大学中的包容性创新将提前预测新技术对特定群体的伤害，建立新技术的"软着陆"机制；其次，科研创新的动力不是为了盈利，而是为了真正解决弱势群体所面临的问题，如对"被忽视疾病"的研究。2017 年，"基本药品大学联盟"（Universities Allied for Essential Medicines）开发了"大学报告卡片"项目（the University Report Card），旨在对美国、英国和德国等国的大学在全球健康问题上做出的贡献进行排名（为"被忽视疾病"提供解决方案是主要指标之一）；结果显示，位于榜单前列的院校大都为顶尖的研究型大学，如美国的华盛顿大学（西雅图）、英国的牛津大学和德国的海德堡大学等。③ 这一项目的结果支持了本研究的结果，即世界一流大学理应承担起推动包容性创新的责任。

再次，世界一流大学特有功能所体现的世界一流大学作为全球（研究型大学）榜样已经超越了人才培养、科学研究和社会服务三大基本功能的范畴，具体体现在世界一流大学作为新思想、理念和实践的开创者和引导者，既是某一国家和社会中的典范，又能对学生、教师、大学和整个社会起到精神、价值、文化和实践引领的作用。根据英国罗素集团的报告，科学研究是世界一流大学成为全球（研究型大学）榜样的途径之一；世界一流大学通过科研活动获得突破性的新知识，通过开展高质量、跨学科的科研活动解决全球问题，为政府、企业和媒体提供建议，成为全球研究型大学的领导者和典范。④ 由此可见，作为全球（研究型大学）榜样不是世界一流大学科学研究功能本身的内容，但却是通过获得科研卓越

① RHODES F. The creation of the future：The role of the American university[M]. Ithaca：Cornell University Press，2001：58.

② 邢小强，周江华，仝允桓.包容性创新：概念、特征与关键成功因素[J].科学学研究，2013，31(6)：923-931.

③ Universities Allied for Essential Medicines. University Report Card[EB/OL]. (2017-04-22)[2019-02-28]. https://uaem.org/our-work/report-card/.

④ Russell International Excellence Group. Jewels in the crown：The importance and characteristics of the UK's world-class universities[EB/OL]. (2012-12-27)[2017-06-16]. https://www.russellgroup.ac.uk/media/5227/jewelsinthecrown.pdf.

而实现的。也就是说,世界一流大学的特有功能部分基于三大基本功能,而又高于三大基本功能。此外,在本研究中,世界一流大学对社会的引领作用还体现在其引导人们不再局限于本土和国家利益,而要考虑更广泛的全球利益和人类福祉。这超越了世界一流大学发挥人才培养功能培育全球公民,这里关注的是世界一流大学对全人类思想的引领作用。正如王战军和刘静所说,引领社会发展是世界一流大学的时代使命,世界一流大学是推动人类社会进步与发展的重要引擎,世界一流大学变革了世人的思维与行动方式,深刻影响着世界的发展。[①]

3. 世界一流大学特有功能不等同于国际交流合作/国际化功能

值得注意的是,有多位学者曾提出大学具备国际交流合作/国际化功能,[②③④⑤⑥]具体而言就是在全球化背景下,大学要将自己的三大基本功能(人才培养、科学研究和社会服务)国际化,服务于民族国家的发展和国际竞争。世界一流大学的特有功能与上述学者提及的国际交流合作/国际化功能有一定的相似之处(如两者都强调跨国界、跨民族、跨文化的教育交流与合作),但差异也很明显。

首先,目标和立足点不同。斯科特认为大学的国际交流合作/国际化功能是基于国家利益而言的,最终是为大学所属的民族国家服务,所要解决的问题是如何更好地服务于国家经济社会的现代化;此外,国际化功能的另一目的在于提升大学自身实力、参与全球市场竞争并减少对政府的依赖。[⑦] 相比之下,世界一流大学的特有功能强调通过全球合作构建全球学术共同体,关注的是解决人类社会共同面临的严峻挑战,服务全球共同利益,最终实现共同发展。世界一流大学的特有功能不仅强调全球化背景下世界一流大学的全球性和全球参与,也强调其全球定位与国家目标并不冲突。这意味着世界一流大学的特有功能与高等教育全球化的理念密切相关,它超越基于国家主义的发展思想,建立基于人类命运

① 王战军,刘静.世界一流大学的三大标志和四大特征[J].中国高等教育,2018,(19):11-13.
② SADLAK J. Globalization and concurrent challenges for higher education[M]//SCOTT P. The globalization of higher education. Buckingham, UK: SRHE & Open University Press, 1998: 100-107.
③ SCOTT J C. The mission of the university: Medieval to postmodern transformations[J]. The Journal of Higher Education, 2006, 77(1): 1-39.
④ 冯振业,杨鹤.对大学的第四职能:国际文化交流与合作的一些理解[J].国家教育行政学院学报,2003,(6):61-66.
⑤ 赵旻,陈海燕.国际交流合作在大学的职能定位研究[J].中国高等教育,2017,(17):19-22.
⑥ 史秋衡,季玟希.中华人民共和国成立70年来大学职能的演变与使命的升华[J].江苏高教,2019,(6):1-7.
⑦ SCOTT J C. The mission of the university: Medieval to postmodern transformations[J]. The Journal of Higher Education, 2006, 77(1): 1-39.

共同体理念的发展思想；同时，超越基于对立思维的竞争性发展模式，构建基于共同体意识的包容性发展模式。[①]

其次，内容和形式不同。国际交流合作/国际化功能的重点是跨国界的文化与知识交流活动，同时也强调不同国家间大学的联系和各类大学联盟以及区域性组织的建立。[②③] 对比之下，世界一流大学的特有功能不只局限于学术和文化层面，也上升到了社会发展等方面，其内涵和内容的丰富性、实现途径的多样性都超越了国际交流合作/国际化功能。此外，世界一流大学特有功能更多强调全球合作，这种合作不只包括大学间的合作，也包括大学与其他国家政府、国际组织等的合作，充分体现了世界一流大学搭建全球沟通桥梁、成为全球交往中心的潜力。

4. 世界一流大学的特有功能与特殊使命

由此可见，世界一流大学的特有功能与其三大基本功能密切相关但又存在差异，世界一流大学的特有功能也不同于旨在将三大基本功能国际化的国际交流合作/国际化功能。总的来说，正如本研究的结果显示，世界一流大学具备区别于一般研究型大学的特有功能，体现在服务全球共同利益和作为全球（研究型大学）榜样之上。具体而言，服务全球共同利益这一理念的全局性与深远性、其实践途径的复杂性和多元性已经超越了大学的三大基本功能，而作为全球（研究型大学）榜样更是体现了世界一流大学自身的影响力、吸引力和引导/引领作用，显然也已经超越了大学的三大基本功能。可以发现，特有功能已经明显超越了三大基本功能的范畴，与三大基本功能有着实质性的区别，难以归并到三大基本功能之中。但是，特有功能与三大基本功能不是按照同一逻辑框架划分的，简单地把特有功能界定为与三大基本功能并列的第四功能也有值得商榷之处。实际上，特有功能是世界一流大学区别于一般研究型大学的特有作用和特殊使命，包含着人们对世界一流大学应有价值的判断、追求和选择（如对于世界一流大学应该做什么的期待）。因此，本研究认为将其称之为"世界一流大学的特有功能/特殊使命"更为恰当。

---

① 张应强.高等教育全球化对国际化的超越——基于人类命运共同体意识的思考[J].探索与争鸣，2019,(9)：15-17.

② SCOTT P. Massification, internationalization, and globalization[M]//SCOTT P. The globalization of higher education. Buckingham, UK：SRHE & Open University Press, 1998：108-129.

③ 赵旻,陈海燕.国际交流合作在大学的职能定位研究[J].中国高等教育,2017,(17)：19-22.

二、世界一流大学的特有功能/特殊使命源于其独特优势

通过以上论述可以发现,世界一流大学的特有功能/特殊使命主要表现在世界一流大学服务全球共同利益和作为全球(研究型大学)榜样上,其本质特征包括全球定位、全球贡献、全球影响和全球合作。虽然第四章中的内容显示一般研究型大学也积极开展跨国合作与交流且在某些领域做出了全球性的贡献,在某些方面也有与世界一流大学特有功能/特殊使命相似的表现,但是,世界一流大学特有功能/特殊使命之所以为世界一流大学所特有并作为其区别于一般研究型大学的功能/使命是因为这一特有功能/特殊使命与世界一流大学的独特优势相关,包括全球责任、全球能力和全球声誉。

1. 全球责任

世界一流大学的特有功能/特殊使命与其肩负的责任有关,即世界一流大学所拥有的资源、竞争力和影响力等决定了它们应该志存高远、肩负更重要的全球责任,这一点具有必然性。培养全球人才和领袖、产出变革性和引领性的全球知识与技术、引领全球社会进步与发展、解决全球性问题、构建全球学术共同体、致力于全球可持续发展、担当全球学术标准的制定者和保持者无一不在强调世界一流大学的全球定位及其肩负的全球责任。即便一般研究型大学在某些方面也发挥着类似的功能,如培养全球公民、培养某一领域的全球领导者、在某些学科产出引领性的知识等,但其全球(导向)性不如世界一流大学鲜明,这是由大学本身所拥有的资源、竞争力和影响力等因素所决定的。

正如信和科姆指出,全球高等教育系统中存在着使命差异化现象,这意味着不同大学的关注点及其所承担的责任各不相同。[①] 并且,使命差异化在高等教育的全球竞争中尤为重要,因为并非所有大学都能成为世界一流大学,而世界一流大学必须是那些定位高远、追求真理、服务人类福祉的全球性大学。正如刘康宁所说,世界一流大学最终指向的是"全球性"认可这一潜在特征,可以概括为:全球性声誉、全球问题研究能力、适应全球变革的战略、参与全球竞争的能力以及立足本土的全球性价值。[②] 同样,王凤玉和郑薇指出,世界一流大学之所以能

---

① SHIN J C, KEHM B M. Institutionalization of world-class university in global competition[M]. Dordrecht, Heidelberg, New York, London: Springer, 2013: 24.

② 刘康宁.如何认识与评价世界一流大学的"全球性"潜在特征[J].江苏高教,2019,(9): 29 - 34.

成为真正的全球性大学是因为它们与其他一流大学和重要的国际组织积极开展合作，致力于解决全球问题，共同促进人类的进步。[①] 同样，世界一流大学胸怀天下，有着强烈的社会责任意识，它们以能够推动整个人类社会的思想、科学与技术的进步和发展为荣。[②] 这既是世界一流大学全球性的体现，也是其"世界一流"身份赋予的全球责任。因此，较之于一般研究型大学，全球责任在世界一流大学身上体现得更加明显，融入了其日常运作的各个方面，而这也决定了世界一流大学必然具备区别于一般研究型大学的特有功能/特殊使命。

2. 全球能力

世界一流大学的特有功能/特殊使命是有关能力匹配度的问题，即只有世界一流大学才具备相应的全球能力并发挥特有功能/特殊使命。首先，培养具备全球视野、能够引领未来发展的人才与领袖需要一流的师资和一流的学术成果；而一流的师资和一流的学术成果普遍存在于世界一流大学之中。另外，如果一所大学要引导人们思考更广泛的全球利益和人类福祉，前提必须是大学所在地的居民已处于一个较好的生活环境之中且其所在国家发展水平较高。大多数的世界一流大学都位于经济发展水平较高的发达国家和地区，这为其传递超越个人利益和国家利益、服务全球共同利益的理念提供了坚实稳固的物质基础。其次，构建全球学术共同体、解决人类社会共同面临的重大问题、推动包容性创新、成为全球知识生产和技术创新的领导者都需要与之匹配的学术资源与经济资源；较之于一般研究型大学，世界一流大学更倾向于拥有一流的科研团队、一流的学术设施、充足的经费以及高水平的、覆盖全球的合作网络。再次，引领全球范围内研究型大学的发展、成为最高学术标准制定者与保持者、引领公众的思想进步和社会发展等都需要深厚的学术积淀、受人尊崇的历史文化传统以及广受认可的办学理念——世界一流大学在这一点上具有更多优势。

因此，世界一流大学的特有功能/特殊使命涉及能力匹配的问题。正如马金森所说，那些能够开展全球活动且肩负全球责任的大学，首先应该具备全球能力（global capacity），这取决于大学财政资源、基础设施、文化/语言和知识资源以及组织和监管机制、大学和学术领导层的政策等；其次要具备全球连通性（global

---

① 王凤玉，郑薇.论耶鲁大学全球性大学理念[J].沈阳师范大学学报：社会科学版，2011,35(4)：110-113.
② 刘徐湘.论世界一流大学的精神特质[J].大学教育科学，2019,(2)：19-25.

connectivity），即构建和参与全球合作与沟通网络。① 显而易见的是，只有世界一流大学才能在全球范围内建立大规模的合作网络、得到全球认可并在国家和全球范围内开展有效行动。也就是说，雄厚的资金支持和优越的外部环境是世界一流大学的独特优势，一般研究型大学在这一方面逊色于世界一流大学。② 这与莫尔曼等提出的有关世界一流大学的"全球竞争性"特征相关，即这些大学在传统的政治、文化等领域具备跨国性且其合作伙伴遍布全球，它们常常加入全球学生、教师、资金和资源的竞争中并获得益处。③ 因此，世界一流大学的全球能力强于一般研究型大学，而这也是世界一流大学拥有和发挥特有功能/特殊使命的必要条件。

3. 全球声誉

世界一流大学的特有功能/特殊使命是有关声誉（影响力）的问题，即世界一流大学的特有功能/特殊使命有赖于其良好的全球声誉和由此带来的影响力和号召力。大学的声誉通常源于其对社会做出的贡献，基于第四章的分析可以发现，一般研究型大学通常带来的是城市、（国内）区域和国家层面的贡献；而世界一流大学常常做出国家和全球层面的贡献。因此，世界一流大学在全球层面所获得的认可度高于一般研究型大学，具备良好的全球声誉，而全球性的声誉又为世界一流大学带来了全球范围内的影响力和号召力。基于本研究的结果，无论是服务全球共同利益，还是作为全球（研究型大学）榜样，都与世界一流大学的影响力和号召力密切相关。正如一位美国一般研究型大学的受访者所指出的那样，世界一流大学具备的全球影响力和号召力使其更容易受到关注，这些大学在解决全球问题、引领社会发展中发挥着更重要的作用。

> RUD1：毫无疑问，世界一流大学的声音在应对全球重大挑战上至关重要。在我看来，世界一流大学的特有功能之一就是应对不易解决且不易被人理解的全球问题，世界一流大学的工作是设法吸引人们的注意力并以此产生影响，这种影响将在未来的世界中持久存在……世界一流大学凭借自

① MARGINSON S. Global Perspectives and Strategies of Asia-Pacific Research Universities[M]//LIU N C, WANG Q, CHENG Y. Paths to a world-class university: Lessons from practices and experiences. Rotterdam: Sense Publishers, 2011: 3-28.
② 王战军，刘静.世界一流大学的三大标志和四大特征[J].中国高等教育,2018,(19): 11-13.
③ MOHRMAN K, MA W H, BAKER D. The research university in transition: The emerging global model[J]. Higher Education Policy, 2008, 21(1): 5-27.

己的力量，或者说是凭借其"特权声音"来提高所有人或是整个社会对问题和解决方案的关注……也就是说，世界一流大学可以在全球舞台上以一种政治性的巧妙的方式与其他组织和个人开展对话，且其行为可能产生巨大影响。

这种全球影响力和号召力源于世界一流大学良好的全球声誉，这既与世界一流大学深厚的历史文化底蕴相关，也与世界一流大学敢为人先的创新精神相关。这些大学在其发展过程中不断开展创新创造活动，产出了大量先进的知识、技术、理念和实践等，凭借其被世人推崇的卓著贡献，赢得全球声誉。而全球声誉意味着这所大学的地位受到了全世界大多数国家和大学的认可，因此也可被视作判断一所大学是否是"世界一流"的决定性标准。[①] 正如王战军和娄枝指出，世界一流大学都有对人类社会做出卓越贡献的共性特征；通过服务与贡献，大学为自己赢得了声誉，并确立了"世界一流"的社会地位。[②] 因此，这种全球声誉可被视作世界一流大学的独特优势，为其带来了全球范围内的影响力和号召力，而这是一般研究型大学所少有的。因此，全球声誉决定了世界一流大学在拥有和发挥特有功能/特殊使命上的合理性和有效性。

由此可见，世界一流大学的特有功能/特殊使命源于其全球责任、全球能力和全球声誉，这充分解释了即便一般研究型大学在某些方面也有与世界一流大学特有功能/特殊使命相似的表现，但却不能将其定义为一般研究型大学的功能/使命。总的来说，本研究所提出的特有功能/特殊使命是世界一流大学所特有的、区别于一般研究型大学的功能/使命。

三、世界一流大学特有功能/特殊使命的定义

本研究的结果显示世界一流大学具备区别于一般研究型大学的特有功能，主要表现在服务全球共同利益和作为全球（研究型大学）榜样上。通过深入分析后发现，世界一流大学特有功能的本质特征包括全球定位、全球贡献、全球影响和全球合作。世界一流大学特有功能的全球定位决定了世界一流大学在全球社会中的重要作用，这些大学汇聚了全球范围内顶尖的人才和学术资源，同时也承

---

①　刘康宁.如何认识与评价世界一流大学的"全球性"潜在特征[J].江苏高教,2019,(9)：29-34.
②　王战军,娄枝.世界一流大学的社会贡献、经验及启示——以哈佛大学为例[J].清华大学教育研究,2020,41(1)：26-34.

载着全球社会的高度期待;世界一流大学特有功能强调的全球贡献是世界一流大学责任和能力的体现,主要包括教育贡献、学术贡献和社会贡献等;世界一流大学特有功能所彰显的全球影响源于其全球定位和贡献,主要包括学术影响、思想影响、实践影响、文化影响等;世界一流大学特有功能强调的全球合作既是世界一流大学的优势与资源,也是其特有功能得以形成和发挥的必要条件。以上特征同时也体现了世界一流大学的全球性,这在全球化的教育环境中尤其明显;并且,随着全球化进程的不断推进,世界一流大学特有功能的本质特征及其全球性也被不断强化,这意味着全球化背景下的世界一流大学需要肩负更多的全球责任,做出全球性的教育贡献、引领未来全球高等教育机构发展的新方向、帮助人类共享全球化带来的益处并推动人类命运共同体的构建。值得注意的是,世界一流大学的特有功能与其三大基本功能(人才培养、科学研究和社会服务)密切相关但又存在差异,特有功能超越了三大基本功能的范畴,与三大基本功能有着实质性的区别;但是,特有功能与三大基本功能不是按照同一逻辑框架进行划分的,简单地把特有功能界定为与三大基本功能并列的第四功能也有值得商榷之处。实际上,特有功能是世界一流大学区别于一般研究型大学特有的作用和特殊的使命,因此,本研究将其界定为世界一流大学的特有功能/特殊使命。即便一般研究型大学在某些方面也有与世界一流大学特有功能/特殊使命相似的表现,但世界一流大学的特有功能/特殊使命之所以为世界一流大学所特有,主要在于这一特有功能/特殊使命与世界一流大学的独特优势密切相关,包括全球责任、全球能力和全球声誉。

在此基础上,本研究将世界一流大学的特有功能/特殊使命总结为世界一流大学的全球化使命(GLOBALIZING),即面对日趋复杂的高等教育国际化、不断增加的全球性挑战以及快速发展的信息技术,世界一流大学凭借其全球责任、全球能力、全球声誉等独特优势,服务全球共同利益、作为全球(研究型大学)榜样,并持续强化其特有功能/特殊使命的本质特征,包括全球定位、全球贡献、全球影响、全球合作等。由此可见,世界一流大学的全球化使命强调的是一个动态过程,不仅暗含着世界一流大学本身具备的全球性,更表明了世界一流大学在推动全球社会发展、增进人类福祉中的重要行动和价值。这一使命的塑造和形成与全球化(进程)相关,同时也引导着全球化以更加积极的方式影响着人们的生活和社会的发展。

四、世界一流大学特有功能/特殊使命的案例分析①

世界一流大学的特有功能/特殊使命—全球化使命——不仅包含着人们对世界一流大学的期待，也体现在世界一流大学的日常运作之中。下文以享誉全球的世界一流大学——英国牛津大学为例，进一步说明世界一流大学的特有功能/特殊使命。

牛津大学的特有功能/特殊使命主要体现在牛津大学服务全球共同利益和作为全球（研究型大学）榜样之上。就服务全球共同利益而言，第一，牛津大学培养了大量杰出人才和领袖，包括至少 30 位各国领袖与政要、28 位英国首相；并且，在该校的校友、教授及科研人员中，一共涌现了 55 位诺贝尔奖得主。第二，牛津大学推动构建全球学术共同体。该校是国际研究型大学联盟、欧洲大学联盟等世界顶尖大学联盟的成员。该校拥有遍及世界的合作网络。例如，该校与中国医学科学院共同组建了中国医学科学院牛津研究所；该校的大气、海洋和行星物理系与美国国家航空航天局保持着长期的合作关系；此外，该校的校友人数超过 27.5 万，校友网络几乎遍布全球。第三，牛津大学在解决人类共同面临的重大问题、推动全球可持续发展上做出了卓越贡献。例如，2013/2014 学年，该校启动了"绿色影响"项目（Green Impact），致力于为环境保护和全球可持续发展做贡献。此外，该校建立了专门的全球问题研究中心——牛津马丁学院（Oxford Martin School），致力于应对 21 世纪最为严峻的全球挑战。牛津大学声称"世界上再没有其他大学拥有像马丁学院这样的科研机构"。马丁学院关注的问题包括但不限于：用于大脑修复的 3D 打印技术、低价质优的药物、海洋生态系统监测、未来食物等。第四，牛津大学致力于推动包容性创新和社会流动。该校于 1982 年成立了难民研究中心，旨在帮助改善世界范围内弱势群体的生活。此外，该校每年投入约 900 万英镑资助贫困学生。过去四年中，来自低收入家庭的学生人数增加了 50%。与此同时，该校在 2020 年启动了"牛津预科"（Foundation Oxford）和"牛津机遇"（Opportunity Oxford）两个项目，旨在到 2023 年实现总录取人数中英国弱势群体学生比例达到 25%。

就作为全球（研究型大学）榜样而言，牛津大学影响着世界其他大学的发展。

① 除特别说明外，以下信息和数据均来自牛津大学官方网站（https://www.ox.ac.uk/）。

例如,该校于 14 世纪创立的本科生导师制在欧美知名大学中得到了延续,成为世界一流本科教育的参照标准之一。[①] 牛津大学是全球最高学术标准的制定者与保持者、全球知识生产和技术创新的领导者。该校在医学、工程、商学、文学等多个领域拥有崇高的学术地位及广泛的影响力。2013~2020 年,在 THE 世界大学学科排名中,该校连续八年在医学和健康领域位列世界第一。此外,2020年,该校在艺术和人文、工程技术、商业和经济等领域均位列世界前五。同时,牛津大学也是新思想、理念和实践的开创者与引领者。例如,20 世纪 40 年代,该校病理学家弗洛里(Florey)和钱恩(Chain)首次把青霉素运用于临床治疗[②];2018 年,该校进行了世界上首台基因治疗手术,以从根源上解决与年龄有关的视网膜黄斑变性。

由此可见,牛津大学的特有功能/特殊使命充分彰显了全球定位、全球贡献、全球影响、全球合作四个本质特征,再次印证了牛津大学所具备的全球性和全球化使命。具体而言,牛津大学培养全球人才和领袖、推动构建全球学术共同体、解决全球问题、引领全球社会进步与发展、担当全球学术标准的制定者和保持者、作为全球知识生产和技术创新的领导者等超越了大学推动国家繁荣与个人发展、提升国家声望的本土化功能,充分体现了"全球定位"这一特征;牛津大学的教育贡献(培养全球人才、引领大学发展模式、产出先进的思想、理念和实践等)、学术贡献(创造变革性的全球知识、保持高水平的学术标准等)和社会贡献(解决全球问题、推动全球可持续发展、推动包容性创新和社会流动等),印证了"全球贡献"这一特征;牛津大学的全球贡献为其带来了全球范围内的影响,包括实践影响(将新知识以创造性的方式应用于实践)和学术影响(长期在多个学科领域具备世界影响力)等,充分显示了"全球影响"这一特征;牛津大学不仅是多个世界顶尖大学联盟的成员,同时也拥有遍及世界的合作网络,彰显了"全球合作"这一特征。

可以发现,牛津大学特有功能/特殊使命的全局性和深远性、其实践途径的复杂性和多元性已超越了三大基本功能的范畴,它是牛津大学作为世界一流大学区别于一般研究型大学特有作用和特殊使命。这一特有功能/特殊使命源于

---

① 陈晓菲,刘浩然,林杰.牛津大学本科导师制的学生学习体验研究[J].比较教育研究,2019,41(3): 39-45.

② 1929 年,英国科学家弗莱明(Fleming)在偶然情况下发现了青霉素;但是,第一次将青霉素运用于临床治疗的是牛津大学的弗洛里和钱恩。在医学史上,这被称作"青霉素的二次发现"。

牛津大学的独特优势,包括全球能力、全球声誉和全球责任。

　　牛津大学的全球能力体现在其充足的财政资源、人力资源、学术资源和设施、文化和语言资源以及全球连通性之上。就财政资源而言,牛津大学经费充足,2018～2019学年,牛津大学共获得了25亿英镑的收入,其中科研收入为6.3亿英镑。就人力资源而言,牛津大学汇聚了全球范围内最为顶尖的人才。例如,牛津大学的教师中有80多位英国皇家学会会员和120多位英国科学院院士;此外,牛津大学在化学、物理学和医学领域都有诺贝尔奖得主。就学术资源和设施而言,牛津大学学术资源极为丰富,整个牛津大学拥有100多个图书馆,馆藏纸质文献1 300多万份;牛津大学拥有世界上最先进的实验室和科研设备,该校有1 500多个实验室,其磁共振设备和质谱实验室等在英国首屈一指。就文化和语言资源而言,牛津大学出版社是全球最大的大学出版社,在50个国家/地区设有分支机构;该出版社出版的字典和其他书籍为传播英语语言和文化做出了巨大贡献;牛津大学的语言中心提供多种语言的课程和自学资源。就全球连通性而言,牛津大学有41%的学生和48%的教师来自海外;牛津大学的学者与国际伙伴建立了广泛的合作关系;牛津大学是多个世界大学联盟的成员;同时,牛津大学的校友网络覆盖全球。

　　牛津大学卓著的全球声誉既与其深厚的历史文化底蕴相关,也可从各世界大学排名中知晓。牛津大学是英语国家中最古老的大学,也是世界上排名第二的现存最古老的大学。该校涌现了一批引领时代的科学巨匠,培养了大量开创纪元的艺术大师、国家元首、政商界领袖等,在多个学科领域拥有崇高的学术地位及广泛的影响力(如医学和物理学领域)。牛津大学连续四年(2017～2020年)在THE世界大学排名中居于首位,在2020年THE世界大学声誉排名中位列世界前五位。此外,在其他主流的世界大学排行榜(如世界大学学术排名和QS世界大学排名)中,牛津大学多年来均位列世界前十。

　　得益于其全球能力和全球声誉,牛津大学肩负着全球责任,从宇宙的诞生到全球化的挑战,牛津大学始终关注最前沿的全球议题。牛津大学的马丁学院和国际研究中心等机构为一系列全球问题提供解决方案,涉及语言保护、疫苗开发、生物多样性等,牛津大学致力于使用创新性的现代技术来研究当代问题和追溯古代历史。

　　由此可见,牛津大学的特有功能/特殊使命——全球化使命——体现在其日常运作之中,这不仅彰显了牛津大学作为世界一流大学的全球性,更表明了牛津大学在推动全球社会发展、增进人类福祉中的重要作用。

本 章 小 结

基于访谈和问卷结果,本研究发现世界一流大学有区别于一般研究型大学的特有功能,主要表现在服务全球共同利益和作为全球(研究型大学)榜样上。具体而言,世界一流大学服务全球共同利益包括:① 世界一流大学培养具备全球视野和引领未来发展的人才与领袖,引导人们思考更广泛的全球利益和人类福祉;② 世界一流大学产出变革性、引领性的知识与技术;③ 世界一流大学助力于全球学术共同体的构建;④ 世界一流大学致力于揭示和解决全球社会复杂问题;⑤ 世界一流大学保持着对可持续发展的坚定承诺;⑥ 世界一流大学推动包容性创新和社会流动。世界一流大学作为全球(研究型大学)榜样包括:① 世界一流大学引领大学发展模式;② 世界一流大学是高水平学术标准的制定者和保持者,同时也是以新方法获取和传播知识、解决人类共同面临的迫切问题的领导者和先行者;③ 世界一流大学是新思想、理念和实践的开创者和引导者。

在此基础上,本研究总结了世界一流大学特有功能的四个本质特征,即全球定位、全球贡献、全球影响和全球合作。全球定位既是世界一流大学的功能定位和身份认同,也是世界一流大学秉持的发展理念;全球贡献是世界一流大学责任和能力的体现,包括教育贡献、学术贡献和社会贡献等;全球影响主要包括思想影响、实践影响、学术影响和文化影响等;全球合作既是世界一流大学拥有的优势与资源,也是其特有功能得以形成和发挥的必要条件。以上特征同时也体现了世界一流大学的全球性。随着全球化进程的不断深化,世界一流大学特有功能的本质特征及其全球性也被不断强化,这意味着全球化背景下的世界一流大学需要做出更多全球贡献,帮助人类共享全球化带来的益处并推动人类命运共同体的构建。通过对比分析后发现,世界一流大学的特有功能与其三大基本功能密切相关但又存在差异,特有功能的全局性和深远性、其实践途径的复杂性和多元性已超越了三大基本功能的范畴;但是,特有功能与三大基本功能不是按同一逻辑框架划分的,简单地把特有功能界定为与三大基本功能并列的第四功能也有值得商榷之处。实际上,特有功能是世界一流大学区别于一般研究型大学的特有的作用和特殊的使命。因此，本研究将其定义为世界一流大学的特有功能/特殊使命。世界一流大学特有功能/特殊使命之所以为世界一流大学所特有（并作为其区别于一般研究型大学的功能/使命）与世界一流大学的全球责任、全球能力和全球声誉等独特优势密切相关。在此基础上，本研究将世界一流大学的特有功能/特殊使命总结为全球化使命（GLOBALIZING）并将其定义为：

世界一流大学的特有功能/特殊使命"全球化使命（GLOBALIZING）"：面对日趋复杂的高等教育国际化、不断增加的全球性挑战以及快速发展的信息技术，世界一流大学凭借其全球责任、全球能力、全球声誉等独特优势，服务全球共同利益、作为全球（研究型大学）榜样，并持续强化其特有功能/特殊使命的本质特征，包括全球定位、全球贡献、全球影响、全球合作等。

本研究的结果符合结构功能主义理论的逻辑，结构功能主义视角下的世界一流大学可被看作一个整体，发挥着与一般研究型大学不同的特有功能/特殊使命。根据结构与功能的关系，外部环境和内部结构既影响了世界一流大学的特有功能/特殊使命，也在某种程度上塑造了世界一流大学的特有功能/特殊使命。在本章的讨论中，外部环境更多涉及全球化进程，而内部结构则与世界一流大学本身具备的独特优势密切相关，两者共同影响并塑造了世界一流大学的特有功能/特殊使命，进而凸显了世界一流大学特有功能/特殊使命所强调的全球定位、全球贡献、全球影响和全球合作。事实上，世界一流大学的特有功能/特殊使命尤其体现了结构功能主义视角下功能与价值关怀的统一，在关注世界一流大学所发挥的积极作用的同时，也关注世界一流大学与其他社会系统/组织（如政府、企业、基金会、学术评价团体、家庭等）进行互动时的价值取向，既守望着人类对于知识创造的价值追求，也保持着对人类利益高瞻远瞩的价值关怀。

第六章
世界一流大学功能的国家/地区差异及影响因素

　　抽象的世界一流大学并不存在,不同历史文化背景、不同国家政治环境下建设产生的世界一流大学也各有千秋,它们既存在一些普遍性,也存在特殊性,普遍性在于其在全世界范围内是可比较的,比较出来的结果就是"一流大学",而其特殊性在于不同大学各有特色。[①] 在此背景下,本研究将探索(中国、美国、欧洲)世界一流大学功能的差异主要聚焦于功能发挥以及相关的影响因素。因此,本章回答的是第三个研究问题,即在不同国家和地区(中国、美国、欧洲),世界一流大学在发挥其功能上有何不同? 需要注意的是,在欧洲,欧洲大陆国家和英国差异明显,欧洲大陆各国之间也存在差异,如北部与南部、东部也有差异。在这里所说的"欧洲一流大学",是为了便于指出它们之间的一些共性;因为相对于"中国一流大学"和"美国一流大学"而言,这些大学所具备的共性还是比较明显的。本章主要关注的欧洲国家包括英国、荷兰、瑞士、葡萄牙和德国。[②]

　　本章的数据收集以访谈为主、问卷调查为辅。因此,在各小节的论述中,主要讨论和分析访谈结果。基于此,本章的主要内容如下:首先,本章对(中国、美国、欧洲)世界一流大学在功能上的差异进行了对比分析;然后,本章讨论了影响(中国、美国、欧洲)世界一流大学功能产生差异的因素;最后,本章对上述两节的内容进行了讨论和总结。

---

① 王战军,蓝文婷.新时代一流大学的内涵探析[J].现代教育管理,2019,(8):1-7.
② 研究者虽未直接在德国大学开展访谈,但因部分在荷兰和瑞士大学工作的受访者是德国人或是曾在德国工作,他们也谈及了德国一流大学的情况。

第一节　世界一流大学功能的
国家/地区差异

总的来说，在访谈中，71位受访者认为不同国家和地区（中国、美国、欧洲）的世界一流大学在发挥功能上具备差异并列举了相关的影响因素。就问卷结果而言，93.2％的回复者（比较）认可在不同国家和地区，世界一流大学在发挥功能上具备差异。就分布于中国、美国、欧洲三地的问卷回复者而言，分别有80％的中国回复者、95.2％的美国回复者和94.3％的欧洲回复者（比较）认可在不同国家和地区的世界一流大学在发挥功能上有所不同。

一、人才培养功能的国家/地区差异

受访者们（$N=10$）认为，中国一直将教育视为一项公共事业，强调教育的公益性。在此基础上，中国一流大学也非常重视教育（人才培养）的公益性。中国一流大学实行低学费政策且学生可以通过各种渠道获得资助。中国一流大学有着极强的竞争性入学机制，通过考试强调教育公平（择优录取）。中国一流大学还强调思想教育的功能（$N=5$）。就人才培养的国际化程度而言，中国一流大学的本科教育大都采用汉语进行教学，国际学生人数少，本科教育的国际化程度不高。部分中国一流大学近年来逐渐增加了全英语授课的本科课程，以此提升人才培养的国际化程度。

> EXP3：首先，在中国的社会主义体制下，整个教育的公益性的特质是改变不了的。这与中国特色高等教育的社会主义办学方向是一致的……无论是谁投入，培养人才的最终产品都是为社会发展服务。其次，中国的高等教育和国外有差别。国外的高等教育强调私人产品的获得，可能与其高等教育的学生培养机制有关。我们强调的是高等教育的公益性，强调的是准入机制的公平，所以我们更强调的是高考……

美国一流大学在各阶段一律实行高学费政策，因此，少数受访者（$N=6$）认为美国的高等教育已成为一项具备盈利性的全球业务（global business），美国一流大学的公益性逐渐被削弱。

> WED3：盎格鲁—撒克逊大学越来越像私立大学……在我看来，这是

由于这些大学将教育视为一项全球性业务并从中获取利润⋯⋯这些大学害怕做出真正的选择,比如说去考虑如何提升学生的能力并去思考未来,以不同的教育方式改变学生的命运⋯⋯

美国一流大学强调课堂中师生地位的平等,无明显的等级区分,课堂教学模式比较灵活。在很多美国一流大学中,有研究生为本科生上课的惯例。美国一流大学对科学研究的倾斜降低了教授在本科教学中的参与度,部分一流大学聘请了大量的兼职讲师为本科生授课($N=9$)。美国一流大学人才培养的特色之一还在于其独特的转学制度(transfer system),部分美国一流大学(如加州大学伯克利分校)的本科生中有三分之一的学生是转学生。几乎所有的美国一流大学都接收转学生,转学制度是美国学生获得更优质教育资源的重要途径,很多就读于社区学院(community colleges)的学生也能通过这一渠道成功转入美国一流大学。少数美国受访者($N=5$)认为这一制度运作良好且能为许多由于家庭或经济原因无法入读名校的学生提供另一种途径,由此也能促进教育公平。此外,美国一流大学人才培养的国际化程度很高,这些大学招收了全球范围内优秀的本科生和研究生。

欧洲一流大学对教育公益性的重视程度不一,各国学费政策各不相同。除英国外的大部分欧洲大陆国家均采用适度或低学费政策,其中德国实行免学费政策,荷兰、瑞士和葡萄牙的学费水平在世界范围内处于中等水平,如葡萄牙每年学费约为 1 000 欧元。以上四国(除英国外)实行非竞争性的入学机制,这些国家在本科教育上奉行平等主义(egalitarianism)原则,即学生完成高中课程并通过毕业考试后,即可选择进入任意一所一流大学学习(但部分热门专业,如医学、法律等有附加的入学要求)。欧洲一流大学在研究生教育上的国际化程度较高,在本科教育上的国际化程度不高($N=17$)。受访者们认为出现这一情况的原因主要包括两个:① 国家政策限制,如英国顶尖大学的本科学位项目优先招收本国学生;② 语言限制,如瑞士、德国、荷兰、葡萄牙等国的本科课程主要以母语授课,较少开设英语授课课程。

WED5:瑞士是一个奉行平等主义的国家,没有真正的阶级差异⋯⋯在瑞士,世界一流大学并不会带有精英主义的光环。但在美国,如果你想在哈佛大学或普林斯顿大学学习,就财务状况、社会阶层等因素而言,你必须成为某些精英团体的一分子⋯⋯情况与这里完全不同。瑞士的三所一流大学是根据每个人的才能和智慧向所有人开放的，因为每个人都有资格通过考试进入大学……我是德国人，我认为德国的平等主义倾向更明显，德国是一个非常平等的国家。

二、科学研究功能的国家/地区差异

5位受访者指出，较之于人才培养和社会服务功能，中国一流大学非常重视科学研究功能，在科学研究上投入巨大且重点关注理工类学科而非人文学科，特别是STEM（科学、技术、工程、数学）学科。有受访者认为，这可能导致教师教学活动与科研活动的失衡，也可能导致人文学科和理工类学科在科研领域的失衡。

REL3：与科研的发展相比，中国大学的教学可能是一个短板。我认为中国在很多方面都将占据领导地位，也将成为未来世界的领导者，你可以看看多少优秀的工程师从中国一流大学毕业……但是，教学肯定是一个令人关注的问题，特别是关于人才培养过程中创新和创造能力的培养。

受访者们认为，在发挥科学研究功能上，美国一流大学的商业化趋势不断加强（$N=8$）。美国一流大学获得的政府资助不断减少，这些大学更加依赖企业合同制研究项目（contract research），由此获得企业提供的资金，部分大学的科研部门逐渐变成了企业的研发基地。虽然这一情况还未成为普遍现象，但受访者们认为，随着政府资助的不断缩减以及大学经费缺口的不断扩大，同时，在大学需要越来越多的资金以维持运作的情况下，商业化的科研活动会不断增加，从而损害大学开展真正学术研究的能力。

WUD4：美国的X大学一直是一些最具争议的外部研究合同的承接院校。一家公司告诉大学的某个系所该公司的研究计划是什么，并承诺为其提供大量资金……X大学在过去二十年中一直在做这样的事，X大学的解释是：我们没有任何公共资金，因此我们需要私人资金。公司愿意投资，但前提是大学要帮助公司开展研究活动。从本质上讲，大学的系所成为公司的研发部门……我并不是说这样的事情发生在大学所有的系所里，但当世界一流大学想要获得很多资金时，发生这种情况的可能性就会更高……为公司开展科研活动不会获奖，也不会引领知识的进步，这只是在产出产品。

受访者们（$N=11$）认为，大多数欧洲大学都继承了洪堡时期的德国模式或欧洲大陆模式，因此，这些大学大都将大学的人才培养与科学研究功能放在同等重要的位置。欧洲一流大学非常强调跨学科的科学研究方法,重视跨学科、跨领域的合作研究。欧洲一流大学鼓励科研成果的开放存取,致力于推动开放科学的实现。

WED5:在部分欧洲国家,如果你的科研项目获得了国家科学基金的资助,你就必须签署合同以确保科研成果以开放存取的形式出版。除了这种强制要求外,国家、大学都有一些经济上的激励措施,鼓励科研出版物的开放存取,旨在推动数据和资源共享,推动开放科学的实现。

三、社会服务功能的国家/地区差异

中国一流大学在发挥社会服务功能上的国家政策导向性非常明显,大学的社会服务很大程度上与国家的发展目标相一致($N=31$)。这与中国一流大学作为公立大学的性质、主要的经费来源及承载的社会期待密切相关。与此同时,中国一流大学的国际角色日益彰显,其社会服务活动的影响范围从国家不断扩展到国际社会($N=7$)。此外,部分中国一流大学近年来在教师工作考核中把"社会服务"列为一项考核指标。但是,有少数中国受访者($N=3$)认为中国一流大学的校友服务工作仍需完善。

WEP3:我认为中国一流大学在国家政策和国家发展中占据重要地位,这种地位在其他国家没那么明显……这不是中国所特有的,但区别在于,较之于其他国家,中国可能更需要一流大学在国家发展中发挥作用,如促进智能化发展等。当然,政府对中国一流大学投入巨大。

受访者们认为,美国一流大学,特别是赠地大学的社会服务功能有着悠久的历史。在研究者到访的三所美国一流大学中,有两所为赠地大学。在这两所大学中,有 6 人认为,赠地大学的社会服务功能主要体现在以下三个方面:① 合作推广(cooperative extension),指的是大学在早期曾获得联邦政府资金,扮演着农业试验站的角色。这些赠地大学对农业的服务范围一般可以扩展到所在的州,帮扶的不仅是农民,还有与农业活动相关的其他个人及团体;② 拓展(outreach),这是常规的社会服务,如大学的医学中心为当地居民提供医疗服务,也为本州的落后地区提供医疗服务;③ 进修项目/继续教育(extension programs/continuing education),大学真正深入本土社会,为所在城市、州的居民提供继续教育和终身教育机会。虽然这些学校都沿袭了赠地大学为社会服务的传统,但现在看来,每所赠地大学的社会服务功能依据其所在区域的需求而又有所不同。多数美国一流大学在针对教师的考核中把"社会服务"列为一项考核指标。此外,美国一流大学非常强调其服务于经济发展的重要作用,并以此作为获得政府拨款的依据。美国一流大学在国际社会中一直扮演着非常重要的角色,其国际参与度也强于其他国家的一流大学。同时,美国一流大学非常重视校友服务工作(如日常联络、提供培训和继续教育机会等)($N=9$)。

> WUL1：在美国,高等教育很大程度上由各州政府资助。因此,各州对一流大学应该做什么抱有一定的期待。这些期待之一就是推动经济发展。无论是加州大学伯克利分校还是华盛顿大学这样的世界一流大学,都肩负着这种期待……教职员工与公司和企业一起发展经济,硅谷就是一个很好的例子……毫无疑问,这对经济产生了极大的刺激作用。美国一流大学对于自己在经济发展中所扮演的角色感到非常自豪。

鉴于欧洲一流大学大都沿袭德国的洪堡模式,强调教学与科研相统一,强调发展科学和发现新知识的重要性。因此,在过去很长一段时间内,欧洲一流大学的社会服务功能是缺失的($N=8$)。欧洲一流大学远不如美国一流大学重视社会服务功能,这可以体现在：① 欧洲一流大学常把社会服务功能称为"第三功能/使命"(third function/mission),意味着这一功能一开始并不属于大学基本功能的范畴,而是随着时间推移逐渐被加入进来的;而这个模糊的定义也侧面反映出欧洲一流大学对社会服务功能的态度。② 本研究中的五个欧洲国家对(本土和国际)社会服务的关注都是近年来才逐渐兴起的。并且,欧洲一流大学基本没有与社会服务相关的教师考核制度。欧洲一流大学(除英国外)对校友服务工作的重视程度较低。

> WEP1：美国一流大学拥有出色的表现和社会服务……其中一些是赠地大学保留下来的优良传统,比如加州大学。但是,波士顿的私立大学在社会服务上也很出色。我认为欧洲大学在前两个功能(人才培养和科学研究)上付出的努力更多……更倾向于把社会服务视为一个新的功能。欧洲在这方面有些与众不同……许多人认为社会服务是新事物……我认为这与欧洲的历史传统有关,传统的洪堡模式关注教育和科研,没有谈论社会服务……因此,社会服务在欧洲通常被认为是相对较新的事物……但自欧洲危机以来,欧洲更强调大学的社会服务功能了。

四、特有功能/特殊使命的国家/地区差异

中国、美国、欧洲一流大学除在发挥三大基本功能上存在明显的差异外,在发挥特有功能/特殊使命上也存在着一定的差异。

就中国一流大学而言,其首要任务是服务国家发展($N=17$),在满足国家需求的前提下为全球共同利益服务。中国大学的全球角色日益凸显,经历了从高等教育的跟随者到领导者的转变。中国一流大学强调人类命运共同体的构建,在立足本土的基础上不断凸显自己的全球角色并积极参与解决全球问题($N=8$)。除此之外,中国一流大学在发挥其特有功能/特殊使命上的一个显著特点在于其对社会流动的推动和对贫困问题的解决($N=10$)。就推动社会流动而言,中国一流大学强调教育的公益性和公平性,为各阶层的学生提供改变命运的机会。就解决贫困问题而言,几乎每所中国一流大学都承担了针对贫困地区的帮扶任务,通过学术和技术援助,增强当地的经济活力并提升社会发展水平。

  WCD6:不同国家和地区的世界一流大学,目标可能是一样的,但是通往目标的路径不一样,因此可能在功能的发挥上有所不同。譬如说中国目前要做的是扶贫,让西部也得到发展,让贫困的人群得到资助,让残疾人能够过上更好的、跟正常人一样的生活或者说是接近正常人的生活……这是中国一流大学尤其需要关注的。

另外,在作为全球(研究型大学)榜样上,中国一流大学主要是亚洲和本国一般研究型大学的榜样;并且,中国一流大学有着明显的精神/思想引领作用,这与中国一流大学强调的思想教育有关($N=10$)。

美国一流大学是重要的全球学术活动参与者,发挥着重要的全球角色($N=10$)。同时,美国一流大学是世界范围内许多顶尖大学联盟的组织者和领导者。美国一流大学的竞争力、影响力和声誉等在全球范围内都得到了广泛认可,这为其带来了全球范围内的权威地位。但是,美国一流大学在推动社会流动上一直遭受质疑,因为资源的分配不均、高昂的学费、极高的入学门槛等一度使得美国一流大学被认为是为阶级复制的工具($N=4$)。

  REL3:美国一流大学对来自贫困家庭的学生并非十分支持,顶尖的美国大学,比如哈佛大学,财力雄厚……但这些大学正在进行上层阶级的再生产……这些大学整合了上层阶级的资源,然后又培养出一批上层精英人士,

这是阶级复制……许多统计数据表明，即便顶尖的美国大学假装自己非常致力于服务社会发展与进步，但实际上，这些学校并未实现对推动社会流动作出的承诺。

同时，美国一流大学模式是全球范围内的研究型大学竞相模仿的对象($N=$9)。在很大程度上，美国一流大学既是国际学术标准制定者，也是各类学术理论的奠基者。但是，部分美国受访者认为，美国一流大学模式不应被视为唯一的世界一流大学模式；并且，美国文化和语言的主导性在某种程度上损害了研究型大学的多样性和发展潜力。例如，少数美国受访者认为，美国一流大学的职称评选制度和终身教职制度（tenure-track）使教师必须花费大量时间和精力、承受极大科研压力以在高水平英文学术期刊上发表多篇文章才能升职或转为终身教授。这种模式在某种程度上损害了大学的人才培养和社会服务功能的发挥，也导致了世界一流大学的趋同化发展。就科研论文的标准而言，两位分别来自英国和美国的受访者认为，大多数世界一流大学都将在英文期刊上发表论文列为评估一项研究是否是"（世界）一流"的标准，这是很狭隘的。

> WEL2：我认为"世界一流"的科学研究的标准是由盎格鲁—撒克逊为主导的文化来定义的。除了在一小部分以英语为写作语言的期刊上发文，还有其他方法来衡量科研质量的高低……这些期刊是那些来自盎格鲁—撒克逊文化或是在这种文化中受训练的研究人员的守护者……我一直怀疑这类做法的正确性，我把这样的现象称为"语言独裁主义"（Monoglotism）①，它歧视那些使用多种语言写作或在日常生活中使用多种语言的人。

欧洲一流大学在发挥特有功能/特殊使命上的特点在于其对开放存取（open access）、开放科学（open science）和知识共享（shared knowledge）的提倡，部分欧洲一流大学有针对开放存取科研活动的激励措施，鼓励信息与资源的全球自由流动（$N=11$）。欧洲一流大学普遍较高的国际化程度、多语言环境使其能够开展大量的跨境学术合作；但是，在大多数情况下，欧洲受访者（$N=6$）认为这些大学更多聚焦于欧洲社会而非全球社会。因此，部分欧洲一流大学的全球影响力不如美国一流大学。就服务全球共同利益的关注点而言，欧洲一流大学特别关注气候问题

---

① 语言独裁主义指的是一个国家的所有人口在生活的各个领域中对一种民族语言的规范使用（Monoglotism：The normative use of a single national language by a state's entire population in all spheres of life）。

和可持续发展问题。此外,就作为全球(研究型大学)榜样而言,德国的洪堡模式曾是世界各地研究型大学的模板。时至今日,世界各地仍有许多研究型大学沿用德国模式。德国大学的讲席制度(chair system)①也被其他很多国家的大学所采用。

WED4:欧洲一流大学正在努力变得更加全球化,肩负更多的全球使命……欧洲一流大学一直在尝试加入不同的合作伙伴关系、大学联盟等……欧洲一流大学正在试图走出欧洲,比如像美国大学一样开设国际分校,但一直还未取得很大的进展,因为大学要说服当地政府同意这一做法,而这真的很难。因为政府和公众对这类计划非常怀疑……所以,现在我们更多是通过建立合作伙伴关系发挥更大的全球作用。

第二节　世界一流大学功能国家/地区差异的影响因素

一、多种因素带来的影响

通过访谈可以发现,影响世界一流大学在发挥功能上产生国家/地区差异的因素主要有以下五个:① 历史文化;② 经费来源;③ 国家/政治因素;④ 国家发展水平;⑤ 大学管理架构。提及这五个因素的受访者人数见图 6-1。由于同一因素可能同时对多项功能产生影响,如历史文化因素同时导致了世界一流大学在发挥人才培养、科学研究和社会服务功能上的国家/地区差异。因此,本节将对各个因素进行逐一分析并就其对具体某项功能所造成的影响进行分析。

1. 历史文化

19 位受访者提及了历史文化对世界一流大学发挥功能产生的影响。受访者们认为,世界一流大学的建立与发展,都带有所属国家或地区历史与文化的痕迹,而正是由于这种不同的历史和文化积淀,才产生了多元化的、丰富多彩的世界一流大学。以欧洲大学,特别是德语区的世界一流大学(德国和奥地利)为例,这些大学承袭的是 17 世纪的德国洪堡模式,这种历史文化传统决定了这些大学非常重视科学研究与人才培养,而社会服务似乎成为一项额外的功能。与之形

---

① 讲席制度是大学根据研究方向的实际需求来设置讲席。每一个研究方向设置一个讲席。在讲席制下的"讲席教授"就是讲席拥有者。一个讲席中,通常只设立一位讲席教授,讲席教授就是这一研究领域的整体负责人。

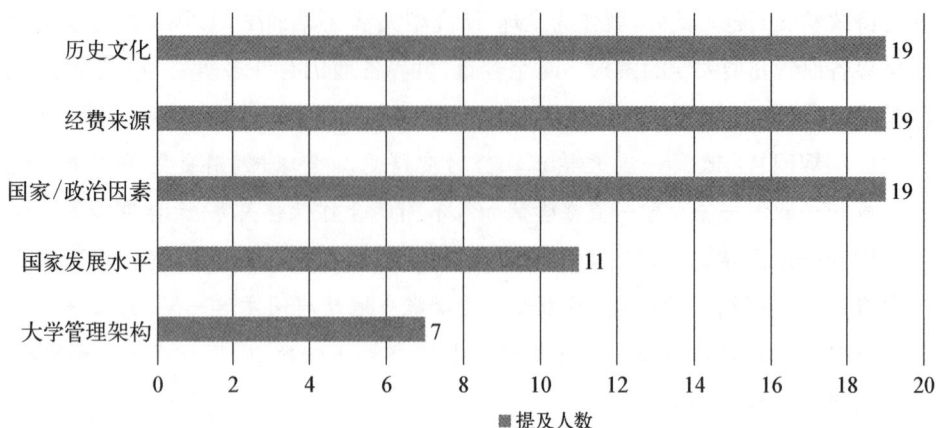

注：部分受访者同时提及多个影响因素。

图 6-1　受访者提及的相关影响因素

成鲜明对比的则是美国的世界一流（赠地）大学，这些大学在建校之初就有明确的为社会服务的使命，时至今日，即便已经历了 150 多年的发展，这些大学仍恪守着为社会服务的传统并不断扩展其边界、丰富其内涵。

  RED4：从某种意义上来说，不同地区世界一流大学的历史可能解释了不同的社会期望。根据所处地理位置的不同，大学之间的差异也很大。这与历史事件和大学的成立有关。大学是如何成长起来的？大学是否从建校之初就与当地社会相关，这是否带来了重大变化？我认为是文化和历史因素在这里发挥了作用。

2. 经费来源

19 位受访者认为经费来源造成了世界一流大学在发挥功能上的差异。受访者们认为，就公立的世界一流大学而言，除政府资助外，大学还有以下几种主要的资金来源：学费、捐赠、商业活动（如合同制研究）和其他收入（包括附属企业、医疗服务和教育活动的收入）等。资金的提供者构成了世界一流大学的利益相关者，很大程度上，"利益相关者的期待"影响着大学功能的发挥。就中国、美国和欧洲一流大学而言，这些大学的经费组成各不相同；例如，中国一流大学约有 50% 的经费来自政府，美国一流大学的政府投入占比较少（通常不作为其主要的收入来源），欧洲一流大学间的差异比较大，平均约有 50% 的资金来源于政府，英国一流大学有很大一部分资金来源于留学生学费，而瑞士一流大学则有

90％的经费来自政府。在此基础上,以中国和瑞士一流大学为例,两者首先都需要满足国家与社会需求。瑞士一流大学在这一点上更加明显,这些大学的资金来源——联邦政府或所属行政区(canton)——决定了其社会服务的范围;另外,瑞士提倡的"直接民主"(direct democracy)实际上是把一流大学与其所属的行政区域紧密联系在一起,大学的部分工作,如校园翻新和扩建等都需要得到当地社区的允许才能开展。同时,因政府投入占比较大,商业活动资金占比小,中国和大多数欧洲一流大学都非常强调在发挥功能上的公益性。此外,正如上文所述,美国一流大学科研活动的商业化趋势不断加强,这与政府拨款持续下降相关,大学不得不寻求其他资金来源以维持正常运作。

WCD4:这个原因还包括资金来源。如果政府资助多一些,你为政府服务也多一些。如果你的资金来源比较多样化,那你的利益相关者就更多,如何满足不同利益相关者的需求也是一个问题,比如说为企业提供技术支持,为校友开展教育培训,作为教育基地等。

3. 国家/政治因素

19位受访者认为,无论是世界一流大学的建立还是发展,都不可避免地带有所在国家体制和政策的相关痕迹。例如,美国赠地大学的兴建是国家政策的产物,1960年《加州高等教育总体规划》(*California Master Plan for Higher Education*)首次让数百万美国家庭有机会进入大学并缔造了世界上实力最强的公立研究型大学系统。其中,12位受访者认为,鉴于大多数公立世界一流大学的经费主要来自政府拨款,因此,这些大学在发挥各项功能上更多受到政府和国家政策的影响。这一点在中国和欧洲一流大学中尤其明显,例如,6位中国受访者认为,国家政策的引导作用,特别是重大国家战略、国家发展议程等都与中国一流大学紧密相关。当然,欧洲大学在某种程度上也受到国家政策的影响,例如,德国政府推行的大学"卓越计划"旨在提升德国大学的科研水平和国际影响力;英国政府(及相关部门)于2014年出台的"科研卓越框架"(REF)旨在增加公共资金用于提升知识交流的有效性,通过提供一系列支持以确保英国大学的科学研究处于世界一流水平。

REP3:如果想知道世界一流大学在发挥功能上有何不同,那就必须要研究相关的经济和技术驱动因素以及政治驱动因素。比如说,当我们观察德国或法国时,这两个国家都有教育卓越举措,是由政府的相关部门推动的。这取决于国家的政治议程以及大学可以在何种程度上获得激励来推广自己的计划。因此，我认为世界一流大学在发挥功能上的国家或地区差异取决于提出的国家议程、优先事项和可获得的资源。

4. 国家发展水平

11 位受访者认为，世界一流大学的产生和发展与国家经济发展水平密切相关，经济水平越高、越富裕的国家越可能拥有更多的世界一流大学；这些大学对国际问题和国际社会的关注度也更高。例如，在服务全球共同利益上，一国的发展水平既决定了该国的大学是否有服务全球共同利益的能力，也决定了大学在满足国家需求和服务全球共同利益上的资源和力量分配。同时，在不同的发展阶段，某一国的一流大学所发挥的功能也有所不同。

> WEP2：在不同国家和地区，世界一流大学在发挥功能上当然不同。我认为中国一流大学对社会有着坚定承诺，中国正在快速发展，大学满足国家和社会需求很重要，但随着中国的快速发展，中国一流大学的全球角色也越来越重要。如果再看看荷兰的大学，我们的侧重点可能又不一样。

5. 大学管理架构

7 位受访者认为，世界一流大学的管理架构在某种程度上也影响了大学发挥各项功能，如大学领导层的构成、大学与政府的关系、大学中相关部门的设立（如大学的国际化部门、校友办公室、政府政策协助部门等）等。例如，世界一流大学领导层的构成（政府任命、市场招聘、校内选拔）可能决定了大学发挥其功能的导向与侧重点；世界一流大学中国际化办公室的设立影响了其在国际教育、科研合作以及服务全球共同利益上的差别；校友办公室的设立影响了世界一流大学在校友服务工作上的表现；此外，世界一流大学中如果有专门的政策部门和支持机制则会帮助大学更多参与国家事务。

> WCL1：我觉得管理构架也会对世界一流大学发挥功能有所影响……比如在西方的大学中，校长的招聘是市场化的……校长对于大学是非常关键的……校长也会改变大学的一些特色。在国外的大学中有理事会，理事会对于校长的聘用是有导向的……

二、国家／地区差异的影响因素与世界一流大学的功能

如图 6 - 2 所示，就发挥人才培养功能而言，中国一流大学非常重视教育的

公益性,采取低学费政策且学生可通过多种渠道获得资助;采用竞争性入学机制;强调思想教育。美国一流大学普遍实行高学费政策,其教育公益性不断减弱;强调教学过程中师生地位的平等;研究生为本科生授课的情况普遍存在;部分美国一流大学聘请了大量的兼职讲师为本科生授课,而这已成为美国教育界普遍关注的问题之一;美国一流大学发挥人才培养功能的特色之一还在于其转学制度——为更多学生创造入读美国一流大学的机会;美国一流大学人才培养的国际化程度高。欧洲一流大学对公益性的重视程度各不相同,以学费政策为例,除英国之外的四个国家(瑞士、荷兰、德国和葡萄牙)均采用适度或低学费政策,其中德国采取免学费政策。以上四国均采取非竞争性的入学机制,在本科教育上奉行平等主义原则。此外,欧洲和中国一流大学本科教育的国际化程度不及美国一流大学。以上差异主要受到了历史文化、经费来源和国家/政治因素的影响。

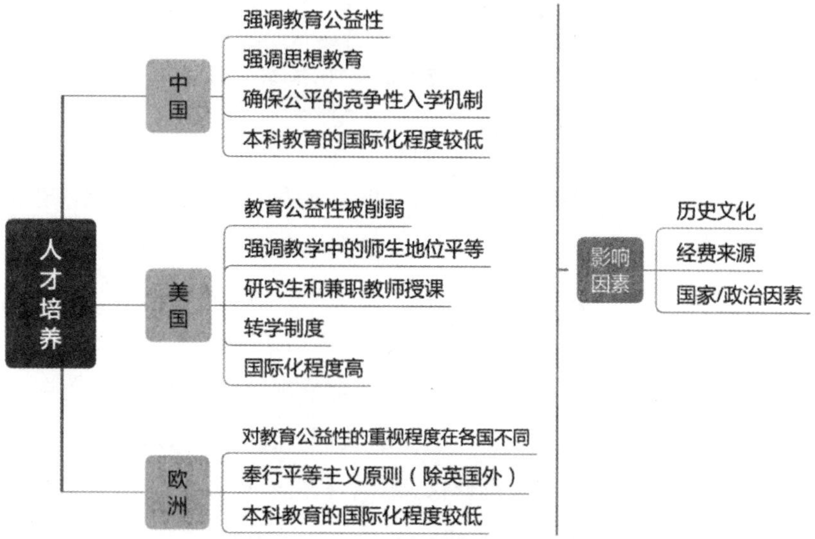

图 6‑2　世界一流大学在发挥人才培养功能上的
国家/地区差异及影响因素①

　　如图 6‑3 所示,就发挥科学研究功能而言,中国一流大学对科学研究功能的重视程度超过了人才培养和社会服务功能,在科学研究上投入巨大且重点关注理工类学科。美国一流大学科研活动的商业化趋势不断增强,大学承接的外

---

① 图中列出的影响因素是受访者主要提及的影响因素,不同国家/地区世界一流大学发挥人才培养功能可能还受到其他因素的影响。

部科研项目数量增加。欧洲一流大学将人才培养与科学研究功能放在同等重要的位置，重视跨学科科研合作，鼓励科研成果的开放存取并致力于推动开放科学的实现。以上差异主要受到了经费来源和国家/政治因素的影响。

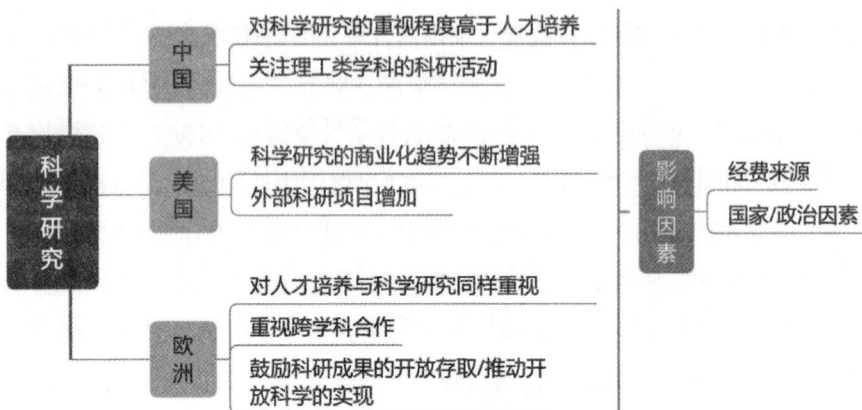

图 6-3   世界一流大学在发挥科学研究功能上的
国家/地区差异及影响因素①

　　如图 6-4 所示，在发挥社会服务功能上，中国一流大学的国家政策导向性非常明显；中国一流大学在社会服务上的国际角色日益彰显；中国一流大学对校友服务工作的重视程度渐增；仅有少数中国一流大学在教师考核中把"社会服务"列为一项考核指标。美国一流大学，特别是赠地大学的社会服务功能有着悠久的历史传统，美国一流大学大都非常重视社会服务功能；美国一流大学非常强调其服务于经济发展的重要作用；美国一流大学强调其在社会服务中的国际角色；美国一流大学非常重视校友服务工作；多数美国一流大学在教师考核中把"社会服务"列为一项考核指标。欧洲一流大学对社会服务功能的关注度低于中国和美国一流大学，近年来才开始关注社会服务；在教师的考核中几乎没有针对"社会服务"的考核指标；欧洲一流大学对校友服务工作的重视程度低。以上差异受到了历史文化、经费来源、国家/政治因素、国家发展水平和大学管理架构的影响。

① 图中列出的影响因素是受访者主要提及的影响因素，不同国家/地区世界一流大学发挥人才培养功能可能还受到其他因素的影响。

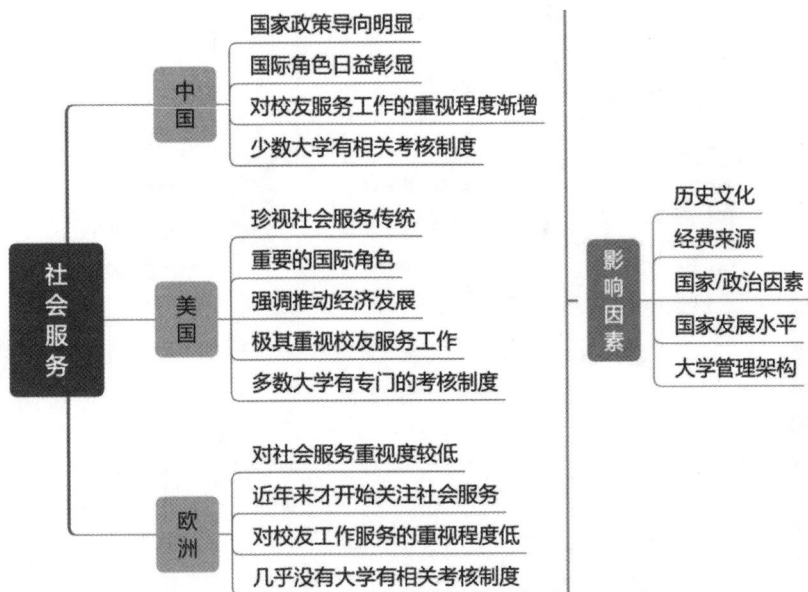

图 6 - 4　世界一流大学在发挥社会服务功能上的
国家/地区差异及影响因素①

　　此外,世界一流大学在发挥特有功能/特殊使命上的国家/地区差异及影响因素如图 6 - 5 所示。首先,在服务全球共同利益上,中国一流大学在满足国家需求的前提下为全球共同利益服务,强调构建人类命运共同体;中国一流大学在服务全球共同利益上的显著特点在于其对社会流动的推动和对贫困问题的缓解。美国一流大学在服务全球共同利益上一直是重要的参与者和行动者,但美国一流大学在推动社会流动上一直遭受质疑。欧洲一流大学大力提倡知识与数据共享,推动构建学术共同体。欧洲一流大学尤其关注全球气候与环境问题。但是,部分欧洲受访者认为欧洲一流大学更多聚焦于欧洲社会而非全球社会。以上差异受到了历史文化、经费来源、国家/政治因素、国家发展水平和大学管理架构的影响。

　　其次,在作为全球(研究型大学)榜样上,中国一流大学主要是亚洲和本国研究型大学的榜样且有着明显的精神/思想引领作用。美国一流大学是全球范围内的研究型大学竞相模仿的对象。在很大程度上,美国一流大学是国际学术标

---

① 图中列出的影响因素是受访者主要提及的影响因素,不同国家/地区世界一流大学发挥社会服务功能可能还受到其他因素的影响。

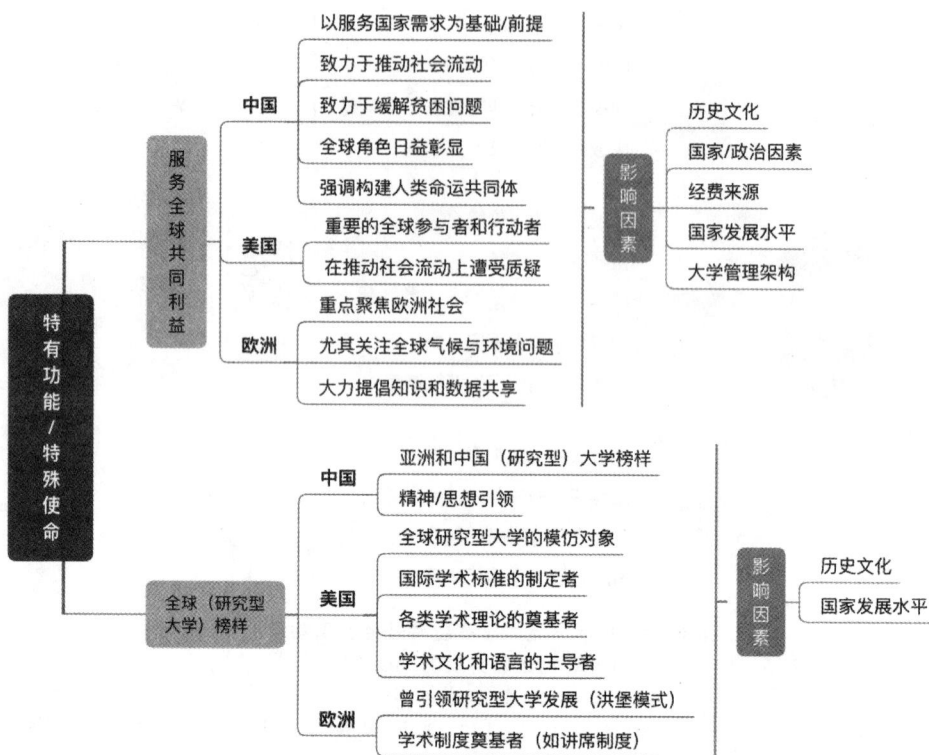

图 6-5　世界一流大学发挥特有功能/特殊使命的
国家/地区差异及影响因素

准的制定者，是各类学术理论的奠基者，也是世界范围内学术文化和语言的主导者。部分欧洲一流大学沿袭的德国洪堡模式曾是世界各地研究型大学的模板；并且，德国大学的讲席制度也被很多其他国家的大学所采用。以上差异受到了历史文化和国家发展水平的影响。

第三节　内外部因素影响着不同国家/
地区世界一流大学的功能

本研究的结果显示，中国、美国和欧洲一流大学在发挥功能上具备差异。这些差异主要受到了历史文化、经费来源、国家/政治因素、国家发展水平、大学管理架构等五个因素的影响。基于结构功能主义分析框架，结构与功能之间有着互动关系，结构的状况影响着功能的发挥，而功能的相应调整也会反作用于结构,引起结构的变化。本章的研究结果侧重于结构对功能的影响。就此而言,张国强认为,大学功能主要受到两种因素的影响,即大学的内部结构和外部社会/环境。[1][2] 在本研究中,不同国家/地区的大学在发挥功能上的差异侧面反映出内部结构和外部社会/环境所带来的影响;其中,内部结构与大学管理架构和经费来源相关,外部社会/环境与历史文化、国家/政治因素和国家发展水平相关。基于结构功能主义分析框架和上述研究结果,世界一流大学发挥功能国家/地区差异的影响因素分类及其关联性如图 6-6 所示。在此基础上,下文结合已有相关文献讨论了这五个因素对中国、美国和欧洲一流大学在发挥各项功能上的影响。

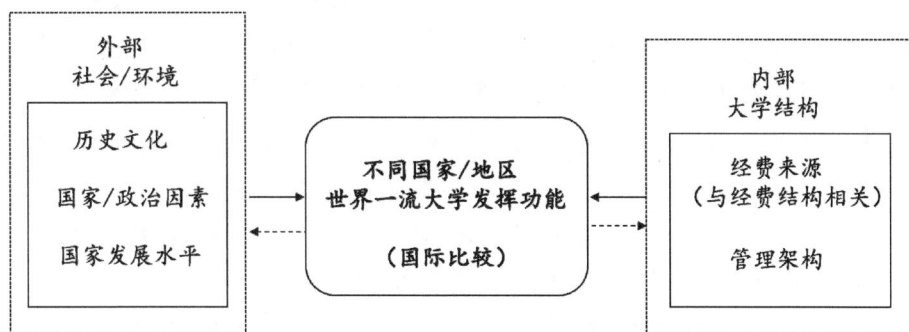

图 6-6　世界一流大学发挥功能国家/地区差异的影响因素分类及其关联性[3]

一、历史文化的影响

本研究的结果显示,世界一流大学的建立与发展都带有所属国家或地区历史与文化的痕迹;在此基础上,历史和文化造成了不同国家和地区的世界一流大学在发挥功能上的差异。正如马金森所说,世界一流大学是由不同教育文化塑造的,并且,高等教育的不同系统往往不是国家性的,而是区域性的或次

①　张国强.失调与重构:高等教育功能的历史省思[M].武汉:华中师范大学出版社,2018:30-35.
②　基于结构功能主义理论,大学的内部结构和外部社会/环境可同属"结构"范畴,因为在外部社会/环境中也存在相应的社会结构,它们也对大学功能造成影响。在此基础上,大学内部结构可被视作"微观结构",而外部社会/环境可被视作"宏观结构"。
③　本章内容侧重于世界一流大学内部结构和外部社会/环境对其发挥功能的影响,较少涉及功能对大学内部结构和外部社会/环境的反作用,故在此图中用虚线箭头表示。两个虚线箭头分别代表的是:(1)大学功能对于外部社会/环境的推动和抑制作用;(2)大学功能对结构的反作用,即功能引起结构的变化。

区域性的，反映了历史的重叠和文化的聚集。① 本研究的结果同样得到了法拉罗(Fararo)的支持，他强调了结构功能主义视角下的行动系统(大学)能将外部环境中大多数的外生事务转化为内生特征。例如，在高等教育系统中，大学共享的文化、某一学术部门特有的文化以及某一学科独特的文化均带有外部环境中的文化特征。② 在本研究中，历史文化对不同国家和地区的世界一流大学在发挥人才培养功能、社会服务功能以及特有功能/特殊使命上都造成了影响。

历史文化影响了不同国家和地区的世界一流大学发挥人才培养功能，主要体现在对教育公益性的重视程度不同、采用的入学机制不同。较之于美国一流大学，中国和欧洲(除英国外)一流大学更强调教育的公益性；中国一流大学采用竞争性且确保公平的入学机制，美国一流大学的入学机制带有精英主义色彩，而欧洲一流大学在入学机制上则遵循平等主义原则。马金森的研究解释了这一现象，他认为，就历史文化传统的影响而言，中国、美国、欧洲三个区域的高等教育分属四个高等教育系统，其中，中国属于后儒家系统，美国属于美国系统，欧洲大部分国家属于中欧和日耳曼系统，而同属欧洲的英国则属于威斯敏斯特系统。③即便马金森未将英、美大学归入同一文化系统，但就英、美大学的发展模式而言，两者同属盎格鲁—撒克逊体系。④ 马金森认为，美国的教育文化反映了20世纪的精英主义价值观和竞争意识，即教育是通向财富和地位的主要途径。⑤ 这解释了美国一流大学在发挥人才培养功能中的精英主义倾向，也印证了本研究中受访者对美国一流大学人才培养公益性的质疑。同样，与其他欧洲一流大学相比，英国一流大学(与美国一流大学类似)也缺乏对教育公益性的关注。这与雷谢尔的观点一致，即在英国一流大学(特别是英格兰大学)中，经常被公开贬低的

---

① MARGINSON S. Different roads to a shared goal: Political and cultural variation in world-class universities[M]//WANG Q, CHENG Y, LIU N C. Building world-class universities: Different approaches to a shared goal. Rotterdam: Brill Sense Publishers, 2013, 13 - 33.

② FARARO T J. Social action systems: Foundation and synthesis in sociological theory[M]. Westport: Praeger Publishers, 2001: 144 - 145.

③ MARGINSON S. Different roads to a shared goal: Political and cultural variation in world-class universities[M]//WANG Q, CHENG Y, LIU N C. Building world-class universities: Different approaches to a shared goal. Rotterdam: Brill Sense Publishers, 2013, 13 - 33.

④ 胡德鑫.我国世界一流大学建设的制度逻辑与路径选择[J].复旦教育论坛,2015,17(3): 74 - 80.

⑤ MARGINSON S. Different roads to a shared goal: Political and cultural variation in world-class universities[M]//WANG Q, CHENG Y, LIU N C. Building world-class universities: Different approaches to a shared goal. Rotterdam: Brill Sense Publishers, 2013, 13 - 33.

精英价值观在社会及政治选择和网络中仍然根深蒂固且影响着大学中的许多实践。尽管在社会、政治,甚至在财政方面,英国一流大学都在不断推动社会流动并增加入学机会,但这些大学却遇到了以精英价值维系社会实践的天花板。凭借政治意愿,这种阻碍还是难以消除。^① 与之形成鲜明对比的是,中国一流大学在发挥人才培养功能中对教育公益性的提倡。这不仅与政府政策和相关法律有关,也与中国的文化传统密不可分。例如,杨力苈指出,深受儒家文化影响的中国高等教育重视公益性和大学的公共性,因为儒家文化的代表人物孔子一直提倡教育的公共性和公益性。^② 这与本研究中其他欧洲(大陆)国家奉行的平等主义文化传统有相近之处。这种平等主义文化在高等教育中表现为只要学生完成高中课程并通过毕业考试,就可选择进入本国任一所一流大学学习。也就是说,这些国家大都采用非竞争性的入学机制,未对入读大学设置严格的筛选机制。沃尔芬斯伯格(Wolfensberger)认为,在高等教育中奉行平等主义的欧洲国家包括荷兰、德国、奥地利、瑞士以及芬兰、瑞典等北欧国家。平等主义的核心在于通过教育将平等机会作为通往财富和地位的道路,这一机会向社会所有人开放。在这些国家中,高等教育的选择性、竞争性和分层机制仍不是普遍存在的现象。^③ 但需要注意的是,即便中国一流大学与欧洲一流大学都重视教育的公益性,但中国一流大学却强调竞争性的入学机制。马金森的研究从历史文化角度解释了这一现象,他认为与欧洲和北美相比,继承儒家文化的东亚国家和地区对教育的尊重由来已久且根深蒂固,通过考试获得社会和教育资源的竞争性也从侧面支撑了高等教育的价值。^④ 但需要指出的是,这里的"竞争性"是以追求公平为基础的,最终是为了达到"择优录取"的目的,这与中国历史上提倡"择优录取"的考试制度一脉相承。

① REICHERT S. Institutional diversity in European higher education. Tensions and challenges for policy makers and institutional leaders[EB/OL]. (2009 - 12 - 02)[2019 - 07 - 13]. https://eua.eu/downloads/publications/institutional%20diversity%20in%20european%20higher%20educational%20diversity%20in%20european%20higher%20education%20%20tensions%20and%20challenges.pdf.
② YANG L L. The public role of higher learning in Imperial China. CGHE working paper[EB/OL]. [2018 - 05 - 04]. https://www.researchcghe.org/perch/resources/publications/wp28.pdf.
③ WOLFENSBERGER M V. Talent development in European higher education[M]. Cham: Springer International Publishing, 2015: 16 - 17.
④ MARGINSON S. Different roads to a shared goal: Political and cultural variation in world-class universities[M]//WANG Q, CHENG Y, LIU N C. Building world-class universities: Different approaches to a shared goal. Rotterdam: Brill Sense Publishers, 2013, 13 - 33.

历史文化影响了不同国家和地区的世界一流大学发挥社会服务功能，主要体现在中国、美国和欧洲一流大学对社会服务功能的重视程度不同、社会服务的内容不同。本研究的结果显示，美国一流大学非常重视社会服务功能，重视大学对经济的推动作用。但在欧洲，很多曾沿袭德国洪堡模式的欧洲一流大学并不认为社会服务是大学的基本功能之一。这些欧洲一流大学认为社会服务功能是一项额外的、新增加的功能，这些大学对社会服务功能的关注（尤其是大学对所属城市和国内区域所做的贡献）是近年来才出现的。中国一流大学对社会服务功能的关注介于两者之间。正如马奇（March）所说，大学成立之初的时代特征非常重要，时代特征带来了影响大学发展的基础的、非正式规范和价值观，这对大学以后的发展轨迹将产生深远影响。[①] 很多美国一流大学是由19世纪60年代创办的赠地大学演变而来，创立这些学校是为了服务区域需求，推动经济发展。但是，这一理念与当时欧洲大学的传统相背离——欧洲大学认为人才培养与科学研究才是大学的主要功能。时至今日，两种不同历史传统仍然影响着美国和欧洲一流大学发挥社会服务功能。

历史文化影响了不同国家和地区的世界一流大学发挥特有功能/特殊使命。例如，较之于美国和欧洲一流大学，中国一流大学尤其强调构建人类命运共同体。这一差异凸显了中国文化对中国一流大学发挥功能的影响，因为中国文化强调包容性和集体主义，重视人际合作和社会责任，鼓励人们互相帮助、共同参与、合作解决问题。正如杨锐和李梦洋所说，中华文明蕴含着包容的智慧，较之于源自西方的"民族国家"概念，中国文化传统中"天下"的概念更适合今天唇齿相依的国际共同体。中国众多的民族以及观念迥异的不同文化在漫长的历史进程中不断交融，最终形成多元和包容的中华文明。[②] 基于第五章的论述可知，在西方化浪潮席卷全球、文明的多样性受到威胁的当下，中华文明所蕴含的"世界主义"精神能为重构全球化和不同文明之间的关系做出重要而独特的贡献。此外，中、美两国一流大学在发挥特有功能/特殊使命以推动社会流动上也显现出差异，这也可归因于前文所提及的两国教育文化的差异。深受儒家文化影响的中国高等教育重视公益性和大学的公共性，重视高等教育的公平性；而美国的教

---

① MARCH J G. Primer on Decision Making：How Decisions Happen[M]. New York：The Free Press，1994：93.
② 杨锐，李梦洋.中国顶尖大学的文化使命[N/OL].光明日报，2017 - 11 - 28[2019 - 10 - 10]. https://news.gmw.cn/2017 - 11/28/content_26928558.htm.

育文化暗含着 20 世纪的精英主义价值观和竞争意识。这就导致了公众将入读中国一流大学视为普通民众改变命运的途径,而美国一流大学则因高学费和高入学门槛在某些情况下被贴上了"阶级复制"的标签。

由此可见,作为外部因素的历史文化(与外部社会/环境有关)造成了中国、美国和欧洲一流大学在发挥各项功能上的差异。有关历史文化对高等教育影响的研究在某种程度上对这一现象做出了解释。总的来说,中国、美国和欧洲的文化各不相同,秉持的高等教育理念与价值观各异,在发展过程中积淀下来的历史传统也存在差异。这既带来了多元化的世界一流大学,也带来了世界一流大学在发挥各项功能上的差异,再次印证了世界一流大学所具备的多样性。

二、经费来源的影响

本研究的结果显示,世界一流大学的经费来源是影响其在发挥功能上具备差异的重要因素,因为资金的提供者构成了世界一流大学的利益相关者,很大程度上,"利益相关者的期待"影响着世界一流大学功能的发挥。经费来源对不同国家和地区的世界一流大学在发挥三大基本功能以及特有功能/特殊使命上都造成了影响。

就中国、美国和欧洲一流大学而言,其经费组成各不相同,主要可分为政府/公共投入和市场收入两部分,由此也可反映出政府与市场在高等教育资源配置中的情况。在此基础上,以政府投入为主的世界一流大学,如中国一流大学和大部分欧洲一流大学,在发挥各项功能上,首先需要满足公共需求,重视教育公益性;以市场收入为主的世界一流大学,如美国一流大学,各类学术活动的商业化趋势渐增,对教育公益性的重视不足。胡德鑫和周光礼等对这一现象做出了解释,依据政府与市场在高等教育资源配置中的不同作用,他们认为世界范围内有两种不同的高等教育发展体系,分别是盎格鲁—撒克逊体系(英美体系[①])和罗马体系(欧洲大陆体系)。[②③] 具体而言,英美体系奉行自由主义理念,强调学术自治,重视学术自由,学术逻辑发挥着主导作用,认为世界一流大学是自由竞争

---

① 事实上,本研究的结果显示,英国一流大学的情况介于美国一流大学和欧洲大陆一流大学之间,既强调自由竞争,也重视政府引导。
② 胡德鑫.我国世界一流大学建设的制度逻辑与路径选择[J].复旦教育论坛,2015,17(3):74-80.
③ 周光礼,蔡三发,徐贤春,等.世界一流大学的建设与评价:国际经验与中国探索[J].中国高教研究,2019,(9):22-28+34.

的产物。① 欧洲大陆体系则遵循政治逻辑，奉行民族主义理念，强调政府控制与财政支持，注重国家需求，强调世界一流大学的产生是政府指定的。事实上，这样的划分同样也体现了本研究中所提出的国家/政治因素对世界一流大学发挥功能所带来的影响，因为世界一流大学的经费来源也与一国政治文化密切相关。正如阿特巴赫和萨尔米所指出的那样，世界一流大学需要充足的经费，部分世界一流大学主要由国家资助，另一些大学则主要依赖私人经费，如通过向学生收取高昂的学费。这种差异源于成本分担的政治经济学，反映了政治文化的差异，包括国家、大学和家庭之间责任平衡的不同观念。②

　　根据上面的分类，结合本研究的结果可知，中国和欧洲一流大学（除英国一流大学外）带有浓厚的欧洲大陆体系色彩，政府及其拨款在大学发展中扮演着非常重要的角色。因此，中国和欧洲一流大学在发挥各项功能上大都非常重视公共需求，如瑞士一流大学非常重视本土联系③、中国一流大学社会服务的内容常与国家发展需求密切相关。这一结果与黄福涛的观点一致，他认为目前东亚几乎所有的世界一流大学都是在学习和模仿西方大学的基础上由政府直接设置、管理和拨款；从成立之初起，这些大学几乎都直接服务于国家和社会近代化，培养政府高级管理人才和社会精英，带有极强的公益性。并且，在相关政策制定、资源配置特别是财政拨款等方面，东亚国家的政府对这些一流大学的支持力度远超其他一般研究型大学。④

　　与中国和欧洲一流大学（除英国一流大学外）形成鲜明对比的是美国一流大学，鉴于美国是世界上最大的高等教育出口国，无论是公立大学还是私立大学，大部分都发展成为具有很强竞争性的"企业型机构"。在这样的背景下，正如本研究的结果显示，美国一流大学中提供的教育有成为"全球业务"的可能性。这

---

① 尽管在美国有加利福尼亚州、得克萨斯州这样以规划引导的区域高等教育体系，但整个高等教育系统的分层原则（如世界一流大学地位的获得）是以各院校相互竞争为基础的，各院校通过在市场上竞争获得有助于提升学术名望的资源，如著名教授、学术声誉、科研经费和捐赠等，从而提升院校地位。

② ALTBACH P, SALMI J. The road to academic excellence: Emerging research universities in developing and transition countries[M]. Washington, DC.: The World Bank, 2011: 3.

③ 注：在世界大学学术排名中，瑞士共有五所大学位列前 100 位；其中，洛桑联邦理工学院（Swiss Federal Institute of Technology Lausanne, EPFL）和苏黎世联邦理工学院（Swiss Federal Institute of Technology Zurich, ETH）直接由联邦政府资助，苏黎世大学（University of Zurich）、日内瓦大学（University of Geneva）和巴塞尔大学（University of Basel）由行政区（canton）政府资助；联邦政府资助的大学对本土服务的关注度低于行政区政府资助的一流大学。当然，瑞士一流大学关注本土联系也与其奉行的"直接民主"体制有关（详见本章研究结果部分的内容）。

④ 黄福涛.什么是世界一流大学的本科教育[J].高等教育研究，2017,38(8)：1-9.

符合克拉克(Clark)①的观点,即美国高等教育系统的走向更多以市场为导向,主要关注的是劳动力市场、企业或其他类似利益相关方的需求。显而易见的是,美国大学是具有明确竞争精神的组织行动者。与此同时,美国一流大学中科研活动的商业化趋势不断加强。但是,科研商业化的出现不一定是完全无益的。联合国教科文组织指出,高等教育和科研活动呈现的商业化具有两面性,优点在于多样化大学的资金来源,从而减少大学对政府的依赖;缺点则在于商品化人才培养与科学研究的首要目的是盈利。② 因此,知识得到应用比发现和产出新知识重要得多,高等教育的公益性受到了损害,资源将向竞争力最强的大学集中,甚至以投资回报原则的名义将科学研究功能和人才培养功能分离。这虽然可以促进最尖端的学科的发展(因为通信科技、生物、医药等通常可以带来极高的经济效益),但却是以牺牲商业价值较低的人文学科为代价的。因此,在本研究强调世界一流大学具备特有功能/特殊使命(具体表现在世界一流大学服务全球共同利益、作为全球研究型大学榜样)的前提下,将世界一流大学中的学术活动市场化和商业化是弊大于利的。

总的来说,作为大学内部结构要素之一的经费来源(与经费结构有关)造成了中国、美国和欧洲一流大学在发挥各项功能上的差异。世界一流大学不同的经费来源同时也体现了政府与市场在高等教育资源配置中的情况,由此出现了英美体系和欧洲大陆体系的划分。受到经费来源的影响,较之于美国一流大学,中国和欧洲一流大学在发挥各项功能上更重视国家需求和公共需求。与此同时,经费来源也影响了不同国家和地区的世界一流大学对教育公益性的重视程度。

三、国家/政治因素的影响

本研究的结果显示,世界一流大学的建立和发展都不可避免地带有所在国家体制和政策的影响痕迹。就此而言,在结构功能主义视角下,正如教育的存在和发展受到了社会适应系统和政治目标系统的影响和限制,③作为教育系统的一个组成部分,世界一流大学也深受国家/政治因素的影响。国家/政治因素对

① CLARK B R. The higher education system: Academic organization in cross-national perspective[M]. Berkeley: University of California Press, 1986: 207.
② UNESCO. Towards knowledge societies: UNESCO world report[EB/OL]. (2006 - 11 - 17)[2016 - 05 - 04]. https://unesdoc.unesco.org/ark:/48223/pf0000141843.
③ 文军.当代社会学理论[M].北京:中国人民大学出版社,2019:178 - 199.

不同国家和地区的世界一流大学在发挥三大基本功能以及特有功能/特殊使命上都造成了影响。大多数公立世界一流大学的经费主要来自政府拨款，因此，这些大学在发挥各项功能上更多受到政府和国家政策的影响。这一点在中国和欧洲一流大学中尤其明显。

　　基于上文对英美体系和欧洲大陆体系两种不同的高等教育发展体系的分析可以发现，与欧洲大陆国家一样，中国乃至整个东亚的高等教育都带有浓厚的欧洲大陆体系色彩。在东亚国家中，政府的引导在高等教育中不可或缺，在建设和发展世界一流大学的过程中也发挥着关键作用，特别是在快速聚集资源以实现目标上。马金森认为，如果没有政府的参与，东亚的高等教育很难获得巨大的进步。① 由此可见，国家/政治因素很大程度上影响了东亚和欧洲（除英国外）一流大学功能的发挥。以中国一流大学为例，多位受访者指出，在发挥社会服务功能上，中国一流大学首先要满足国家需求，在为国家发展服务的同时参与国际事务、推动国际社会发展。正如杨金龙、王战军和蓝文婷等学者所说，中国一流大学的快速发展离不开国家的大力支持，通过发挥社会服务功能，促进国家和社会发展，也是其对国家、社会扶持的反馈与责任的体现。②③ 同样，本研究中的欧洲（除英国外）一流大学在发挥人才培养功能中奉行的平等主义原则也与国家政策相关。这些欧洲一流大学提倡非竞争性的入学机制，在本科生教育上奉行平等主义原则既是其文化传统的一部分，也是国家意识形态的显现。对欧洲的本科生而言，就读大学与接受义务教育一样，都是人与生俱来的权利。因此，在一些欧洲国家，除部分热门专业（如医学、法律等）外，大学基本上不对学生进行筛选。即便存在相应的高中毕业考试，但却不存在竞争性的入学机制，学校也不会根据成绩区分学生层次，学生只要通过毕业考试即可入读大学。而在倡导平等主义的德国，高等教育实行免学费政策，这得到了国家法律的支持，因为德国宪法的第5.3条规定："艺术与科学，科研与教育应该是免费的。"④

① MARGINSON S. Nation-states, educational traditions and the WCU project[M]//SHIN J C, KEHM B M. Institutionalization of world-class university in global competition. Dordrecht, Heidelberg, New York, London：Springer，2013，59 - 77.

② 杨金龙.责任、使命、作为：新时代一流大学建设的探索与实践[J].学位与研究生教育,2018,(9)：1 - 5.

③ 王战军,蓝文婷.新时代一流大学的内涵探析[J].现代教育管理,2019,(8)：1 - 7.

④ HÜTHER O, KRÜCKEN G. Higher education in Germany：Recent developments in an international perspective[M]. Berlin：Springer，2018：xi.

总的来说,作为外部因素的国家/政治因素(与外部社会/环境有关)造成了中国、美国和欧洲一流大学在发挥功能上的差异,这与经费来源带来的差异有相似之处,都突出了国家和政府在高等教育中的作用。较之美国一流大学,这一因素对中国和欧洲一流大学在发挥功能上的影响尤为明显。

四、国家发展水平的影响

本研究的结果显示,世界一流大学的产生和发展与国家发展水平密切相关,经济水平越发达的国家越可能有更多世界一流大学,这些大学对国际问题和国际社会的关注度也更高。在不同的国家发展阶段,一国的一流大学所发挥的功能也有所不同。国家发展水平对不同国家和地区的世界一流大学在发挥社会服务功能及特有功能/特殊使命上造成了影响。

在本研究中,中国、美国和欧洲一流大学在发挥社会服务功能上的最大差异在于中国一流大学的国家政策导向性强于美国和欧洲一流大学。原因在于,中国的国家发展水平相对而言落后于美国和欧洲发达国家,与美国和欧洲一流大学相比,中国一流大学属于"后发型"的世界一流大学,中国一流大学的发展除受到外部国际竞争压力的推动外,也与中国的国家阶段性目标和内在需求密切相关,如建设高等教育强国、建设创新型国家的内在需求。因此,与其他东亚国家的一流大学一样(如新加坡国立大学),中国一流大学的崛起很大程度上是国家政策支持的结果,是国家在高等教育发展过程中实施的战略行动。[1][2] 也就是说,就中国目前所处的发展阶段而言,国家发展需要中国一流大学的参与,中国一流大学也有能力做出贡献。当然,正如前文所述,这与中国一流大学作为公立大学的性质(以政府拨款为主要经费来源)也密切相关。

国家发展水平还影响了不同国家和地区的世界一流大学发挥特有功能/特殊使命,特别是在世界一流大学作为全球(研究型大学)榜样上。较之美国和欧洲一流大学,中国一流大学主要是亚洲和本国(研究型)大学的榜样;而美国一流大学是全球范围内的研究型大学竞相模仿的对象,并且,美国一流大学是国际学术标准制定者,也是各类学术理论的奠基者;大多数欧洲一流大学沿袭的(德国)

① 薛珊,刘志民."后发型"世界一流大学建设的路径及启示——以新加坡两所大学为例[J].高校教育管理,2019,13(4):27-38.
② 周光礼,蔡三发,徐贤春,等.世界一流大学的建设与评价:国际经验与中国探索[J].中国高教研究,2019,(9):22-28+34.

洪堡模式也曾是世界各地研究型大学的模板。由此可见，在彰显全球学术影响力和学术吸引力上，中国一流大学略逊色于美国和欧洲一流大学。迟景明的研究解释了这一现象，他认为国家强盛是世界一流大学存在的前提条件，强盛的国家除了可为大学的发展提供充足的资源外，还可以将其在地区或世界政治经济体系中的主导地位扩展至高等教育领域。[①] 近代以来，意大利、英国、法国、德国、日本、苏联、美国等大国相继崛起，与此相随，世界高等教育中心或世界科学中心（即一流大学的区域集聚）也经历了从意大利（1540～1610 年）、英国（1660～1730 年）、法国（1770～1830 年）、德国（1810～1920 年）、美国（1920 年至今）五个中心、四次转移的过程。[②] 这就解释了德国大学模式和美国大学模式在全球高等教育中的主导地位；并且，随着世界高等教育中心由德国转向美国，美国一流大学逐渐成为世界范围内研究型大学追随的榜样。

总的来说，作为外部因素的国家发展水平（与外部社会/环境有关）对世界一流大学的发展至关重要，没有强大的国力，就没有世界一流大学快速成长的沃土。国家发展水平既决定了该国的大学是否有发挥相应功能所匹配的资源、能力和影响力，也决定了大学在服务国家需求和服务全球共同利益上的力量分配。没有强大的国家作为后盾，世界一流大学无法为全球共同利益服务，更不可能成为全球（研究型大学）榜样。

五、大学管理架构的影响

本研究的结果显示，世界一流大学的管理架构在一定程度上也影响了其功能的发挥。本研究中涉及的世界一流大学的管理架构主要包括以下两方面的内容：大学（管理）与政府的关系（涉及大学领导层的构成）和学校中相关部门的设立。大学管理架构主要对不同国家和地区的世界一流大学在发挥社会服务功能以及特有功能/特殊使命上造成了影响。

依据本研究的结果和上述分析可知，中国、美国、欧洲三地的世界一流大学在不同程度上受到了政府的影响，这些大学在发挥社会服务功能和特有功能/特殊使命上有所差异。例如，中国一流大学在发挥特有功能/特殊使命时（特别是在服务全球共同利益上）关注国家需求，在发挥其社会服务功能上的国家政策导

① 迟景明.科学中心转移与高等教育中心转移之间的关系[J].教育科学,2003,19(6)：35-37.
② 何舜辉.世界科学中心转移过程与形成机制[D].上海：华东师范大学,2019：100-101.

向性较强。这是由于政府作为高等教育重要的权力来源对中国一流大学的发展及日常运作影响巨大。[①] 相比之下,美国一流大学的决策及其治理实行分权制,董事会是学校的最高决策与权力机构,董事会的专家一般是校外人士,包括官员、企业家和银行家等人,校长由董事会任命,代表董事会治校。[②] 在此基础上,美国一流大学在发挥各项功能上受到政府的影响较弱,但来自董事会的影响较大。董事会成员来自各个行业,对大学的期待也各不相同,因此,大学在发挥功能时也会受到影响。就欧洲一流大学而言,其管理架构比较复杂,每个国家都或多或少地带有国家特色,呈现为相应的国家模式,例如德国模式,该模式的特点是大学自治与民族主义相结合。德国大学自诞生起就属于国家机构,校长(由评议会选举产生)和教授的任免权在国家;同时,大学自治的思想根深蒂固,学术自由广被认可,"洪堡传统"仍是制定教育政策的指导思想。但是,德国的大学自治只是相对的自治,是不可能完全独立于国家的。因此,德国大学模式也被称为"国家制自治模式"。[③] 德国大学是由国家控制的,不依赖第三方资助和通过社会服务来获得资金。在德国大学中,竞争和市场化的理念很弱;同时,法律规定国家不能强制要求大学为其服务。因此,德国一流大学并不关注社会服务的功能。但有趣的一点在于,在1810年德国柏林大学创建之时,该大学被寄予了振兴国家的厚望,其使命是挽救国家于危难之中。但即便如此,在德国,"大学自治"作为一个大学理念首先被确定下来,即"国家绝不能要求大学直接和完全地为国家服务",因为德国宪法规定,国家政府只有外交、财政、邮政、交通等方面的行政权,不享有教育行政管理权。[④] 所以,在欧洲一流大学中,特别是沿袭了德国模式的欧洲大陆大学中,为国家服务不是其发挥社会服务功能的主要导向,国家也不能强制要求大学为其服务。

除此之外,本研究的结果显示,中国、美国和欧洲一流大学校内相关部门的设置也带来了这些大学在发挥社会服务功能上的差异。三地的世界一流大学校对社会服务功能的重视程度和社会参与度由高到低依次为:美国一流大学、中国一流大学、欧洲一流大学。这一现象的出现与大学内部相关部门的设置密切

---

①　陈丽媛,刘念才.世界一流大学建设的中国模式及其国际影响[J].教育研究,2019,(6):105-115.
②　DUDERSTADT J J. A university for the 21st century[M]. Ann Arbor: University of Michigan Press;2009:272.
③　肖军.从管控到治理:德国大学管理模式历史变迁研究[J].比较教育研究,2018,(12):67-74.
④　左崇良.大学治理的欧洲当代模式与国际比较[J].北京教育:高教版,2015,(10):78-80.

相关。专门部门的设置体现出世界一流大学在某方面开展工作是带有明确的目标和指向性的，是有组织、有准备的，而不是松散的或是随机的。例如，大部分美国一流大学设置了专门的社会/公共服务办公室、联邦/州/社区关系办公室，主要负责建立并维持大学与国家、州、所在城市、社会组织及社区直接的有效联系，以此增强大学为社会服务的能力并提升大学的国内外影响力。当然，联邦/州/社区关系办公室还有一项重要任务就是通过参与讨论、进行游说等方式，表明大学在服务国家和（国内）区域经济发展中做出的贡献，以争取政府拨款。相比之下，中国一流大学虽然也很重视社会服务功能，但多数学校暂时还未成立相应的专门办公室；而在欧洲一流大学中，也少有类似办公室的存在。

　　总的来说，作为大学内部结构要素之一的大学管理架构影响着世界一流大学功能的发挥，大学（管理）与政府的关系、校内部门的设立等都对世界一流大学发挥功能产生了引导和协调作用；与此同时，大学为了更好地发挥其各项功能，也会相应地调整其内部结构和设置。世界一流大学管理架构对其发挥功能所带来的影响不仅显示出世界一流大学内部的运行模式，也反映出世界一流大学与外部社会中各利益相关者的互动方式。

　　由此可见，已有相关研究从多个角度间接对本研究的结果起到了解释和支撑作用。在此基础上，本研究的结果扩充了已有研究的内容，首次在结构功能主义视角下系统地对比了不同国家和地区的世界一流大学在发挥各项功能上的差异并深入分析和讨论了相关的影响因素。

本 章 小 结

　　基于访谈和问卷结果，本研究发现中国、美国和欧洲一流大学在功能发挥上存在差异，这主要受到了历史文化、经费来源、国家/政治因素、国家发展水平和大学管理架构等因素的影响。

　　就发挥三大基本功能而言，在发挥人才培养功能上，中国、美国和欧洲一流大学的差异主要体现在对教育公益性的重视程度不同，采取的学费政策也不同；本科阶段的国际化程度不同；入学机制不同（竞争性和非竞争性）。这些差异主要受到了历史文化、经费来源和国家/政治因素的影响。在发挥科学研究功能上，中国一流大学在科学研究上投入巨大且重点关注理工类学科而非人文学科；

美国一流大学科研活动的商业化趋势不断加强；欧洲一流大学将人才培养与科学研究放在同等重要的位置，重视跨学科的科研合作，鼓励开放存取并致力于推动开放科学的实现。这些差异主要受到了经费来源和国家/政治因素的影响。在发挥社会服务功能上，中国、美国和欧洲一流大学的差异主要体现在以下几个方面：① 国家政策导向性，中国一流大学在发挥社会服务功能上的国家政策导向性强于美国和欧洲一流大学；② 服务国际社会，中国一流大学的国际角色日益彰显，美国一流大学一直是重要的国际参与者和行动者，欧洲一流大学对服务（国际和本土）社会的关注近年来逐渐增加；③ 经济服务，较之于中国和欧洲一流大学，美国一流大学尤其强调其服务于经济发展的重要作用；④ 校友服务工作，较之于中国和欧洲一流大学，美国一流大学非常强调校友服务工作；⑤ 考核机制，部分中国一流大学近年来增加了与社会服务相关的教师考核制度；大多数美国一流大学在教师考核中对参与社会服务有明确规定；欧洲一流大学几乎没有与社会服务相关的教师考核制度。这些差异主要受到了历史文化、经费来源、国家/政治因素、国家发展水平和大学管理架构的影响。

就发挥特有功能/特殊使命而言，首先，在服务全球共同利益上，中国一流大学强调在服务国家需求的前提下为全球共同利益服务，强调构建人类命运共同体；中国一流大学致力于推动社会流动和解决贫困问题。美国一流大学是重要的全球参与者并具备全球影响力；但是，美国一流大学在推动社会流动上一直遭受质疑。欧洲一流大学大力提倡开放存取和开放科学，以此推动全球知识共享和学术共同体的构建；但是，大部分欧洲一流大学的全球影响力不如美国一流大学。这些差异主要受到了历史文化、经费来源、国家/政治因素、国家发展水平和大学管理架构的影响。其次，在作为全球（研究型大学）榜样上，中国一流大学主要是亚洲和本国（研究型）大学的榜样，还有着明显的精神/思想引领作用。美国一流大学是全球范围内的研究型大学竞相模仿的对象。在很大程度上，美国一流大学是国际学术标准的制定者，也是各类学术理论的奠基者。部分欧洲一流大学沿袭的德国洪堡模式曾是世界各地研究型大学的模板；并且，德国大学的讲席制度也被很多其他国家的大学所采用。这些差异主要受到了历史文化和国家发展水平的影响。

本章内容尤其体现了结构功能主义视角下结构与功能的互动关系且侧重于结构对功能的影响；其中，内部结构与大学管理架构和经费来源相关，外部社会/

环境与历史文化、国家/政治因素和国家发展水平相关。当然，这里的外部社会/环境与大学功能的关系也可从另一个视角进行解读，即不同国家/地区大学所发挥的功能与其"宏观的"社会结构之间的关系（如国家/地区的历史文化、政治、经济等对大学功能所带来的影响）。也就是说，世界一流大学都有其特别具体的历史文化情境和现实"关系"处境，各国大学的发展及其功能的发挥都受到了其所处的政治、经济、历史文化等多种因素变化形成的时代背景的影响，由此也构成了不同国家/地区的世界一流大学本身的"具体性"和"现实性"。总的来说，世界一流大学并非"千校一面"，不同大学身处不同的社会环境，有着不同的结构特征，也因此在发挥各项功能上各有所长、有所差异。

第七章
世界一流大学功能的未来变化及影响因素

从大学的发展史来看,不断更新自己的功能是大学传统绵延千年而不致衰败的根本原因。每一次大学新功能的出现,就是大学顺应社会需要的一次"进化",也是大学发展方向的一次转型,[①]世界一流大学也不例外。在此背景下,本研究将预测世界一流大学功能的未来变化并探索造成这些变化的原因。因此,本章回答的是第四个研究问题,即:世界一流大学的功能在未来会有哪些变化?有哪些因素将会影响世界一流大学功能未来变化?基于这一问题,本章的数据收集方法包括访谈法和问卷调查法。本章的主要内容如下:首先对世界一流大学功能的未来变化进行了预测性分析;然后系统分析影响世界一流大学功能未来变化的因素;最后对上述两部分内容进行深入讨论和总结。

第一节 世界一流大学功能未来
变化的预测

一、世界一流大学基本功能的未来变化预测

在访谈中,大部分受访者($N=58$)认为世界一流大学的三大基本功能在未来会产生变化,有 1 位受访者认为不会有变化,有 15 人不确定是否会有变化。在认为世界一流大学功能会发生变化的受访者($N=58$)[②]中,大多数人($N=54$)认为世界一流大学三大基本功能的内容和形式会发生改变;有 12 人认为世界一

---

① 刘小强,黄知弦,蒋喜锋.知识、经济的双重转型与一流大学建设的范式转变——新加坡国立大学建设"全球知识企业"实践和启示[J].清华大学教育研究,2019,40(4):64-70.
② 在所有 58 位受访者中,部分受访者同时提及两种及以上的观点。

流大学对三大基本功能的重视程度会发生改变，如社会服务会变得越来越重要；有6人认为三大基本功能间的界限将会变得越来越模糊，三大基本功能会更加紧密结合并相互补充和促进，例如，科研与教学相融合、服务型学习（service learning）的理念将会更加流行。

　　以上访谈结果得到了问卷结果的支持，在问及世界一流大学的三大基本功能在未来是否会有新的变化时，多数回复者（68.6%）（比较）认可三大基本功能会有变化，而仅有17.8%的回复者认为没有变化，13.6%的回复者表示不确定。就三大基本功能在未来是否有变化而言（含"认可"和"比较认可"两个选项），持最肯定态度的是其他国家/地区（79.2%）的回复者，其次是欧洲（71.7%）和美国（71.4%）回复者，中国回复者（45%）占比最低。因此，大多数欧洲和美国回复者都（比较）认可世界一流大学的三大基本功能在未来有变化；而大多中国回复者则是"比较认可"或"不认可"世界一流大学的三大基本功能在未来有变化（见图7-1）。鉴于问卷结果只对该研究问题给出了概括性的回答，因此，下文将主要根据访谈结果具体分析三大基本功能的未来变化。

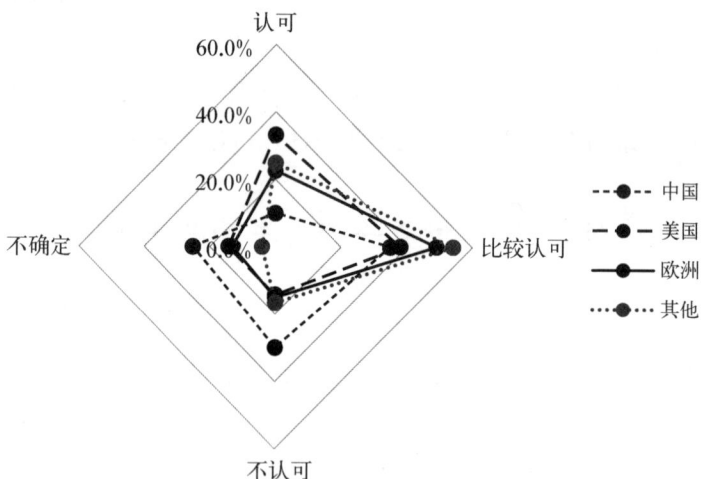

图7-1　问卷回复者对于世界一流大学"三大基本功能在未来是否有变化"的回答

1. 人才培养功能的未来变化

　　就世界一流大学人才培养功能的未来变化而言，受访者们认为人才培养的内容和方式将会发生变化：① 采用更多元的教学和学习方式（N=9）。世界一流大学将引入灵活制学位(flexible degree),这意味着学生可以灵活规划在校学习时间;教学活动将更多与新技术结合起来,数字化与智能化的学习方式将会出现,如利用相关技术在现有基础上使混合式学习(blended learning)的在线学习部分变得更具互动性。中国和欧洲受访者($N=7$)尤其强调科技发展将使教学和学习方式更加多样化。② 为学生提供更多与时俱进的学习内容($N=7$),如基于环境变化、气候变化和技术发展等开设与可持续发展、环境保护等内容相关的学习项目,并为各专业的学生开设有关数字化、编程和大数据相关的课程。③ 越来越重视跨学科的人才培养模式($N=5$)。④ 持续培养学生终身学习的能力($N=3$)。世界一流大学要让学生不断思考教育的意义。此外,学习方式的改变让人们可以随时随地接收新的知识与信息,这也构成了终身学习的途径之一。⑤ 为学生提供关怀型教育($N=3$)。世界一流大学将更关注学生需求并为其在情感和心理上提供强有力的支持。

> REP1:我认为世界一流大学的三大基本功能将在不久的将来发生变化,比如人才培养需要更强调跨学科性,如果我们想培养能为解决全球挑战做出实际贡献的人……在世界范围内,这些挑战如此复杂,以至于我们需要结合多种学科来应对。这意味着我们必须改变人才培养的方式,以使毕业生了解其他学科的相关知识和技能……我非常希望在世界一流大学中看到这种变化。

2. 科学研究功能的未来变化

就世界一流大学科学研究功能的未来变化而言,受访者们认为科学研究的方式、方法和内容将发生变化:① 跨学科和跨行业的科学研究模式将更受到重视($N=9$)。受访者们认为,世界一流大学之所以能产出一流的科研成果,是因为这些大学专注于某一学科领域并进行深入研究,但有时太专注于某个学科领域的研究有可能会失掉全局性。因此,对于世界一流大学而言,开展跨学科的合作研究至关重要。此外,大学与外部社会(企业、政府机构、学术组织等)的互动将不断增加,跨行业的科研合作也会越来越多。② 国际合作研究将越来越频繁($N=8$)。受访者们认为,面对错综复杂的科研议题,世界一流大学很难凭借一己之力提供解决方案,因此,国际合作研究将变得越来越重要。③ 科学研究的方法将发生改变($N=5$)。受访者们认为,网络带来的远程协作和即时通信、开放存取和开放科学带来的数据共享都会在某种程度上改变科学研究的方法并提升科研效率。④ 科学研究的社会导向性将更加明显($N=3$)。受访者们认为世界一流大学未来的科研活动可能会更聚焦于社会问题，即科研活动的应用性将变得更强。

　　REP1：我认为世界一流大学科学研究功能的跨学科性和跨领域性都会增强。我认为社会的发展需要世界一流大学的研究人员与外部社会的工作者、研究人员和非研究人员进行更多的合作……对于二三十年后的世界来说，这是必要的……从某种意义上来说，社会服务角色将由此产生……世界一流大学应该具备更强的能力以在不同学科间进行更多协作，而且还应在大学科研与社会其他领域之间进行协作。

3. 社会服务功能的未来变化

　　就世界一流大学社会服务功能的未来变化而言，受访者们认为世界一流大学社会服务的内容会逐渐增多。因为人类面临的社会问题越来越多，处于高等教育机构顶端的世界一流大学将承担越来越多的社会责任。此外，受访者们还认为世界一流大学的社会服务功能将更紧密地与人才培养和科学研究功能相结合。例如，全民科学（citizen science）的兴起，即社会公民更多参与到大学的科研活动之中，这也是世界一流大学的科学研究更具社会导向性的体现之一。

　　RED4：我觉得世界一流大学的社会服务功能将越来越受到重视。因为我们现在面临着各种各样的社会、经济和政治问题。因此，大学需要承担更多责任，参与到社会生活之中……这可能是来自公众的压力，人们需要世界一流大学在这方面做得更多。我并不是说社会服务功能本身会改变，而是我认为由于面临的挑战越来越多，曾经不太重要的社会服务功能将被更多人关注……

二、世界一流大学特有功能/特殊使命的未来变化预测

　　鉴于有 70 位受访者认为世界一流大学具有区别于一般研究型大学的、除三大基本功能外的特有功能/特殊使命，具体表现在服务全球共同利益和作为全球（研究型大学）榜样上。因此，针对世界一流大学特有功能/特殊使命的未来趋势预测问题，研究者在访谈过程中仅对这 70 人进行了提问。其中，26 位受访者认为，虽然世界一流大学未来不一定会有新的特有功能/特殊使命，但其现有的特有功能/特殊使命的内涵将会更加丰富，并且，世界一流大学的特有功能/特殊使

命将随着未来社会的发展而被不断强化；11 人认为世界一流大学未来可能会产生新的特有功能/特殊使命；其中少数人列举了可能出现的新的特有功能/特殊使命，但因每项内容提及的人数太少（仅 1 至 2 人）而不具有实际意义，故在此不作详细讨论。此外，19 人表示不确定世界一流大学未来是否会有新的特有功能/特殊使命；14 人认为世界一流大学未来不会有新的特有功能/特殊使命。问卷结果与访谈结果一致，仅有 28.8％的回复者认为世界一流大学在未来可能会有新的特有功能/特殊使命。鉴于问卷结果不具代表性且只给出了概括性的回答，因此，下文主要根据访谈结果分析世界一流大学特有功能/特殊使命的未来变化。

　　具体而言，受访者们认为世界一流大学的特有功能/特殊使命将会随着未来社会的发展而更加重要，其内涵也会进一步得到充实，其中最为明显的是世界一流大学服务全球共同利益，体现在世界一流大学构建和巩固全球学术共同体、平衡民族主义与世界主义、预测和指导未来之上；其次是世界一流大学作为全球（研究型大学）榜样，体现在世界一流大学通过开展实证研究以守护真理和捍卫事实之上。

　　1. 服务全球共同利益的未来变化

　　尽管在第五章中，已有受访者指出在服务全球共同利益的过程中，世界一流大学构建、参与的全球合作网络可推动构建全球学术共同体；但在问及世界一流大学特有功能/特殊使命的未来变化时，仍有 8 位受访者再次强调了世界一流大学构建和巩固全球学术共同体的重要性。这 8 位受访者认为，未来的世界一流大学还会有更多、更频繁的全球合作，因为未来人类面临的问题只会更加复杂，提供合理有效的解决方案会更费时费力，世界一流大学应在现有学术合作网络的基础上构建和巩固由世界一流大学构成的全球学术共同体，为达到共同的目标而努力。全球学术共同体的形成将打破原有的国家边界，促使各国世界一流大学以更开放的心态参与到全球合作之中。

　　除此之外，6 位受访者认为，未来的世界一流大学应该善于发现世界主义与民族主义之间的紧张关系并具备缓和这种紧张关系的能力。知识应该服务于全人类（知识世界主义），人类共享许多共同的感受、目标、需求和权利（即人文世界主义）。但是，这种世界主义现正在全球范围内遭到批评与诋毁，这是源于民粹主义和民族主义带来的敌意，它们出现在世界范围内的各个地方，不同的国家正经历着民粹主义（populism）和民族主义（nationalism）的抬头。世界一流大学具备全球角色，但世界一流大学同时也是国家机构，这种双重角色在帮助一国人民理解世界主义、平衡民族主义与世界主义上至关重要，这将有助于消减充满敌意的民粹主义和民族主义。

> WUD4：世界一流大学最擅长的事情之一就是探索和研究世界主义与民族主义之间的持久张力……世界主义现在也受到抨击，这是因为民粹主义和民族主义抬头而带来的敌意。在特朗普时代的美国，民族主义是绝对存在的，当然，世界其他地方也有同样的事情正在发生……世界一流大学是帮助我们理解和应对21世纪民族主义与世界主义紧张关系的重要角色……民族主义是一件非常可怕的事情，特别是当它成为帝国主义或超国家的民粹主义（hyper-national populism）时。当然，世界主义也有可怕之处，因为它可能会伤害到弱势群体。因此，如果世界一流大学能够更好地将自己定位在民族主义/民粹主义与世界主义之间……这些大学真的可以为我们所处的时代提供帮助。

另外，有4位受访者认为，对于发生的各种社会问题，学术界通常善于在事后进行分析和解释，但却没有做到事前预测以尽量减少对个人和国家的伤害。例如，学术界没有预测到民粹主义运动的到来（美国大选特朗普的胜利、英国脱欧和贸易战等）。学术界对这些现象的出现给出了细致且合理的解释，但学术界在识别紧张局势、冲突以及可能出现的不利情况时应该更加灵敏。鉴于世界一流大学的全球定位、全球影响及其参与的全球合作网络，这些大学拥有更多的资源与信息，具备更强的社会敏感性，理应肩负起预测和指导未来的功能，帮助人们提前做好准备，尽量避免社会冲突和各类问题所带来的负面影响。

2. 作为全球（研究型大学）榜样的未来变化

除此之外，有8位受访者认为，作为全球（研究型大学）榜样，世界一流大学理应成为真理和事实的守护者与捍卫者。学术造假、虚假新闻层出不穷，世界一流大学守护真理与捍卫事实的角色将变得越来越重要。这体现在世界一流大学开展基于事实的、具备可重复性的研究解决全球问题。4位受访者认为现有的媒体被过度政治化和商业化，很难客观、真实地讨论现实问题。而世界一流大学应该肩负起这样的责任，在开展实事求是的科学研究的同时，向社会大众传递真实的声音。因此，未来的世界一流大学是否能够满足人们的期待，不仅取决于它们为诸如全球变暖等问题提供解决方案的能力,也取决于它们作为真理和事实来源及守护者的坚定承诺,以此彰显其作为全球(研究型大学)榜样的作用。

　　WEL1:我认为世界一流大学作为事实捍卫者的作用将越来越重要,世界一流大学的使命必须是在解决全球性问题中提供事实和证据……世界一流大学有义务和责任摆出事实……现代媒体非常政治化,至少某些媒体不再对讲真话感兴趣,而只对赚钱感兴趣。我认为世界一流大学要不负众望,要为公众提供事实和证据,这是世界一流大学的特有功能之一……我们的顶尖研究人员和老师也出现在电视屏幕上,我们要做的不是重复他人的意见,而是向人们提供事实和证据。

　　由此可见,世界一流大学的特有功能/特殊使命将会进一步强化,其内涵与形式也会更加丰富。世界一流大学服务全球共同利益将在渐增的全球合作、层出不穷的全球挑战等因素的影响下得到进一步加强,在预测未知情况和引导未来发展中扮演更重要的角色。与此同时,作为全球(研究型大学)榜样的世界一流大学将更多肩负起守护真理与捍卫事实的作用。当然,作为全球性的学术机构,世界一流大学还将在平衡世界主义与民族主义上发挥至关重要的作用,这既是时代要求,也是世界一流大学对不断抬头的民族主义与逆全球化浪潮的积极回应。

第二节　世界一流大学功能未来变化的影响因素

　　基于上述讨论,受访者们认为,影响世界一流大学功能未来变化的因素是多元化的。大多数受访者都提及了新科技/智能化/数字化的重要影响,提及了全球性问题和挑战需要世界一流大学做出积极回应。同时,受访者们也认为全球化和国际化将持续产生作用,而逆全球化和民族主义也可能会对世界一流大学的功能造成影响。

一、世界一流大学基本功能未来变化的影响因素

　　就世界一流大学三大基本功能的未来变化而言,受访者们认为表 7-1 中的因素将带来不同程度的影响。

表7-1　影响世界一流大学三大基本功能未来
变化的主要因素(N=提及人数)

人 才 培 养	科 学 研 究	社 会 服 务
● 新科技/智能化/数字化 (N=25)	● 开放存取(N=23)	● 逆全球化和民族主义 (N=9)
● 全球化/国际化(N=23)	● 逆全球化和民族主义 (N=16)	● 全球化/国际化(N=8)
● 老龄化和少子化(N=20)	● 大数据(N=15)	● 新科技/智能化/数字化 (N=8)
● 逆全球化和民族主义(N=16)	● 全球化/国际化(N=14)	● 全球性议题(N=7)
● 在线教育/混合学习(N=13)	● 人工智能(N=11)	
● 人工智能(N=13)	● 新科技/智能化/数字化 (N=8)	● 社交媒体/社交网络 (N=7)
● 全球性议题(N=8)		

注:(1)"新科技/智能化/数字化"在此包含部分受访者对新科技/智能化/数字化的总体描述,未涉及具体的内容和形式;因此,其他受访者专门提及的在线教育、大数据、人工智能等(从属于新科技/智能化/数字化范畴)在此单独列出。(2)"全球性议题"在此包含部分受访者对全球问题/危机/挑战的总体描述,没有涉及具体问题;因此,其他受访者专门提及的(从属于全球性议题范畴的)"老龄化和少子化"等问题在此单独列出。(3)此表主要列出的是提及人数大于7(10%)的影响因素,其他的影响因素还包括终身学习理念(N=6)、社会需求(N=6)、慕课(N=5)、全球变暖(N=4)、全球性政策(N=4)等。

之后,为更清晰地呈现影响世界一流大学基本功能产生变化的主要因素,研究者对访谈文本的编码点进行再度整合,把在线教育、开放存取、大数据、人工智能、社交媒体/社交网络等因素并入新科技/智能化/数字化中;把老龄化和少子化、全球变暖等因素归入全球性议题中。在此基础上,根据上表可以发现,受访者们认为:① 新科技/智能化/数字化;② 全球化和国际化;③ 全球性议题;④ 逆全球化和民族主义是影响世界一流大学三大基本功能未来变化的主要因素。

1. 新科技/智能化/数字化

就新科技/智能化/数字化对世界一流大学人才培养功能的影响而言,受访者们认为,新科技/智能化/数字化将改变世界一流大学人才培养的内容和方式。世界一流大学除了要利用新科技进行更高效、更具创新性的教育活动外,还要指导学生如何合理地应用科学技术并理解应用科学技术的意义。并且,跨学科的人才培养方法越来越重要,学生不仅要掌握本专业的知识,也要掌握基础的信息化技能(如编程)。信息技术的不断发展终将带来人才培养的数字化转型,教学与学习都将变得更加智能化。受访者们认为,现有的慕课、混合式学习(blended learning)和在线学习(online learning)等方式只是人才培养与科技结合的开端,未来将会出现更新颖的、令人意想不到的学习方式。此外,受访者们认为科技的发展终将打破交流中的语言障碍,这就意味着师生跨国流动和高等教育的国际化趋势会进一步加强。此外,部分世界一流大学将设立专门的数字化和智能化部门,计划开设相关课程以培养下一代的科技精英。

就新科技/智能化/数字化对世界一流大学科学研究功能的影响而言,受访者们认为,新科技/智能化/数字化将改变世界一流大学科学研究的合作方式,增强科学研究的参与性与互动性,改变世界一流大学科学研究的方法并增强科学研究的跨学科性。具体而言,科技进步让科研人员的合作研究更加便捷,未来将会出现交互式的智能化科研合作平台。与此同时,新的数字技术和网络化通信催生了"开放存取"模式的出现,它利用互联网为用户免费提供学术信息和研究成果的全文服务。23 位受访者认为"开放存取"将极大地改变世界一流大学的科学研究和社会服务功能。首先,科研成果的分享与流动将变得更加便捷,科研成果的分享将不再局限于学术界之中;其次,"开放存取"可能会改变世界一流大学科学研究的方法,主要涉及数据收集的方法;再次,"开放存取"终将会带来"开放科学"(Open Science)的实现,通过向所有人免费开放从而实现信息的充分利用,学术资源可获得性的增加将令更多社会人士参与到世界一流大学的科学研究之中,由此也能增加世界一流大学科学研究的活力。

> WED1:开放存取将会改变世界一流大学的功能。这意味着我们将更强调其他利益相关者在科学研究中的参与……共享的数据和知识不仅可以分享给大学内部的成员,还可以分享给外部社会……知识是一种全球共益物品(a global common good),我们需要共享知识。开放存取带来了新形式的连接网络且以各种方式出现并把人们联系在一起……这改变了世界一流大学的科学研究和社会服务功能。

部分受访者认为对大数据(Big Data)的利用与分析也是"开放科学"中"开放数据"(Open Data)的一部分;大数据与开放数据将会改变世界一流大学科学研究的方法与合作方式。受访者们认为这对社会科学领域研究的影响尤其显著,大数据的出现让研究人员开始更多思考如何处理数据而非收集数据。在此基础上，新的数据分析和处理方法（如机器学习）应运而生。由此可见，世界一流大学科学研究功能的跨学科性也会越来越强，社会科学要与信息、工程等学科开展合作。

就新科技/智能化/数字化对世界一流大学社会服务功能的影响而言，7 位受访者认为，社交媒体（social media）或是社交网络（social network）的不断发展将影响世界一流大学的社会服务功能。世界一流大学可以通过社交媒体/社交网络与公众、政界和新闻界进行沟通，减弱世界一流大学与外部社会的屏障。例如，全民科学（citizen science）的兴起让世界一流大学可以通过社交媒体/社交网络宣传新的科研发现，而社会公民也可通过社交媒体参与相关问题的讨论，这也是世界一流大学的科学研究更具社会导向性的体现之一。

WED5：社交网络有助于把世界一流大学与外部社会连接到一起，通过社交网络，世界一流大学可与公众、政界和媒体对话……当然，这可能也是个挑战……通过社交媒体传播世界一流大学的新科研成果也是对公众和社会的一种服务形式。

在有关新科技/智能化/数字化影响世界一流大学功能未来变化的讨论中，超过 20 位受访者不约而同地提及了人工智能带来的影响。他们认为，人工智能既会对世界一流大学的各项功能带来积极影响，也会带来一系列挑战。就对人才培养功能的影响而言，随着人工智能和深度学习技术的发展，越来越多的自动化工具和自我学习型机器将会出现，这会导致劳动力市场需求的巨大变化，也会对世界一流大学的人才培养功能提出新的要求。人工智能也可能会改变课堂教学模式，学生与电脑或是机器人的互动将增加。就对科学研究功能的影响而言，结合人工智能和机器学习技术将会大幅提高数据分析效率。此外，机器人在科研环境中将会更加普遍，除了进行更为精密的操作外，它们还能进入人类难以进入的危险环境（如核辐射环境、灾后现场等）获得数据和研究样本，帮助科研人员提升科研效率。就对社会服务功能的影响而言，人工智能将帮助世界一流大学快速识别问题、应对社会挑战。

受访者们认为，科学技术本身是中立的，但科学技术所带来的益处和威胁很大程度上取决于人们如何使用这种技术。人工智能领域的科技创新和成果应用取得重大突破，既有望引领第四次工业革命，也可以造福人类；但在使用不当的情况下（如非道德的军事应用），人工智能将使人类面临重大威胁，甚至会引发战争。现有人工智能技术的研究主要集中在信息与工程学科,人文学科的参与度很低,而对人文精神的强调是确保科学技术不危害人类利益、造福于人的重要途径之一。鉴于世界一流大学既是人工智能技术的开发者,也是应用者,这就要求世界一流大学培养具备人文情怀和专业知识的人工智能专家,既能开发前沿的人工智能技术,也能将其应用控制在合理范围之内,从而为人类带来益处而非造成负面影响。与此同时,受访者们还提及了世界一流大学在规范数据使用和技术应用上的责任,世界一流大学需要引导各国在应用新科技时遵守道德约束、理解并合理利用这些技术,努力让新技术服务于人类的共同利益。

RUL2：人工智能就像其他任何新东西一样,我们需要了解它,我们需要以某种方式来管理和引导它走向全球共同利益。研究人员和世界一流大学都应该合理利用人工智能以努力实现共同利益。当然,共同利益可以是微观的、本土的,也可以是宏观的、全球的。

2. 全球化和国际化

受访者们认为,全球化与国际化趋势的强化不是大学所带来的,但却是大学与社会互动的结果之一。因为知识的无国界性、跨国科研合作和人才流动的增加都加速了全球化和国际化趋势。所以,世界一流大学在某种程度上既推动了全球化和国际化,也深受全球化和国际化的影响。

就全球化和国际化对世界一流大学人才培养功能的影响而言,受访者们认为,全球化背景下的高等教育国际化趋势促进了世界一流大学教育资源的共享,也提升了世界一流大学人才培养的国际化程度。但有荷兰受访者认为,荷兰一流大学对国际化的过度追求导致这些大学删减了一些本土的文化和语言课程,这不利于传统文化的保留。也有受访者认为,人才培养的国际化在某种程度上反而增加了世界一流大学在人才培养方面的不公平性,因为在很多情况下,只有家境良好的年轻学生才能享受到国际化的红利(如跨国学术流动)、获得国际化的学习体验并在此过程中培养国际视野。此外,有受访者认为,虽然全球化把不同种族的人聚集在一起,但人类仍未学会与其他不同民族一起生活,因此才会出现种族问题和民族主义。所以,多元文化主义(multi-culturalism)应成为世界一流大学人才培养的理念之一。

WEP3：我认为人们对国际化存疑,国际化也面临着压力……我想越来越多的人会认为受到国际化的影响……世界一流大学的人才培养是精英主义的，过多地保护了海外富裕学生的地位，而没有顾及贫困学生的感受……这样的情况需要被重新平衡……

就全球化和国际化对世界一流大学科学研究功能的影响而言，受访者们认为，全球化与国际化再次印证了科学研究无国界，跨国合作与交流将在全球化和国际化不断加深的背景下变得更加频繁。全球化将改变世界一流大学科学研究的本质，在全球化背景下，世界一流大学的国际科研合作将成为一种必然。由此可见，世界一流大学的科学研究能与全球化背景下的国际形势紧密结合，在自然科学领域尤其如此（如对全球环境问题的研究）。但是，全球化也将对社会科学领域造成冲击，因为社会科学的基本框架是民族国家（national state），针对社会科学问题的思考与分析一开始是建立在独立的民族国家身份之上的。全球化对过去有着国家边界的社会科学理论造成了巨大冲击。因此，在社会科学领域的研究中将会出现越来越多有关于如何应对全球化挑战的新的理论研究，这既可用来解释全球化现象，也将指导人类实践。

就全球化和国际化对世界一流大学社会服务功能的影响而言，受访者们认为全球化和国际化将进一步提升世界一流大学在国际事务中的参与度。

3. 全球性议题

世界一流大学是全球性的高等教育机构，随着时代发展而来的各种全球性议题对其三大基本功能产生了影响。这些全球性议题主要包括：老龄化和少子化、气候与环境问题、可持续发展等。

老龄化和少子化主要影响的是世界一流大学的人才培养功能。首先，老龄化和少子化带来了年轻人口数量的下降，也可能造成受教育群体年龄范围的扩大；因此，世界一流大学将不得不探索适应于不同年龄和特征人群的人才培养方法。其次，当社会的老年人口多于年轻人口时，社会对教育的重视程度可能会降低。老龄化在某些情况下带来了民族主义和民粹主义的泛滥，这是由于老年人的思想通常更加保守和封闭。世界一流大学既需要解决老龄化带来的社会问题，也需要对抗民族主义的蔓延，并据此调整教育内容。再次，如果本国年轻人口数量减少，世界一流大学不得不尽可能多地招纳国际学生（特别是在本科层次上）；因此，世界一流大学人才培养的国际化程度可能会增加。

气候与环境问题对世界一流大学的三大基本功能都带来了影响。全球性的气候与环境问题（如全球变暖、环境污染、灾害性天气、水资源减少等）要求世界一流大学开设的各类学位项目都要加入与可持续发展、环境保护有关的内容,即不管学生学习的专业是什么,都要对全球气候和环境问题有所了解。这体现了人才培养过程中的跨学科性将越来越强。并且,世界一流大学的全球科研合作在解决气候与环境问题中将变得越来越重要;世界一流大学还将为应对气候变化和环境保护做出更多贡献,包括对政府决策产生更大影响,并通过开展面向公众的教育活动以增强人们的环保意识和可持续发展意识等。

RUP2:我认为环境问题、气候变化是我们所有人都在谈论的巨大挑战……但是,我们所做的很少,而且我们正处于环境危机之中……我认为世界一流大学在此过程中可以发挥更多功能……这些大学可以做得更多、更好。世界一流大学要对政府决策产生更大影响,要通过其人才培养和社会服务功能提升公众对此类问题的了解并引导他们做出改变。

同时,受访者们指出,全球变暖、环境污染、健康问题等已引起了人们对可持续发展的关注,可持续发展将是解决上述问题的关键。全球190多个国家就可持续发展目标(Sustainable Development Goals)达成了一致意见并将根据所认同的指标衡量可持续发展目标的推进。在这一背景下,世界一流大学将会开设更多与可持续发展相关的课程和研究项目。世界一流大学要培养其学生成为全球问题解决方案的一部分,并将研究重点放在与每个人息息相关的全球性问题之上。基于其全球学术合作网络和科研能力,世界一流大学将逐渐成为制定可持续发展方案的主力军。

4. 逆全球化和民族主义

近年来,逆全球化和民族主义开始在世界各地抬头,2016年的英国脱欧公投拉开了逆全球化序幕。此后,奉行"美国优先"(America First)政策的特朗普政府不断加强贸易保护主义、退出应对全球问题的多边机制,如联合国教科文组织、人权理事会、巴黎气候协定、《移民问题全球契约》制订进程等,逆全球化和民族主义趋势进一步加强。

就逆全球化和民族主义对世界一流大学人才培养功能的影响而言,16位受访者认为,逆全球化和民族主义将会阻碍人才培养过程中师生的国际流动,损害世界一流大学在人才培养中对保持多样性和多元文化的承诺。逆全球化和民族主义对一直作为留学首选目的地的美国一流大学造成的影响尤其严重,不断收紧的签证政策和不友好的社会氛围将导致美国海外人才的流失,最终会对美国的经济和社会发展造成巨大影响。4 位英国受访者指出,英国脱欧可能会对英国一流大学在国际学生招生方面造成一系列负面影响。大多数欧洲学生可能会选择到其他欧盟国家留学,因为英国脱欧后,欧盟学生需要缴纳与其他国际学生相同的高额学费。

就逆全球化和民族主义对世界一流大学科学研究功能的影响而言,受访者们($N=16$)认为逆全球化和民族主义将为国际科研合作带来重重困难。5 位美国受访者指出,如果美国在移民问题上依旧保持强硬和仇恨态度,那么,美国一流大学将会失掉大量优秀的海外科研人才。同样,英国脱欧可能会导致原在英国工作的欧盟科研人才流失,这将损害英国一流大学的科研能力。此外,民族主义可能会把世界一流大学视为经济发展战略的一部分,为了本国经济发展,不惜拒绝甚至是违背国际科研惯例、道德准则等,最终导致形成以自我为中心的、封闭的、保守的科研环境,有损一国的长远利益。并且,民族主义还会导致世界一流大学承担更多与军事和国家安全相关的科研项目,世界一流大学的科学研究可能会成为国家军备竞赛的有力武器,这在无形中损害了全球共同利益的实现。

WUD2:民族主义可能会以一种狭隘的方式迫使世界一流大学成为国家经济战略的一部分……在最坏的情况下,激进的危险民族主义者可能会试图强迫世界一流大学开展违反国际规范的研究,如研发伤害性的军事武器等……但却是打着为了推动某些国家或民族事业发展的旗号……通过这样的做法,民族主义的领袖以此证明其种族的优越性……在现在的国际社会中,可能有正在发生的负面事件与国际规范、道德规范背道而驰……再回到移民问题,如果美国继续对移民怀有敌意或不友好,这将会损害美国开展世界一流科学研究的能力,因为美国一流大学需要多元文化,也需要来自不同国家的优秀人才。

就逆全球化和民族主义对世界一流大学社会服务功能的影响而言,受访者们($N=9$)认为逆全球化和民族主义将削弱世界一流大学的国际服务角色,这些大学将更倾向于支持国家保护主义而非积极参与国际合作以解决人类共同面临的问题。

二、世界一流大学基本功能未来变化的影响程度

基于访谈的结果,研究者在后续的问卷中分别列出了影响世界一流大学三

大基本功能未来变化的主要因素。对于"新科技/智能化/数字化"和"全球性议题"这两个选项,问卷中分别给出了具体的例子,如在问及影响世界一流大学人才培养功能未来变化的因素时,在"新科技/智能化/数字化"这一选项中给出的例子是"在线学习"和"人工智能"(详见附录6中的问卷)。

1. 不同因素对人才培养功能的影响程度

在列出的四个影响因素中,大多数问卷回复者认为全球化和国际化(77.1%),新科技/智能化/数字化(67.8%)是影响世界一流大学人才培养功能未来变化的最主要因素,不及一半(43.2%)的回复者认为全球性议题(如老龄化和少子化)将影响世界一流大学的人才培养功能;仅有24.6%的回复者认为逆全球化和民族主义会对世界一流大学的人才培养功能造成影响(见图7-2)。

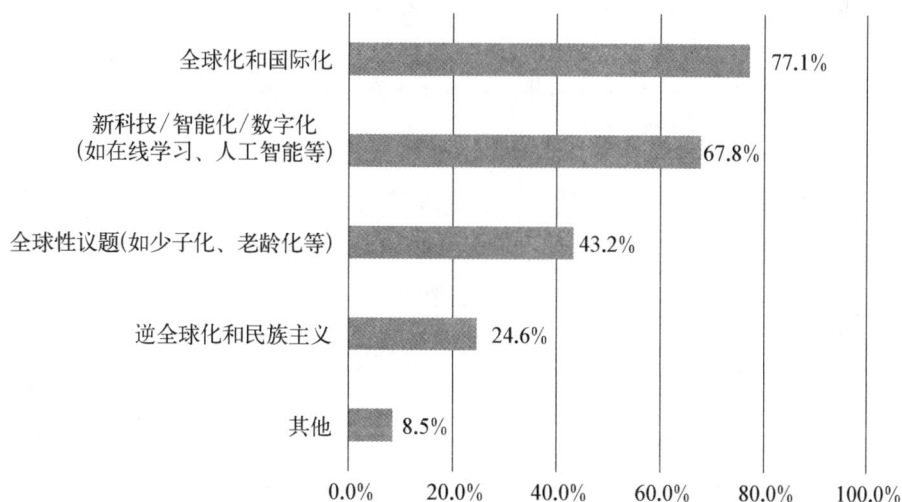

图7-2　影响世界一流大学"人才培养"功能未来变化的因素(多选题)

除此之外,有10位问卷回复者对该问题的答案进行了补充(在"其他"一栏中填入的内容)。其中,有6位回复者提及了全球性议题将对世界一流大学的人才培养功能造成影响,他们列举了选项中未出现的全球性议题,如气候变化、可持续发展目标、环境污染、能源问题、民粹主义、极端主义、极权主义等。

不同国家/地区回复者的选择情况与整体选择情况一致,回复者们均认为全球化与国际化是最主要的影响因素,然后是新科技/智能化/数字化和全球性议题(见图7-3)。

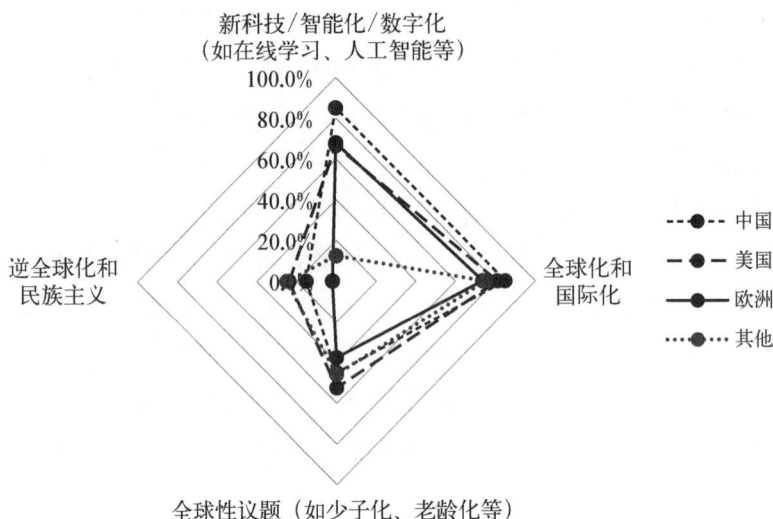

图7-3　不同国家/地区回复者对影响一流大学
"人才培养"功能未来变化因素的看法

2. 不同因素对科学研究功能的影响程度

鉴于在访谈中，大多数受访者特别提及了与"新科技/智能化/数字化"相关的三大要素，即开放存取和开放科学（$N=23$）、大数据（$N=15$）和人工智能（$N=11$）；因此，问卷中单独列出了这三项内容。在列出的总的六个影响因素中，超过一半的问卷回复者认为与新科技/智能化/数字化相关的三项内容——大数据（69.5％）、人工智能（69.5％）、开放存取和开放科学（68.6％）、全球化和国际化（55.9％）以及全球性议题（如气候变化和全球性政策）（50.0％）是影响世界一流大学科学研究功能未来变化的主要因素。仅有20.3％的回复者认为逆全球化和民族主义会影响世界一流大学科学研究功能的未来变化（见图7-4）。此外，有6位回复者对该问题的答案进行了补充。

就问卷中列出的六个影响因素而言，不同国家/地区回复者的选择有所差异。中国回复者（85％）认为人工智能是最主要的影响因素；美国回复者（61.9％）认为大数据、国际化和全球化是最显著的影响因素；欧洲回复者（77.4％）认为开放存取和开放科学的影响最大；其他国家/地区的回复者（75％）认为大数据是最主要的影响因素（见图7-5）。

3. 不同因素对社会服务功能的影响程度

在列出的四个影响因素中，大多数问卷回复者认为全球化和国际化（78.8％）、

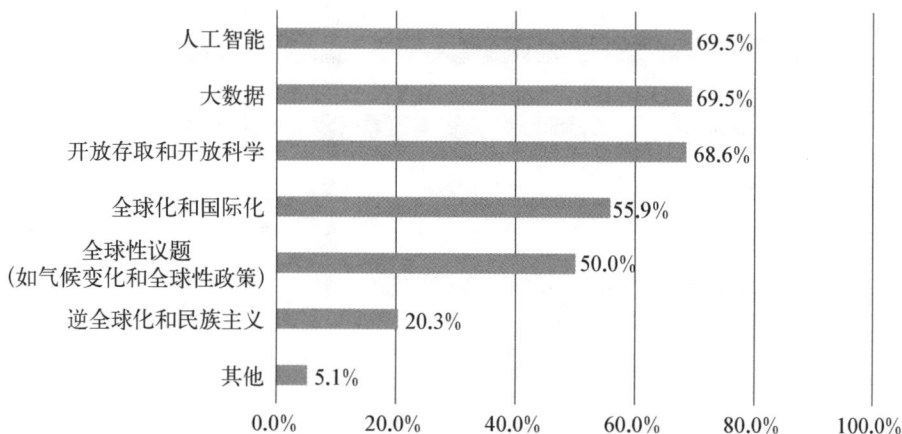

图 7 - 4　影响世界一流大学"科学研究"功能未来变化的因素(多选题)

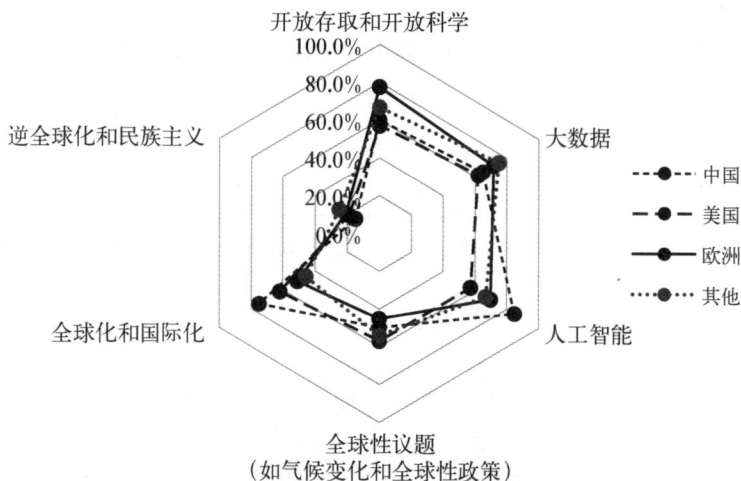

图 7 - 5　不同国家/地区回复者对影响一流大学
"科学研究"功能未来变化因素的看法

全球性议题(68.6%)以及新科技/智能化/数字化(66.1%)是影响世界一流大学
社会服务功能未来变化的主要因素。在这一问题中,回复者选择"逆全球化和民
族主义"这一选项的比例高于前两题,为 31.4%(见图 7 - 6)。

　　此外,有 5 位回复者对该问题的答案进行了补充(在"其他"一栏中填入的内
容)。除再次补充全球性议题的具体内容外(如可持续发展目标、环境污染、能源
问题等),他们还认为社会人口的变化、学生个人背景的多样化以及虚假新闻的

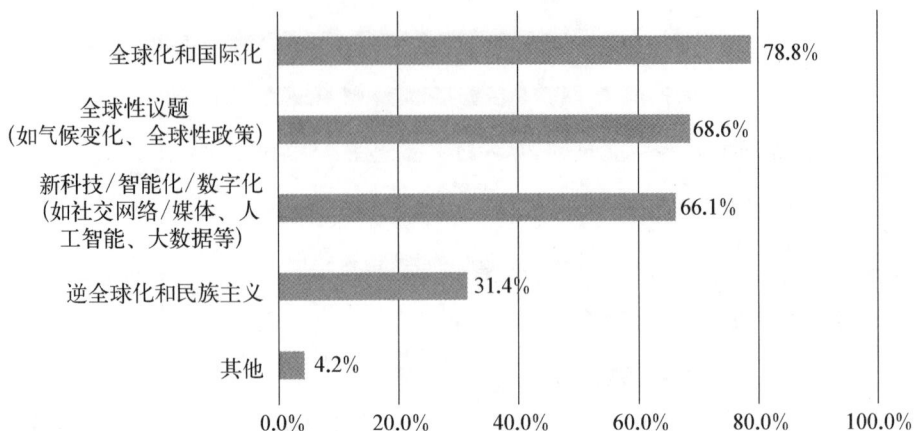

图 7-6　影响世界一流大学"社会服务"功能未来变化的因素(多选题)

增加也会影响世界一流大学社会服务功能的未来变化。

不同国家/地区回复者都认为全球化与国际化是影响世界一流大学社会服务功能未来变化的最主要因素。除此之外，四组回复者还认为全球性议题、新科技/智能化/数字化的影响也比较大(见图 7-7)。

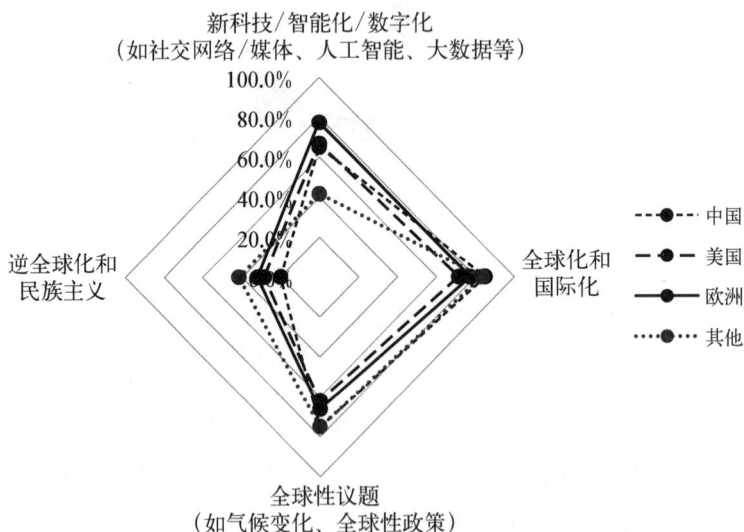

图 7-7　不同国家/地区回复者对影响一流大学
"社会服务"功能未来变化因素的看法

三、世界一流大学特有功能/特殊使命未来变化的影响因素[①]

在访谈过程中,鉴于有 37 位受访者认为世界一流大学的特有功能/特殊使命在未来会发生变化或是世界一流大学未来会有新的特有功能/特殊使命,因此,针对影响世界一流大学特有功能/特殊使命未来变化的因素,在访谈过程中,研究者仅对这 37 人进行了后续提问。本研究选取了提及次数为前三位的影响因素进行详细分析(见图 7-8)。

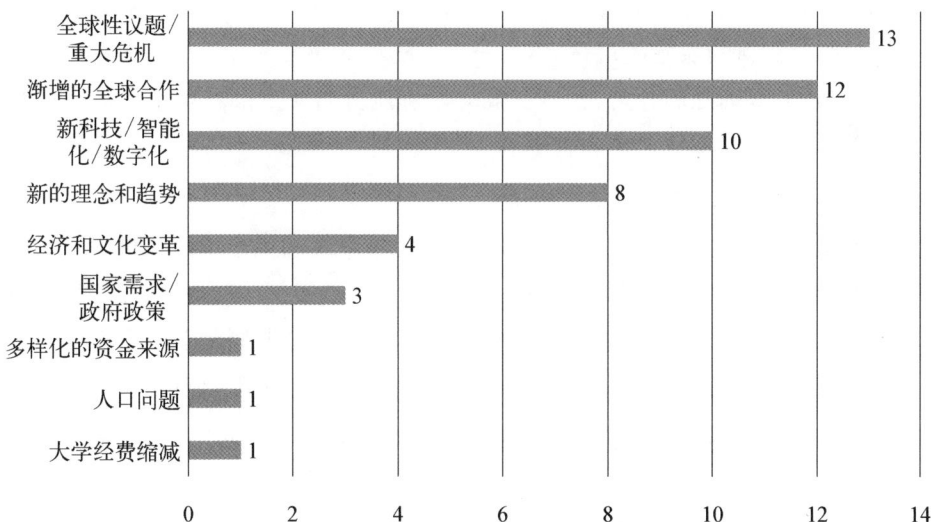

图 7-8 受访者提及的影响世界一流大学特有功能/特殊使命未来变化的因素[②]

1. 全球性议题/重大危机

13 位受访者认为,全球性议题,甚至是重大危机和冲突将会凸显世界一流大学特有功能/特殊使命的重要性并不断丰富世界一流大学特有功能/特殊使命的内涵。例如,在作为全球(研究型大学)榜样上,世界一流大学要通过开展实证研究以守护真理和捍卫事实;在服务全球共同利益上,世界一流大学需要对全球问题进行持续探索,以对未来可能出现的新问题进行预测并提供解决方案。例如,全球气候变暖日趋明显,但世界上部分国家仍否认气候变暖的存在。在此背

---

① 鉴于并非所有受访者都认为世界一流大学拥有特有功能/特殊使命或是在未来会产生新的特有功能/特殊使命,因此,本研究在问卷中没有涉及影响特有功能/特殊使命未来变化因素的问题;基于此,该部分内容主要基于访谈结果。

② 部分受访者同时提及两个(及以上)的影响因素。

景下,世界一流大学需要通过其基于实证的科学研究发挥守护真理和事实的作用,在揭示和解决全球问题上发挥领导作用。同时,在应对这些问题的过程中,世界一流大学也要停下脚步进行反思,思考这些全球问题产生的根源,并基于此更好地预测和指导未来,从而服务全球共同利益。

RUL2:环境问题、人类的迁移方式将带来影响;不幸的是,世界冲突也将带来影响。我认为这些事情会改变世界一流大学的特有功能……如果我们能够意识到世界某个地区的饥荒将导致该地区的冲突,如果我们能够提前预知并确定这一点,那么,我们将能更好地解决这些问题……在冲突发生之前,我们如何提前了解情况,这一点比解决问题更重要。这是世界一流大学可以发挥的预测作用,世界一流大学有能力指导未来社会的发展……从而更好地服务全球共同利益……

2. 渐增的全球合作

12 位受访者认为世界一流大学间渐增的全球合作会进一步强化世界一流大学的特有功能/特殊使命。具体体现在世界一流大学通过全球合作构建和巩固全球学术共同体、平衡民族主义与世界主义,从而服务全球共同利益。受访者们认为,不断增加的全球合作有助于增强大学与大学间、国家与国家间的信任,有助于消除基于民族国家的利益壁垒,从而构建和巩固全球学术共同体,进而服务全球共同利益。此外,渐增的全球(学术)合作会推动科学外交(science diplomacy)的发展。科学外交利用各国世界一流大学间的科研合作来解决共同面临的问题并在国家之间建立起建设性的国际合作伙伴关系。鉴于科学外交的出发点是为全球以及后代谋福祉,因此,它将作为平衡民族主义与世界主义的一种选择。

WED1:我想这与世界一流大学新的全球使命有关,对于这些被称为"世界一流"的大学而言,这些大学必须相互成为合作伙伴,在设定超出国家范畴的国际新议程时必须成为坚定的合作伙伴……开创其他类型的、更高级别的、更具全球性的合作形式。我认为这是促使这些世界一流大学拥有一种全球使命感的原因之一。

3. 新科技/智能化/数字化

与影响世界一流大学三大基本功能的主要因素一致,10 位受访者认为新科技/智能化/数字化也将影响世界一流大学的特有功能/特殊使命,如世界一流大学要成为全球科技守卫者,确保新技术以合理有效的方式运行;受访者们也认为新科技/智能化/数字化可能会催生新的特有功能/特殊使命,但他们并未明确指出可能带来的具体的新特有功能/特殊使命。

　　REL2:我认为新技术或者说是技术革命会造成世界一流大学特有功能的改变,比如说世界一流大学将承担起作为全球科技守卫者的责任,规范新技术的运行……不损害他人或他国的利益……世界一流大学不仅进行技术创新,也应该去监督社会是如何使用这些技术的,这也是世界一流大学的责任之一。

第三节　影响世界一流大学功能未来变化因素的多元化

　　影响世界一流大学功能未来变化的因素是多元化的。本研究的结果显示,新科技/智能化/数字化将对世界一流大学的功能产生重要影响;并且,伴随着全球化和国际化的不断深化,全球性问题和挑战也要求世界一流大学做出积极回应;虽然世界一流大学间的全球合作将不断增加,但逆全球化和民族主义趋势也可能在某种程度上对世界一流大学的功能造成影响。由此可见,随着大学与社会联系的日益密切、大学地位与作用的不断提高,影响大学发展和变化的外驱力也在逐渐增强。这尤其体现了结构功能主义的逻辑,意味着世界一流大学可被视为社会整体的一个组成部分,世界一流大学的功能应与社会系统相互和谐发展与适应,从而维持整个社会系统的稳定。这里的社会系统既可以是国家层面的,也可以是全球层面的,强调的是不断变化的时代背景下世界一流大学所面临的外部社会/环境为其带来的机遇和挑战。事实上,虽然世界一流大学内部结构相对比较稳定,但如果世界一流大学所处的环境发生变化,其功能将明显改变;与此同时,功能的变化将促使大学内部结构发生改变以适应大环境的变化需要,从而达到一种新的动态平衡。

一、新科技/智能化/数字化对世界一流大学功能未来变化的影响

1. 新科技/智能化/数字化对人才培养功能未来变化的影响

　　正如本研究的结果显示,信息技术的不断发展终将带来世界一流大学人才培养的转型。这一转型不仅包括世界一流大学人才培养过程中教学技术的革新,也包括世界一流大学人才培养目标、内容和方式的改变。例如,世界一流大学将设立专门的数字化和智能化部门、开设相关课程,以培养学生的数字化素养

(digital literacy)，造就下一代的科技精英。这尤其体现了世界一流大学功能对结构的反作用，强调大学功能的变化推动了结构的改变，即在力求分化和整合适当平衡的基础上强调结构与功能的整合性，以维持系统的稳定性。① 同时，跨学科的人才培养方法将越来越重要，学生不仅要掌握本专业的知识，也要掌握基础的信息化技能（如编程）。正如奥恩（Aoun）所说，未来的毕业生需要超越读、写、数学计算等传统素养的"新素养"，包括数据素养、技术素养和人文素养。学生们需要数据素养来阅读、分析和使用这些日新月异的信息；技术素养将为他们打下编程的基础；人文素养让学生具备人文理念/精神、掌握沟通和设计的方法，使他们在人类社会中发挥作用。② 本研究中的受访者特别指出，科学技术本身是中立的，科学技术能带来的益处和威胁很大程度上取决于人们如何使用这些技术。所以，具备全球责任、服务全球共同利益的世界一流大学要培养具备人文情怀和专业知识的人工智能专家，他们既能开发出前沿的人工智能技术，也能将技术应用控制在合理范围内，从而为人类带来益处而非威胁。正如任羽中、曹宇、奥恩等学者指出，随着科技的发展，研究型大学的人才培养目标将发生改变，研究型大学应该要培养符合时代发展的新型人才，他们善于创新、能够适应未来，具有极强的协作能力和学习能力，又有知识迁移和终身学习的能力，同时要有高尚道德、有正确价值追求，能在技术变革中引领和认识自我并始终保持对社会的关怀。③④ 袁兴国的研究从结构功能主义的角度支持了以上结论，他认为，连接大学与社会大系统之间的最显著的要素是人才，只有当大学培养的人才在社会中发挥积极功能时，大学才能与社会大系统保持良好的协调性，从而保证社会的稳定与发展。⑤

2. 新科技/智能化/数字化对科学研究功能未来变化的影响

就新科技/智能化/数字化对世界一流大学科学研究功能的影响而言，本研究的结果显示，新科技/智能化/数字化将提升世界一流大学科学研究的参与性与互动性，（国际）合作研究将更加便捷和高效，跨学科科研合作将会增多；在网

---

① 顾建民.大学职能的分析及其结构意义[J].全球教育展望,2001,(8)：68-72.

② AOUN J E. Robot-proof：Higher education in the age of artificial intelligence[M]. Cambridge MA：MIT Press, 2017：xix.

③ 任羽中,曹宇."第四次工业革命"背景下的高等教育变革[J].中国高等教育,2018,(5)：13-16.

④ AOUN J E. Robot-proof：Higher education in the age of artificial intelligence[M]. Cambridge MA：MIT Press, 2017：xvi.

⑤ 袁兴国.结构与功能的矛盾：我国高等教育人才培养研究的社会学视角[J].中国高教研究,2008,(10)：49-51.

络技术推动下的开放存取和开放科学将改变世界一流大学科学研究的方法,增加学术资源可获得性;大数据和开放数据将改变世界一流大学科学研究的方法与合作方式。与此同时,人工智能和机器学习将大幅提高科学研究的效率。本研究的结果得到了已有研究的支持,例如,任友群等学者也认为新科技/智能化/数字化将增强大学科学研究的参与性与互动性,知识生产参与者可以借助互联网、人工智能技术等突破时空限制。[①] 因此,当前大学的科学研究是开放和共享的,涉及科学研究的各利益相关者都可参与其中。并且,不同参与者将带来不同的经验和技能,从而使科学研究过程充满活力。就新科技/智能化/数字化背景下世界一流大学科学研究功能跨学科性的不断强化而言,刘德建等学者主要谈及了人工智能带来的影响,他们认为,人工智能技术在大学科学研究中的应用本身就是一个跨学科合作与发展的过程,知识生产将不再受学科的限制,体现出多学科融合的特征。[②] 此外,本研究认为开放存取和开放科学将会改变世界一流大学科学研究的方法,增加学术资源可获得性。这符合盛小平和吴红对开放存取和开放科学所带来的益处的总结;例如,开放存取将克服科学数据传播障碍,拓宽科学数据传播范围;提高科学数据的显示度,促进开放科学研究;提高科学数据的使用效率等。[③] 这进一步支持了本研究的结果,即"开放存取"终将会带来"开放科学"的实现,通过向所有人免费开放学术资源从而达到信息的充分利用,学术资源可获得性的增加将令更多社会人士参与到世界一流大学的各项科研活动之中,由此也能增加世界一流大学科学研究的活力。在本研究中,欧洲受访者对开放存取的提及次数明显多于中国和美国受访者,这部分是受到了欧洲相关政策和倡议的影响。例如,2018 年,部分欧洲国家的科研资助组织在欧盟委员会和欧洲科研理事会的支持下宣布推出"开放联盟"(cOAlition S)倡议,旨在推动到 2021 年实现欧洲科研出版物全面、即时的开放存取。[④]

3. 新科技/智能化/数字化对社会服务功能未来变化的影响

就新科技/智能化/数字化对世界一流大学社会服务功能的影响而言,本

---

① 任友群,万昆,冯仰存.促进人工智能教育的可持续发展——联合国《教育中的人工智能:可持续发展的挑战和机遇》解读与启示[J].现代远程教育研究,2019,31(5):3-10.
② 刘德建,杜静,姜男,等.人工智能融入学校教育的发展趋势[J].开放教育研究,2018,24(4):33-42.
③ 盛小平,吴红.科学数据开放共享活动中不同利益相关者动力分析[J].图书情报工作,2019,63(17):40-50.
④ European Science Foundation. What is Coalition S?［EB/OL］.(2018-04-09)［2019-10-11］. https://www.coalition-s.org/about/.

研究的结果显示，新科技/智能化/数字化背景下的社交媒体或是社交网络的不断发展将削弱世界一流大学与外部社会的屏障。此外，人工智能将帮助世界一流大学更好地解决全球难题。虽暂无学者就新科技/智能化/数字化等因素对大学社会服务功能未来变化的影响展开讨论，但有学者认为新科技、数字化和信息化等将再次深刻改变高等教育和大学的社会角色。例如，奥恩认为，大数据、物联网、开放存取等技术带来的信息流动将打破知识传播的边界，知识与信息更易触达，知识精英对资源的垄断也将不复存在，这将带来"围墙内的大学"向"平台上的大学"的转变。因此，大学将成为知识集中与传播的"开源"平台。①

4. 新科技/智能化/数字化对特有功能/特殊使命未来变化的影响

就新科技/智能化/数字化对世界一流大学特有功能/特殊使命的影响而言，本研究的结果显示，世界一流大学要成为全球科技守卫者，确保新技术以合理有效的方式运行，从而服务于全球共同利益。这既与世界一流大学人才培养目标和内容的更新相关（即世界一流大学要培养具备人文情怀和专业知识的人工智能专家，他们不仅能引领技术变革，也能始终保持对社会的关怀），也与世界一流大学所肩负的社会责任相关，即世界一流大学不仅进行技术创新，也应监督和规范新技术的使用。

总的来说，已有研究虽未直接涉及新科技/智能化/数字化对世界一流大学功能带来的影响，但仍对本研究的结果起到了支撑作用。与此同时，本研究的结果揭示了一些新的内容，如新科技/智能化/数字化将改变世界一流大学人才培养的目标、内容和方式，改变世界一流大学科学研究的方法与合作方式并提高世界一流大学科学研究的效率，强化世界一流大学的社会服务功能及其特有功能/特殊使命等。由此可见，本研究的结果扩充了已有研究的内容并首次聚焦于新科技/智能化/数字化对世界一流大学功能未来变化的影响。

二、全球化和国际化对世界一流大学功能未来变化的影响

1. 全球化和国际化对人才培养功能未来变化的影响

本研究的结果显示，全球化和国际化对世界一流大学人才培养功能的影响

---

① AOUN J E. Robot-proof：Higher education in the age of artificial intelligence[M]. Cambridge MA：MIT Press，2017：37.

包括：① 进一步提升世界一流大学人才培养的国际化程度,持续推动世界一流大学教育资源的共享;② 推动世界一流大学构建以多元文化主义为基础的人才培养理念和模式。后者得到了林赛(Lindsay)和布兰切特(Blanchett)的关注,他们认为,如何回应全球多样性是 21 世纪大学所面临的一个最有意义的挑战。[①]这要求大学培养合格未来公民,他们能理解全球多样性,而且要承担推进多样性的责任。因此,具备全球性的世界一流大学需要承担起这样的责任,开展多元文化教育以回应全球多样性。此外,即便有受访者认为全球化和国际化将进一步提升世界一流大学人才培养的国际化程度、促进师生跨国流动和教育资源共享,但也有受访者认为全球化与国际化并非总是带来有益影响。例如,国际化在某种程度上反而增加了世界一流大学在人才培养上的不公平性,因为在很多情况下,只有那些家境良好的年轻学生才能享受到国际化的红利。无独有偶,2014年,国际大学协会(International Association of Universities)的全球调查也表明,对学生而言,能否参与到全球知识流动中并获得可靠竞争力存在显著的个体差异,处于全球市场中的高等教育机构相互竞争,导致了高等教育的商业化,这意味着只有少部分富裕家庭的学生才能享受到全球化背景下的高等教育国际化所带来的机会。[②] 当前对国际化的怀疑和批判(甚至是"反国际化")的核心在于国际化是精英式的世界项目,它仅让处于特权阶层的少数人享受到了国际高等教育的红利。因此,世界一流大学需要在国际化的人才培养中考虑更多,从而确保所有学生都能共享全球化和国际化所带来的益处。

2. 全球化和国际化对科学研究功能未来变化的影响

本研究的结果显示,全球化和国际化对世界一流大学科学研究功能的影响主要包括：① 改变世界一流大学科学研究的本质,国际科研合作将成为一种必然;② 影响社会科学领域的科学研究,因为社会科学的基本框架是民族国家,全球化将对过去有着国家边界的社会科学理论造成巨大冲击。前者与王改改的观点一致,他认为,在高等教育国际化不断深化的背景下,国内外学者更需要共同

① LINDSAY B, BLANCHETT W J. Universities and global diversity: Preparing educators for tomorrow[M]//LINDSAY B, BLANCHETT W J. Universities and global diversity: Preparing educators for tomorrow. New York: Routledge, 2012: 21 - 46.
② EGRON-POLAK E, HUDSON R. Internationalization of higher education: Growing expectations, fundamental values — IAU 4th global survey[EB/OL]. (2014 - 04 - 01)[2018 - 10 - 11]. https://iau-aiu.net/IMG/pdf/iau-4th-global-survey-executive-summary.pdf.

合作以开展科学研究。① 这一方面是因为当下所有的国家都面临着许多共同的问题，另一方面是因为一个国家不可能拥有各种资源，每个国家的大学都有自己的特色与优势，只有加强世界各国大学间的交流与合作，才能实现资源的整合、利用、共享。在此基础上，作为全球顶尖研究型大学的世界一流大学在国际科研合作中更应该发挥关键作用，参与国际合作、共同解决全球问题并推动人类社会的进步。

3. 全球化和国际化对社会服务功能未来变化的影响

本研究的结果显示，全球化和国际化将进一步提升世界一流大学在国际事务中的参与度。杨启光的研究侧面支持了本研究的结果，他认为在全球化和国际化的影响下，世界一流大学将表现出与以前不同的策略，在高层次人才培养、科研知识创新与服务社会上已超出了传统的国家概念，这将真实地体现高等教育服务一个无疆界的知识社会的重要本质。② 也就是说，全球化和国际化将整个世界日益紧密地结合在一起，各国、各民族相互依存、不可分割。在这样的背景下，世界一流大学越来越肩负起参与国际事务、应对全球挑战的责任。

总的来说，虽少有研究直接涉及全球化和国际化对世界一流大学功能带来的影响，但已有研究仍对本研究的结果起到了支撑作用。与此同时，本研究的结果揭示了一些新的内容，如全球化和国际化将推动世界一流大学构建以多元文化主义为基础的人才培养理念和模式，全球化和国际化将对社会科学领域的研究造成冲击，全球化和国际化将进一步提升世界一流大学在国际事务中的参与度。由此可见，本研究的结果扩充了已有研究的内容并首次聚焦于全球化和国际化对世界一流大学功能未来变化的影响。

三、全球性议题对世界一流大学功能未来变化的影响

1. 全球性议题对三大基本功能未来变化的影响

在谈及全球性议题对世界一流大学功能未来变化的影响时，受访者主要提及了老龄化和少子化、全球气候与环境问题所带来的影响；并且，他们认为可持续发展理念和实践将成为应对全球气候与环境问题的重要一环，也能对世界一

---

① 王改改.克拉克·克尔高等教育国际化思想对"双一流"建设的启示[J].煤炭高等教育,2018,36(4)：21-27.
② 杨启光.高等教育国际化发展的全球化视阈与战略选择[J].北京工业大学学报(社会科学版),2019,19(3)：79-86.

流大学的功能产生影响。

本研究的结果显示,老龄化和少子化主要影响的是世界一流大学的人才培养功能。老龄化和少子化将使世界一流大学:① 探索适应于不同年龄和特征人群的人才培养方法;② 既需要解决老龄化带来的社会问题,也需要对抗因老年群体的增加而带来的民族主义的蔓延,并据此调整教育内容;③ 人才培养的国际化程度(特别是在本科层次)增加,因为本国年轻人口的减少将促使世界一流大学尽可能多地招纳国际学生。第三种情况是日本正在面临的社会现实,面对老龄化和少子化的情况,日本政府和大学试图重建日本在亚洲及世界的领先地位,吸引留学生(尤其是来自亚洲邻国的留学生)已成为日本高等教育的第一要务。[①]

本研究中的受访者们提及的第二个全球性议题是气候与环境问题,他们认为这一问题将影响世界一流大学三大基本功能的未来变化。在此基础上,受访者们提及了可持续发展理念和实践在解决气候与环境问题上的重要性。在本研究中,可持续发展目标已成为大多数世界一流大学的关注点。基于此,在人才培养上,世界一流大学将会:① 开设更多有关全球气候与环境问题和可持续发展的学位项目和课程;② 更重视跨学科的人才培养方法,在各类项目及课程中加入与可持续发展、环境保护有关的内容。在科学研究上,这将导致世界一流大学科学研究内容的变化,即气候和环境问题、可持续发展将逐渐成为科研活动的关注重点。与此同时,全球科研合作愈发重要。在社会服务上,世界一流大学需要做出更多社会贡献,对政府决策产生更大影响;基于其全球合作网络和一流的科研能力,世界一流大学将逐渐成为制定可持续发展战略的主力军。这一研究结果得到了已有研究的支持,季玲和陈士平指出,气候变化、能源和环境问题是 21 世纪具有时代标志意义的议题;由于大学在通过人才培养、科学研究和制度实践的创新来帮助实现可持续发展、应对全球气候变化和环境污染问题方面具有得天独厚的优势,因此,大学也责无旁贷地成为应对气候与环境挑战的领导者。[②] 事实上,世界一流大学在应对气候与环境问题上有着天然优势(充足的资源、高水平的人才和广泛的全球合作网络等)。因此,世界一流

① 米泽彰纯.日本高等教育面对老龄化社会的挑战[C]//范笑仙,周国平.改革·质量·责任:高等教育现代化:高等教育现代化——2013 年高等教育国际论坛论文集.北京:中国人事出版社,2013:53-53.
② 季玲,陈士平.美国高等教育可持续性运动的实践与特征[J].外国教育研究,2011,38(8):52-57.

大学将在制定可持续发展战略和为政府提供有关可持续发展的政策建议中发挥领导作用。

2. 全球性议题对特有功能/特殊使命未来变化的影响

本研究的结果显示，全球性议题除对三大基本功能产生影响外，也影响了世界一流大学的特有功能/特殊使命。受访者们认为，全球性议题，甚至是重大危机和冲突将会凸显世界一流大学特有功能/特殊使命的重要性并不断丰富其内涵。具体而言，在作为全球（研究型大学）榜样上，世界一流大学需要开展实证研究以守护真理和捍卫事实；在服务全球共同利益上，世界一流大学需要对全球问题的出现追根溯源，开展相应的研究，以对未来可能出现的新问题进行预测并提供预防和解决方案。由此可见，世界一流大学本身具备的全球性在应对全球性议题的过程中将得到进一步强化。

总的来说，虽没有研究直接涉及全球性议题对世界一流大学功能产生的影响，但少数已有研究仍对本研究的结果起到了支撑作用。与此同时，本研究的结果揭示了一些新的内容，如全球气候与环境问题要求世界一流大学在人才培养过程中开设更多有关气候与环境问题和可持续发展的学位项目和课程，更重视跨学科的人才培养方法等；在社会服务上，世界一流大学将逐渐成为制定可持续发展战略的主力军。与此同时，面对全球性议题带来的影响，世界一流大学的特有功能/特殊使命将被不断强化且其内涵也会更加丰富。由此可见，本研究的结果扩充了已有研究的内容并首次聚焦于全球性议题对世界一流大学功能未来变化的影响。

四、逆全球化和民族主义对世界一流大学功能未来变化的影响

在高等教育国际化不断发展的同时，世界范围内的全球化正遭遇逆流，民族主义正在抬头。本研究的结果显示，较之于前三个因素，逆全球化和民族主义对世界一流大学功能未来变化的影响程度较小。在人才培养方面，主要体现在：① 损害世界一流大学师生国际流动；② 损害世界一流大学在人才培养中对保持多样性和多元文化的承诺。在科学研究上，主要体现在：① 为国际科研合作与交流带来困难；② 造成海外优秀人才的流失（特别是在美国和英国），损害世界一流大学的科研能力；③ 可能导致形成封闭、保守的科研环境；④ 可能导致世界一流大学的科学研究成为国家军备竞赛的武器，损害全球共同利益的实现。在

社会服务上,逆全球化和民族主义将会削弱世界一流大学的国际角色。在这一轮新的"反全球化"背景下,错综复杂的全球化发展将不可避免地为国际化的高等教育带来新的挑战,让本研究前面讨论的全球化背景下高等教育可能存在的风险凸显出来。譬如,在体现高等教育国际化最为典型的学生国际流动上,澳大利亚、南非和俄罗斯等国对高等教育国际化的怀疑正在增加,他们担心国际学生流动会影响本国学生的学习和就业机会,因而对外国学生表现出排外或歧视并要求实行本国学生优先政策。① 在阿特巴赫和德·威特(de Wit)看来,受各种社会趋势和政府政策的影响,国际学生流动性可能不会大幅减弱,但其增长率在未来几年可能会明显放缓,特别是在签证政策收紧、留学氛围不太友好的美国和英国。② 例如,美国《门户开放 2018》(Open Doors 2018)报告显示,尽管在 2017 至 2018 学年,美国留学生总人数创下了 109 万的新高,但与 2016 至 2017 学年相比,留学生人数增速变缓(2017 至 2018 学年为 1.3%,2016 至 2017 学年为 3.4%)。事实上,自 2014 至 2015 学年以来,美国留学生人数增速逐年下降,从 2014 至 2015 学年 10%的下降至 2017 至 2018 学年的 1.3%。③

正如第六章所述,大学(无论是否是世界一流大学)的建立与发展,都带有国家历史与文化痕迹。即便是全球范围内顶尖的研究型大学也不可能脱离本土需求和特征。新制度理论认为,理解高等教育体系之间差异的关键是民族国家形式和战略的差异。也就是说,不同的国家形式和政治文化塑造了各国的世界一流大学。④ 因此,世界一流大学难免受到国家政治文化的影响,如果一国抵制全球化、支持民族主义,那么,体现在世界一流大学的社会服务功能上就是其国际角色被削弱,大学可能会更倾向于迎合民族主义而非积极参与国际合作以解决人类面临的共同问题。但是,杨万东等学者认为,逆全球化力量主要来自美国和

① VAN DER WENDE M C. How do globalisation forces affect higher education systems?. University World News[EB/OL]. (2017 - 06 - 23)[2019 - 06 - 16]. https://www.universityworldnews.com/post.php?story=20170620114312877.
② ALTBACH P, DE WIT H. (2017). Revolutions ahead in international student mobility[EB/OL]. (2017 - 04 - 07)[2019 - 07 - 13]. https://www.universityworldnews.com/post.php?story=2017040412022639.
③ Institute of International Education. Open Doors 2018[EB/OL]. (2018 - 11 - 13)[2019 - 10 - 24]. https://www.iie.org/Research-and-Insights/Publications/Open-Doors-2018.
④ MARGINSON S. Nation-states, educational traditions and the WCU project[M]//SHIN J C, KEHM B M. Institutionalization of world-class university in global competition. Dordrecht, Heidelberg, New York, London: Springer, 2013, 59 - 77.

欧洲,但逆全球化趋势难以持久,其影响因素是多方面的,待其能量耗尽而终结,世界终会回归全球化轨道。[①] 同时,本研究的受访者指出,应对逆全球化和民族主义的关键在于构建多元文化主义和增强师生国际学术流动,以此增进各国的相互了解、构建互信互利的关系。因此,推动世界一流大学之间的跨国合作与交流将成为缓解逆全球化浪潮的一剂良药。

总的来说,虽没有研究直接涉及逆全球化和民族主义对世界一流大学功能产生的影响,但少数间接相关研究和官方数据支持了本研究的结果。与此同时,本研究揭示了一些新的内容,如逆全球化和民族主义可能会损害世界一流大学在人才培养中对保持多样性和多元文化的承诺;可能会损害世界一流大学科学研究的能力;可能会削弱世界一流大学的国际角色等。但总的来说,逆全球化趋势难以持久,全球化趋势不可逆转。世界一流大学应该坚守多元文化主义和自身的全球定位,通过发挥其各项功能,努力成为缓解逆全球化和民族主义的主要行动者。由此可见,本研究的结果扩充了已有研究的内容并首次聚焦于逆全球化和民族主义对世界一流大学功能未来变化的影响。

五、渐增的全球合作对世界一流大学功能未来变化的影响

在充满着新科技、数字化和信息化气息的知识经济时代,地球逐渐变成扁平的世界,全球化与国际化不断加深,国际社会的竞争与合作不可避免。正如在上文中提到的那样,在各国的相互竞争中,逆全球化和民族主义也正在抬头。在这样的背景下,不断增加的全球合作既是对抗逆全球化与民族主义的策略,也是全球化和国际化背景下的必然趋势。

本研究的结果显示,渐增的全球合作主要影响的是世界一流大学的特有功能/特殊使命,渐增的全球合作将进一步强化世界一流大学的特有功能/特殊使命,特别是世界一流大学服务全球共同利益,具体体现在世界一流大学通过全球合作构建和巩固全球学术共同体、平衡民族主义与世界主义。受访者们认为,不断增加的全球合作有助于增强大学与大学之间、国家与国家之间的互信,促使世界一流大学保持开放的心态参与全球合作,构建和巩固全球学术共同体,进而服务全球共同利益。这既是世界一流大学特有功能/特殊使命的体现,也是世界一

---

①　杨万东,张蓓,方行明.逆全球化的历史演进与可能走向[J].上海经济研究,2019,(1):99-112.

流大学所具备的世界主义精神的体现。吴立保和高凡认为,世界一流大学的世界主义精神一方面是出于知识的不可分割性而具有同质性,另一方面则是文化的体现;世界一流大学追寻超越民族国家、关涉全球伦理以及全人类都应该遵守的某些基本的价值规范和道德准则。① 因此,世界一流大学要走向"全球参与"(global engagement),通过全球合作构建和巩固全球学术共同体、关注人类面临的共同挑战,彰显自己的全球定位与全球影响,努力促进人类和平发展并重构人类发展的美好关系。

通过上述分析可以发现,世界一流大学的世界主义精神与"人类命运共同体"理念相得益彰,超越了民族国家和民族主义意识形态,强调以人类整体为中心,代表着人类社会发展的最高利益和最终目标。这同时也体现了世界一流大学在平衡民族主义与世界主义上的重要作用。无论是渐增的全球合作,还是国家间的相互竞争与反全球化情绪都敦促世界一流大学在平衡民族主义与世界主义上承担更多责任。这正体现了范·德·文德所强调的世界一流大学的包容性,即无论身处何处,世界一流大学都应该是激发各国在学术、经济、文化和政治之间形成新网络的最佳场所;世界一流大学要在各个方面接受多样性,通过全球合作,促进文化认同与相互理解,从而服务全球共同利益。②

总的来说,虽没有研究直接涉及渐增的全球合作对世界一流大学功能带来的影响,但已有的少数相关研究仍对本研究的结果起到了解释和支撑作用。与此同时,本研究的结果再次强调了世界一流大学的特有功能/特殊使命在全球化背景下的重要性。通过全球合作,世界一流大学将承担起构建和巩固全球学术共同体、平衡民族主义与世界主义的责任。由此可见,本研究的结果扩充了已有研究的内容并首次聚焦于渐增的全球合作对世界一流大学功能未来变化的影响。

本 章 小 结

基于访谈和问卷结果,本研究发现世界一流大学三大基本功能的未来趋势

① 吴立保,高凡.我国一流大学建设的异化与纠偏——鉴于西方学者的反思及其启示[J].教育发展研究,2018,38(Z1):13-21.
② VAN DER WENDE M C. World-class universities' contribution to an open society: Chinese universities on a mission? [M]//WU Y, WANG Q, LIU N C. World-class universities: Towards a global common good and seeking national and institutional contributions. Rotterdam: Brill Sense Publishers, 2019: 189-214.

将呈现为：基本功能的内涵将会不断丰富，在功能的发挥上会呈现多元化趋势并在某些方面进一步体现其国家/地区特色。具体而言，在人才培养上，世界一流大学将会：① 采用更多元化的教学和学习方式；② 为学生提供更多与时俱进的教育内容；③ 越来越重视跨学科的人才培养模式；④ 持续培养学生终身学习的能力；⑤ 为学生提供关怀型教育。在科学研究上，世界一流大学将更加重视跨学科和跨行业的科学研究模式，开展更多国际合作研究；与此同时，科学研究的方法将发生改变，科学研究的社会导向性将更加明显。在社会服务上，世界一流大学社会服务的内容将逐渐增多，世界一流大学将承担起越来越多的社会责任。此外，世界一流大学的社会服务功能将更紧密地与人才培养和科学研究功能相结合。

世界一流大学特有功能/特殊使命的未来趋势将呈现为：特有功能/特殊使命的内涵将更加丰富，特有功能/特殊使命将随着未来社会的发展而被不断强化。世界一流大学服务全球共同利益将会越来越受到重视，具体体现在世界一流大学构建和巩固全球学术共同体、平衡民族主义与世界主义、预测和指导未来之上。同时，世界一流大学作为全球（研究型大学）榜样的作用也会进一步凸显，主要体现在世界一流大学通过开展实证研究以守护真理和捍卫事实之上。尽管在本研究中有少数受访者认为世界一流大学未来可能会产生的新的特有功能/特殊使命，但由于提及人数过少且缺乏来自受访者的详细解释，因此，本研究无法预测世界一流大学在未来是否会产生新的特有功能/特殊使命。

影响世界一流大学功能未来变化的因素是多元化的，包括：① 新科技/智能化/数字化；② 全球化和国际化；③ 全球性议题；④ 逆全球化和民族主义；⑤ 渐增的全球合作。其中，前三个因素是最主要的影响因素，各主要影响因素还包含了一系列具体的影响因素，如新科技/智能化/数字化包含了人工智能和大数据等。其中，① 新科技/智能化/数字化；② 全球化和国际化；③ 全球性议题；④ 逆全球化和民族主义主要影响的是世界一流大学三大基本功能的未来变化；① 新科技/智能化/数字化；② 全球性议题；③ 渐增的全球合作影响的是世界一流大学特有功能/特殊使命的未来变化。

总的来说，本章既关注结构功能主义视角下整体（社会）与部分（世界一流大学）的关系，也关注外部社会/环境对世界一大学功能的影响。作为（国家/全球层面）社会整体的一个组成部分，世界一流大学的功能应与社会相互和谐发展与适应,从而维持整个社会的稳定并推动其发展。与此同时,当外部社会/环境(如全球化和国际化)对世界一流大学功能提出新的要求时,其功能的变化也将促进世界一流大学内部结构的调整(如设立新的部门)。也就是说,世界一流大学所处的社会环境影响着其功能的性质、水平、范围、大小;与此同时,世界一流大学的功能又不断调整和改变不相适应的大学内部结构。就此而言,功能的变化推动大学结构的多样化和复杂化,大学功能的新内涵需要大学结构的新变革。因此,对世界一流大学功能未来变化的分析有助于解释大学结构变化并把握世界一流大学未来的变革方向。在世界一流大学与外部社会/环境的互动过程中,外部社会/环境总能给世界一流大学带来机会和压力,适应外部社会/环境既意味着世界一流大学必须面对环境的压力和影响,同时也意味着世界一流大学可以"先发制人",主动地作用于外部社会/环境。因此,作为社会的知识中心,世界一流大学不仅要适应社会发展,也要承担起引导社会发展、造福于人的使命。

主要参考文献

ALTBACH P, SALMI J. The road to academic excellence: Emerging research universities in developing and transition countries[M]. Washington, DC.: The World Bank, 2011: 3.

AOUN J E. Robot-proof: Higher education in the age of artificial intelligence[M]. Cambridge MA: MIT Press, 2017: xii-xiii, xix-xvii, 14, 37.

BOYER E L. Scholarship reconsidered: Priorities of the professoriate[M]. San Francisco, CA: Jossey-Bass, 1990: 45.

CLARK B R. Places of inquiry: Research and advanced education in modern universities[M]. Berkeley: University of California Press, 1995: 193.

DUDERSTADT J J. A university for the 21st century[M]. Ann Arbor: University of Michigan Press, 2009: 57, 73, 272.

FLEXNER A. Universities: American, English, German[M]. Transaction Publishers, 1994: 312.

KERR C. The uses of the university[M]. Cambridge: Harvard University Press, 1982: 1 - 5.

LEE J. Creating world-class universities: Implications for developing countries[J]. Prospects, 2013, 43(2): 233 - 249.

MARGINSON S. Global cooperation and national competition in the world-class university sector[M]//WU Y, WANG Q, LIU N C. World-class universities: Towards a global common good and seeking national and institutional contributions. Rotterdam: Brill Sense Publishers, 2019, 13 - 53.

PARSONS T, PLATT G M. The American university[M]. Cambridge, Mass.: Harvard University Press, 1973: 11 - 13, 33, 91 - 92, 105 - 111.

SCOTT J C. The mission of the university: Medieval to postmodern transformations[J]. The Journal of Higher Education, 2006, 77(1): 1 - 39.

SHIN J C, KEHM B M. Institutionalization of world-class university in global competition [M]. Dordrecht, Heidelberg, New York, London: Springer, 2013: 17 - 18, 24, 208 - 209, 282.

WANG Q, CHENG Y, LIU N C. Building world-class universities: Different approaches to a shared goal[M]. Rotterdam：Brill Sense Publishers，2013：1-12.

顾建民，刘爱生.世界一流大学的价值追求[J].教育发展研究,2011,(17)：54-57.

刘宝存.大学理念的传统与变革[M].北京：教育科学出版社,2004：233-234.

马万华.全球化,全球参与和世界一流大学建设应关注的问题[J].华中师范大学学报：人文社
　　会科学版,2014,53(2)：148-158.

任燕红.大学功能的整体性及其重建[D].重庆：西南大学,2012：1,6,37-38,39-41,60,65,
　　95,96,97.

王英杰,刘宝存.世界一流大学的形成与发展[M].太原：山西教育出版社,2008：370,
　　374-375.

赵文华.高等教育系统论[M].桂林：广西师范大学出版社,2001：113-115,146.

朱国仁.高等学校职能论[M].哈尔滨：黑龙江教育出版社,1999：40-43.

附录 1
文献资料法样本院校名单

世界一流大学组

学校名称(中文)	学校名称(英文)	所在地	缩写
剑桥大学	University of Cambridge	英国	UCAM
加州大学伯克利分校	University of California, Berkeley	美国	UCB
牛津大学	University of Oxford	英国	UOX
加州大学洛杉矶分校	University of California, Los Angeles	美国	UCLA
华盛顿大学	University of Washington	美国	UWASH
加州大学圣地亚哥分校	University of California, San Diego	美国	UCSD
伦敦大学学院	University College London	英国	UCL
苏黎世联邦理工学院	Swiss Federal Institute of Technology Zurich	瑞士	ETH
东京大学	The University of Tokyo	日本	UTOK
多伦多大学	University of Toronto	加拿大	UTORO
帝国理工学院	Imperial College London	英国	ICL
密西根大学安娜堡分校	University of Michigan-Ann Arbor	美国	UMANN
威斯康星大学麦迪逊分校	University of Wisconsin-Madison	美国	UWMAD
北卡罗来纳大学教堂山分校	University of North Carolina at Chapel Hill	美国	UNCCH
爱丁堡大学	The University of Edinburgh	英国	UOE
曼彻斯特大学	The University of Manchester	英国	UOMAN

（续表）

学校名称(中文)	学校名称(英文)	所在地	缩写
京都大学	Kyoto University	日本	KYOU
索邦大学	Sorbonne University	法国	SORBU
墨尔本大学	The University of Melbourne	澳大利亚	UMEL
得克萨斯大学奥斯汀分校	The University of Texas at Austin	美国	UOTAS
伊利诺伊大学香槟分校	University of Illinois at Urbana-Champaign	美国	UIUC
英属哥伦比亚大学	University of British Columbia	加拿大	UBC
清华大学	Tsinghua University	中国	QHU
慕尼黑工业大学	Technical University Munich TUM	德国	TUM
慕尼黑大学	University of Munich LMU	德国	LMU
苏黎世大学	University of Zurich	瑞士	UZUR
昆士兰大学	The University of Queensland	澳大利亚	UQUES
伦敦大学国王学院	King's College London	英国	KCL
北京大学	Peking University	中国	BJU
悉尼大学	University of Sydney	澳大利亚	USYD
澳大利亚国立大学	The Australian National University	澳大利亚	ANU
麦吉尔大学	McGill University	加拿大	MCGU
普渡大学西拉法叶校区	Purdue University-West Lafayette	美国	PUDU
宾夕法尼亚州立大学帕克分校	Pennsylvania State University-University Park	美国	PENSU
布里斯托大学	University of Bristol	英国	BRISU
乔治亚理工学院	Georgia Institute of Technology	美国	GIT
瑞士洛桑联邦理工学院	Swiss Federal Institute of Technology Lausanne	瑞士	EPFL
新加坡国立大学	National University of Singapore	新加坡	NUSIG
鲁汶大学	KU Leuven	比利时	KULU
莫纳什大学	Monash University	澳大利亚	MONSU

（续表）

学校名称（中文）	学校名称（英文）	所在地	缩写
俄亥俄州立大学哥伦布分校	The Ohio State University-Columbus	美国	OSUC
南洋理工大学	Nanyang Technological University	新加坡	NTU
加州大学戴维斯分校	University of California, Davis	美国	UCD

一般研究型大学组

学校名称（中文）	学校名称（英文）	所在地	缩写
科罗拉多州立大学	Colorado State University	美国	COSU
迪肯大学	Deakin University	澳大利亚	DEAKU
佛罗里达州立大学	Florida State University	美国	FLOSU
爱荷华州立大学	Iowa State University	美国	IOSU
詹姆斯库克大学	James Cook University	澳大利亚	JASCU
拉瓦尔大学	Laval University	加拿大	LAVU
麦考瑞大学	Macquarie University	澳大利亚	MACU
马斯特里赫特大学	Maastricht University	荷兰	MATU
纽卡斯尔大学	Newcastle University	英国	NECAU
昆士兰科技大学	Queensland University of Technology	澳大利亚	QUOT
罗马大学	Sapienza University of Rome	意大利	SAUR
波尔多大学	University of Bordeaux	法国	UBORD
科罗拉多大学丹佛分校	University of Colorado at Denver	美国	UOCDE
特拉华大学	University of Delaware	美国	UODELA
伊利诺伊大学芝加哥分校	University of Illinois at Chicago	美国	UOIC
因斯布鲁克大学	University of Innsbruck	奥地利	UOINN
堪萨斯大学	University of Kansas	美国	UOKAN
比萨大学	University of Pisa	意大利	UPISA
田纳西大学诺克斯维尔分校	University of Tennessee-Knoxville	美国	UTENN

（续表）

学校名称(中文)	学校名称(英文)	所在地	缩写
塔斯马尼亚大学	University of Tasmania	澳大利亚	UTASM
金山大学	University of the Witwatersrand	南非	UOWI
筑波大学	University of Tsukuba	日本	UTSUK
卧龙岗大学	University of Wollongong	英国	UWOLL
达尔豪西大学	Dalhousie University	加拿大	DALU
格里菲斯大学	Griffith University	澳大利亚	GRIFU
拉筹伯大学	La Trobe University	澳大利亚	LATU
南开大学	Nankai University	中国	NKU
皇家墨尔本理工大学	RMIT University	澳大利亚	RMIT
西蒙弗雷泽大学	Simon Fraser University	加拿大	SFU
纽约州立大学石溪分校	Stony Brook University	美国	SBU
斯威本科技大学	Swinburne University of Technology	澳大利亚	SWINU
邓迪大学	The University of Dundee	英国	UDUND
新墨西哥大学	The University of New Mexico-Albuquerque	美国	UNMXA
得克萨斯大学达拉斯分校	The University of Texas at Dallas	美国	UOTDA
同济大学	Tongji University	中国	TJU
乔治亚大学	The University of Georgia	美国	UOGEO
纽约州立大学布法罗分校	University at Buffalo, the State University of New York	美国	NYUBUF
波尔图大学	University of Porto	葡萄牙	UOPO
华盛顿州立大学	Washington State University	美国	WSU
布鲁内尔大学	Brunel University	英国	BRU

附录 2
受访者详细情况及代号（N＝74）

组　　别	国家/地区	代号	职位/头衔	性别	所属领域/部门
世界一流大学（WCUs）	中国	WCL1	校领导/教授	女	/
		WCL2	校领导/教授	男	/
		WCD1	院长/教授	男	机械工程
		WCD2	副院长/教授	男	历史学
		WCD3	副院长/教授	女	经济学/管理学
		WCD4	主任	女	发展规划部门
		WCD5	院长/教授	男	高等教育
		WCD6	院长/教授	女	高等教育
		WCD7	副所长/副教授	男	高等教育
		WCD8	主任/教授	女	双一流建设部门
		WCD9	副院长/教授	男	高等教育
		WCP1	学者/副教授	女	高等教育
		WCP2	学者/副教授	男	高等教育
		WCP3	学者/教授	男	经济学
	美国	WUL1	校领导/教授	男	/
		WUL2	校领导	男	/
		WUD1	主任	女	国际交流部门
		WUD2	副院长	男	公共政策/教育学
		WUD3	副院长/教授	女	医学
		WUD4	主任/教授	男	教育政策部门

（续表）

组 别	国家/地区	代号	职位/头衔	性别	所属领域/部门
世界一流大学（WCUs）	美国	WUP1	学者	男	高等教育
		WUP2	学者	男	高等教育
		WUP3	学者/教授	男	地理
		WUP4	学者/副教授	男	高等教育
	欧洲	WEL1	校领导/教授	男	/
		WEL2	校领导/教授	男	/
		WED1	院长/教授	男	经济学/管理学
		WED2	院长/教授	男	心理学
		WED3	副院长/教授	男	医学
		WED4	主任	女	研究生院
		WED5	院长/教授	男	教育学/心理学
		WED6	主任	男	高等教育
		WEP1	学者/教授	女	高等教育
		WEP2	学者	男	心理学
		WEP3	学者/教授	男	高等教育
		WEP4	学者/教授	女	高等教育
一般研究型大学（RUs）	中国	RCL1	校领导/教授	男	/
		RCL2	校领导/教授	男	/
		RCD1	院长/教授	男	历史学
		RCD2	副院长/教授	男	经济学
		RCD3	院长/教授	男	机械工程
		RCP1	学者/教授	男	高等教育
		RCP2	学者/教授	男	高等教育
	美国	RUL1	校领导	男	/
		RUL2	校领导/教授	男	/
		RUD1	主任/教授	女	高等教育
		RUP1	学者/教授	男	高等教育
		RUP2	学者/副教授	男	高等教育

（续表）

组　　别	国家/地区	代号	职位/头衔	性别	所属领域/部门
一般研究型大学（RUs）	欧洲	REL1	校领导/教授	男	/
		REL2	校领导/教授	男	/
		REL3	校领导/教授	男	/
		REL4	校领导/教授	男	/
		RED1	院长/教授	男	经济学/教育学
		RED2	主任	男	国际交流部门
		RED3	主任/教授	女	心理学/教育学
		RED4	主任/教授	女	高等教育
		REP1	学者/教授	男	机械工程
		REP2	学者/教授	男	高等教育
		REP3	学者/副教授	女	心理学/教育学
		REP4	学者/教授	男	高等教育
国际(学术)专家	全球	EXP1	政府官员/教授	男	/
		EXP2	政府官员	男	/
		EXP3	政府官员	男	/
		EXP4	政府官员	男	/
		EXP5	副院长/教授	男	高等教育
		EXP6	学者/教授	男	高等教育
		EXP7	校领导/教授	男	高等教育
		EXP8	学者/教授	女	高等教育
		EXP9	学者/教授	男	高等教育
		EXP10	教育组织负责人	女	教育评估组织
		EXP11	国际组织负责人	男	教育评估组织
		EXP12	学者	男	教育学/经济学
		EXP13	学者/教授	男	高等教育
		EXP14	主任	女	发展规划部门

　　注：受访者代号中的每个字母代表不同的含义。除国际(学术)专家统一用"EXP(expert)"加数字代表外，其他受访者代号中第一个字母表明受访者所属组别：世界一流大学(W)，一般研究型大学(R)；第二个字母表示受访者所属国家和地区：中国(C)，美国(U)，欧洲(E)；第三个字母表示其职位/头衔：校领导(L)、院长/主任(D)、学者(P)。例如，WCP3表示受访者来自世界一流大学(W)，来自中国(C)，是一位学者(P)，是所有来自中国一流大学受访学者中的第三位(3)。

附录 3
中、英文访谈知情同意书

知 情 同 意 书

项目名称：世界一流大学的功能研究

项目时间：2016.4～2020.9

  感谢您参与本项研究，研究者将为您介绍本研究项目，如果您对本研究有任何问题，请您在决定是否参与之前咨询研究人员。您将收到本同意书的副本，以便随时查看。如果您愿意参与本研究，请您填写以下两部分内容并签名。

第一部分：基本信息

<table>
<tr><td></td><td>是</td><td>否</td></tr>
<tr><td>1. 我已了解该研究项目的内容；</td><td>☐</td><td>☐</td></tr>
<tr><td>2. 我同意参与访谈；</td><td>☐</td><td>☐</td></tr>
<tr><td>3. 我同意对访谈进行录音；</td><td>☐</td><td>☐</td></tr>
<tr><td>4. 我所在机构的名称不会出现在与本研究相关的出版物及报告中；</td><td>☐</td><td>☐</td></tr>
<tr><td>5. 我知道我可以随时退出该项目；如果我选择退出，我所提供的任何数据将不会被使用；</td><td>☐</td><td>☐</td></tr>
<tr><td>6. 我知道匿名数据将在未来的研究中与团队成员共享；</td><td>☐</td><td>☐</td></tr>
<tr><td>7. 我知道研究结果将在学术和政策文章中发表、在会议上展示。</td><td>☐</td><td>☐</td></tr>
</table>

第二部分：匿名性（请选择其中任意一项）

☐ 我不希望自己的个人信息出现在任何与该项目有关的出版物中，我希望尽可能保持我的匿名性。

☐ 我同意被直接引用并将其标识为我的观点，我不需要查看自己的访谈录音转录文本。

☐ 我同意被直接引用并将其标识为我的观点，在此之前我需要查阅自己的访谈录音转录文本。

注：您可以在访谈过程中随时更改以上选项。

受访者签名：　　　　　　　　　　日期：

研究人员签名：　　　　　　　　　日期：

A Study on the mission and roles of world-class universities
Duration of the project：April 2016 - September 2020

Consent Form

Thank you for considering taking part in this research. The person organising the research must explain the project to you before you agree to take part. If you have any questions arising from the Information Sheet or explanation already given to you, please ask the researcher before you decide whether to join in. You will be given a copy of this Consent Form to keep and refer to at any time. If you are happy to participate, please complete **all three sections** and sign this consent form.

Section 1 — General

	Yes	No
1. I have read and understood the information sheet about the research.	☐	☐
2. I agree to be interviewed.	☐	☐
3. I am happy for my interview to be audio-recorded.	☐	☐

4. I understand that my name and the name of my institution will not ☐ ☐
   be used in publications and presentations arising from this research.
5. I understand that I can withdraw from the project at any time up ☐ ☐
   to the point of the writing up of the research findings, and that if
   I choose to do this, any data I have contributed will not be used.
6. I understand that anonymised data may be shared among researchers ☐ ☐
   for further research.
7. I understand that research results will be published in academic ☐ ☐
   and policy papers, presented at conferences and made available
   to the public.

Section 2 — Anonymity — Please choose ONE of the following three options:

☐ I do not want to be identified in any publication arising from this project
   and require that every care is taken to preserve my anonymity.

☐ I agree to be quoted directly and identified as author of my words. I do
   not wish to review the transcript from my interview.

☐ I agree to be quoted directly and identified as author of my words provided
   that the transcript of my quotations is made available to me for review
   prior to publication

Note: You can change your mind at any point during the interview

Section 3 — Signature

This research will be carried out under the responsibility of Shanghai Jiao Tong
University, with the support of Utrecht University, and in full respect of the
Netherlands Code of Conduct for Research Integrity that will guarantee
confidentiality and data security.

Interviewee's name _____   Researcher's name _____
Signed _____   Signed _____
Date _____   Date _____

附录 4
中、英文访谈提纲

世界一流大学的功能研究（中文访谈提纲）

1. 研究型大学具有**人才培养、科学研究和社会服务**三大功能，您认可这一观点吗？ 如不认可，您有什么看法呢？

2. 世界一流大学[①]与一般研究型大学在**人才培养**功能上有何不同？ 在内容、形式、程度和质量上各有什么不同？

3. 世界一流大学与一般研究型大学在**科学研究**功能上有何不同？ 在内容、形式、程度和质量上各有什么不同？

4. 世界一流大学与一般研究型大学在**社会服务**功能上有何不同？ 在内容、形式、程度和质量上各有什么不同？

5. 除人才培养、科学研究和社会服务功能外，您认为世界一流大学是否具有**特有功能**？ 如有，有哪些特有功能呢？（如服务全球共同利益[global common good]、全球研究型大学榜样功能[role model]、软实力功能、精神引领功能等）

6. 在不同国家和地区（中国、美国、欧洲），世界一流大学在发挥其功能上有何不同？[②]

7. **中国一流大学**是否具备与其他国家的世界一流大学所不同的特有功能？

8. 未来（2030 年）的世界一流大学在**三大功能**上有新的变化吗？

---

① 世界一流大学指的是三大排名（ARWU，QS，THE）中前 100 位且自称为世界一流大学的公立大学，如英国牛津大学（the University of Oxford）；一般研究型大学指的是三大排名中前 200 位以后且从未自称为世界一流大学的公立大学，如美国华盛顿州立大学（Washington State University）。

② 世界一流大学是否在不同国家或不同地区中发挥着不同的功能呢？ 中国、美国和欧洲一流大学在发挥其特有功能上有差异吗？ 这些差异是受到了哪些因素的影响呢？

9. 未来(2030 年)的世界一流大学有**新的特有功能**吗？

10. 导致未来世界一流大学**人才培养**功能发生变化的因素有哪些？（如慕课、大数据、人工智能、全球化、国际化、少子化、民族主义[nationalism]等）

11. 导致未来世界一流大学**科学研究**功能发生变化的因素有哪些？（如开放存取、大数据、民族主义、区域化、全球化、国际化等）

12. 导致未来世界一流大学**社会服务**功能发生变化的因素有哪些？（如社交媒体、大数据、国际化、民族主义、逆全球化等）

13. 导致未来世界一流大学产生**新的特有功能**的因素有哪些？（如全球化、国际化、国际政策等）

A Study on the Functions of World-Class Universities

Interviews will aim to gain insights into the following topics
(Interview outline-English version)

1. Research universities have three basic functions, that is, **education, scientific research and social service.** Do you agree with this idea, if not, what is your opinion?

2. What are the differences between WCUs and other research universities[①] in the function of **education** (in terms of content, level, form, quality and quantity)?

3. What are the differences between WCUs and other research universities in the function of **scientific research** (in terms of content, level, form, quality and quantity)?

4. What are the differences between WCUs and other research universities in the function of **social service** (in terms of content, level, form, quality and quantity)?

5. In addition to education, scientific research and social service mission and

---

① WCUs refer to universities ranked among the top-100 list in ARWU, QS and THE, which also declare themselves as "world-class", other research universities refer to universities which are not ranked among the top 200 list in the above-mentioned three rankings and never declare themselves as "world-class".

roles, do you think that WCUs have other **special functions**? If so, what are the special functions? [e. g., serving global common goods, global role model (for research universities), soft power function, etc.]

6. How (do) WCUs function differently in different countries and regions① and why?

7. Do China's WCUs have **unique functions** when compared with other WCUs?

8. Are the **three basic functions** of WCUs subject to **new changes** in the future (in 2030)?

9. Do you think the WCUs will have **new special functions** in the future (in 2030)?

10. What factors would bring new changes on WCUs' function of **education** in the future? (e. g., MOOCs, big data, AI, globalization, internationalization, low birth rate, nationalism ...)

11. What factors would bring new changes on WCUs' function of **scientific research** in the future? (e. g., open access, big data, regionalization, globalization, internationalization, nationalism ...)

12. What factors would bring new changes on WCUs' function of **social service** in the future? (e. g., social networks, big data, internationalization, anti-globalization ...)

13. What factors would help to generate **new special functions** of WCUs in the future?

---

① Do universities function differently in China, the US and Europe? Do they play different roles in different countries and regions? Or are their functions affected by different tradition and culture (i. e. the Chinese civilizational tradition, the Anglo-American tradition, the Nordic tradition and the Western European tradition)?

附录 5
问卷发放院校名单(N=112)

学校名称(中文)	学校名称(英文)	国家
剑桥大学	University of Cambridge	英国
加州大学伯克利分校	University of California, Berkeley	美国
牛津大学	University of Oxford	英国
加州大学洛杉矶分校	University of California, Los Angeles	美国
华盛顿大学	University of Washington	美国
加州大学圣地亚哥分校	University of California, San Diego	美国
伦敦大学学院	University College London	英国
苏黎世联邦理工学院	Swiss Federal Institute of Technology Zurich	瑞士
东京大学	The University of Tokyo	日本
多伦多大学	University of Toronto	加拿大
帝国理工学院	Imperial College London	英国
密西根大学安娜堡分校	University of Michigan-Ann Arbor	美国
威斯康星大学麦迪逊分校	University of Wisconsin-Madison	美国
北卡罗来纳大学教堂山分校	University of North Carolina at Chapel Hill	美国
爱丁堡大学	The University of Edinburgh	英国
曼彻斯特大学	The University of Manchester	英国
京都大学	Kyoto University	日本
索邦大学	Sorbonne University	法国

（续表）

学校名称(中文)	学校名称(英文)	国家
墨尔本大学	The University of Melbourne	澳大利亚
得克萨斯大学奥斯汀分校	The University of Texas at Austin	美国
伊利诺伊大学香槟分校	University of Illinois at Urbana-Champaign	美国
不列颠哥伦比亚大学	University of British Columbia	加拿大
清华大学	Tsinghua University	中国
慕尼黑工业大学	Technical University Munich	德国
慕尼黑大学	University of Munich	德国
苏黎世大学	University of Zurich	瑞士
昆士兰大学	The University of Queensland	澳大利亚
伦敦大学国王学院	King's College London	英国
北京大学	Peking University	中国
悉尼大学	University of Sydney	澳大利亚
澳大利亚国立大学	The Australian National University	澳大利亚
麦吉尔大学	McGill University	加拿大
普渡大学西拉法叶校区	Purdue University-West Lafayette	美国
宾夕法尼亚州立大学帕克分校	Pennsylvania State University-University Park	美国
布里斯托大学	University of Bristol	英国
乔治亚理工学院	Georgia Institute of Technology	美国
瑞士洛桑联邦理工学院	Swiss Federal Institute of Technology Lausanne	瑞士
新加坡国立大学	National University of Singapore	新加坡
鲁汶大学	KU Leuven	比利时
莫纳什大学	Monash University	澳大利亚
俄亥俄州立大学哥伦布分校	The Ohio State University-Columbus	美国
南洋理工大学	Nanyang Technological University	新加坡
加州大学戴维斯分校	University of California, Davis	美国

（续表）

学校名称(中文)	学校名称(英文)	国家
奥胡斯大学	Aarhus University	丹麦
香港中文大学	Chinese University of Hong Kong	中国
香港城市大学	City University of Hong Kong	中国
代尔夫特理工大学	Delft University of Technology	荷兰
杜伦大学	Durham University	英国
巴黎综合理工大学	Ecole Polytechnique	法国
埃因霍温理工大学	Eindhoven University of Technology	荷兰
鹿特丹伊拉斯谟大学	Erasmus University Rotterdam	荷兰
复旦大学	Fudan University	中国
根特大学	Ghent University	比利时
海德堡大学	Heidelberg University	德国
柏林洪堡大学	Humboldt University of Berlin	德国
卡罗林斯卡学院	Karolinska Institute	瑞典
莱顿大学	Leiden University	荷兰
伦敦政治经济学院	London School of Economics and Political Science	英国
隆德大学	Lund University	瑞典
麦克马斯特大学	McMaster University	加拿大
密西根州立大学	Michigan State University	美国
莫斯科国立大学	Moscow State University	俄罗斯
名古屋大学	Nagoya University	日本
大阪大学	Osaka University	日本
巴黎文理研究大学	Paris Sciences et Lettres-PSL Research University Paris	法国
亚琛工业大学	RWTH Aachen University	德国
首尔国立大学	Seoul National University	韩国
上海交通大学	Shanghai Jiao Tong University	中国

（续表）

学校名称（中文）	学校名称（英文）	国家
斯德哥尔摩大学	Stockholm University	瑞典
以色列理工学院	Technion-Israel Institute of Technology	以色列
耶路撒冷希伯来大学	The Hebrew University of Jerusalem	以色列
香港科技大学	The Hong Kong University of Science and Technology	中国
奥克兰大学	The University of Auckland	新西兰
新南威尔士大学	The University of New South Wales	澳大利亚
诺丁汉大学	The University of Nottingham	英国
谢菲尔德大学	The University of Sheffield	英国
华威大学	The University of Warwick	英国
西澳大学	The University of Western Australia	澳大利亚
东北大学	Tohoku University	日本
东京工业大学	Tokyo Institute of Technology	日本
马来西亚大学	University of Malaya	马来西亚
阿姆斯特丹大学	University of Amsterdam	荷兰
巴塞尔大学	University of Basel	瑞士
伯明翰大学	University of Birmingham	英国
加州大学欧文分校	University of California, Irvine	美国
加州大学旧金山分校	University of California, San Francisco	美国
加州大学圣塔芭芭拉分校	University of California, Santa Barbara	美国
科罗拉多大学博尔德分校	University of Colorado at Boulder	美国
哥本哈根大学	University of Copenhagen	丹麦
佛罗里达大学	University of Florida	美国
弗莱堡大学	University of Freiburg	德国
日内瓦大学	University of Geneva	瑞士
格拉斯哥大学	University of Glasgow	英国

(续表)

学校名称(中文)	学校名称(英文)	国家
哥廷根大学	University of Goettingen	德国
格罗宁根大学	University of Groningen	荷兰
赫尔辛基大学	University of Helsinki	芬兰
香港大学	University of Hong Kong	中国
利兹大学	University of Leeds	英国
马里兰大学帕克分校	University of Maryland, College Park	美国
明尼苏达大学双城分校	University of Minnesota, Twin Cities	美国
蒙特利尔大学	University of Montreal	加拿大
奥斯陆大学	University of Oslo	挪威
巴黎南大学(巴黎 11 大)	University of Paris-Sud (Paris 11)	法国
匹兹堡大学	University of Pittsburgh, Pittsburgh Campus	美国
中国科学技术大学	University of Science and Technology of China	中国
南安普敦大学	University of Southampton	英国
圣安德鲁斯大学	University of St Andrews	英国
图宾根大学	University of Tübingen	德国
乌普萨拉大学	Uppsala University	瑞典
乌得勒支大学	Utrecht University	荷兰
瓦赫宁根大学	Wageningen University & Research	荷兰
浙江大学	Zhejiang University	中国

附录 6
中、英文问卷

世界一流大学的功能研究(中文问卷)

1. 研究型大学有三大基本功能,即人才培养、科学研究和社会服务。您认可这一观点吗?

   ○ 认可

   ○ 比较认可

   ○ 不认可

   ○ 不确定

2. 世界一流大学与一般研究型大学在人才培养功能上有何差异?(多选题)

   □ 人才培养质量

   □ 人才培养的层次及类型

   □ 人才培养的方法

   □ 人才培养的内容

   □ 人才培养的资源(参与者、经费等)

   □ 人才培养的理念、文化和氛围

   其他:_____

3. 世界一流大学与一般研究型大学在科学研究功能上有何差异?(多选题)

   □ 科学研究的质量

   □ 科学研究的规模和层次

   □ 科学研究的方法

   □ 科学研究的内容和类型(本土/国家/全球视角;基础/应用研究)

    ☐ 科学研究的资源(经费、科研人员等)

    ☐ 科学研究的理念、文化和氛围

    其他:＿＿＿＿＿＿＿＿＿＿＿

4. 世界一流大学与一般研究型大学在社会服务功能上有何差异?(多选题)

    ☐ 社会服务的质量

    ☐ 社会服务的内容和类型

    ☐ 社会服务的范围(城市/国内区域/国家/全球)

    ☐ 社会服务的资源(参与者、经费等)

    其他:＿＿＿＿＿＿＿＿＿＿＿

5. 除上述提及的三大基本功能外(人才培养、科学研究和社会服务),您认为世界一流大学还有哪些特有功能?(多选题)

    ☐ 服务全球共同利益

    ☐ 全球(研究型大学)榜样

    ☐ 服务国家软实力

    其他:＿＿＿＿＿＿＿＿＿＿＿

6. 在不同国家和地区,世界一流大学在发挥其功能上有所不同吗?

    ○ 认可

    ○ 比较认可

    ○ 不认可

    ○ 不确定

7. 与其他国家和地区的世界一流大学相比,中国一流大学有其特有的功能吗?

    ○ 认可

    ○ 比较认可

    ○ 不认可

    ○ 不确定

8. 您认为世界一流大学的三大基本功能在未来(2030年)会发生新的变化吗?

    ○ 认可

    ○ 比较认可

    ○ 不认可

    ○ 不确定

9. **您认为世界一流大学在未来（2030 年）会有新的特有功能吗？**

　　○ 认可

　　○ 比较认可

　　○ 不认可

　　○ 不确定

10. **您认为以下哪些因素会导致世界一流大学的人才培养功能在未来发生变化？（多选题）**

　　□ 新科技/智能化/数字化（如在线学习、人工智能等）

　　□ 全球化和国际化

　　□ 全球性议题（如少子化、老龄化等）

　　□ 逆全球化和民族主义

　　其他：＿＿＿＿＿＿＿＿＿＿＿＿

11. **您认为以下哪些因素会导致世界一流大学的科学研究功能在未来发生变化？（多选题）**

　　□ 开放存取（open access）和开放科学（open science）

　　□ 大数据

　　□ 人工智能

　　□ 全球性议题（如气候变化、全球性政策和倡议等）

　　□ 全球化和国际化

　　□ 逆全球化和民族主义

　　其他：＿＿＿＿＿＿＿＿＿＿＿＿

12. **您认为以下哪些因素会导致世界一流大学的社会服务功能在未来发生变化？（多选题）**

　　□ 新科技/智能化/数字化（如社交媒体/网络、人工智能、大数据等）

　　□ 全球化和国际化

　　□ 全球性议题（如气候变化、全球性政策和倡议等）

　　□ 逆全球化和民族主义

　　其他：＿＿＿＿＿＿＿＿＿＿＿＿

13. **您就职的院校/单位名称：＿＿＿＿＿＿＿＿＿＿＿＿**

14. 您的职务:

　　○(正/副)校长　　　　　○ 政策制定者　　　　　○ 国际(学术)专家

A Study on the Mission and Roles of World-Class Universities (WCUs)

(Questionnaire-English version)

1. **Research universities have a particular mission and three basic roles, that is, education, scientific research and social service. Do you agree with this idea?**

   ○ Yes

   ○ To some extent

   ○ No

   ○ Not sure

2. **What are the differences between WCUs and other research universities in the mission and role of education? (multiple answers)**

   □ The quality of education

   □ The aim/purpose of education (related to the types/levels of talents cultivated by universities)

   □ The pedagogy of education

   □ The content of education

   □ The resources of education (participants, funding, etc.)

   □ The idea, culture and atmosphere of education

   Other _____

3. **What are the differences between WCUs and other research universities in the mission and role of research? (multiple answers)**

   □ The quality of research

   □ The size and level of research

   □ The method and approach of research

   □ The focus, content and type of research (local/global/international; basic/applied)

□ The resources of research (participants, funding, etc.)

□ The idea, culture and atmosphere of research

Other _____

4. What are the differences between WCUs and regional research universities in the mission and role of service? (multiple answers)

□ The quality of service

□ The focus, content and type of service

□ The scope of service (local, national, regional and global society)

□ The resources of service (participants, funding, etc.)

Other _____

5. In addition to education, research and service, do you think that WCUs have other special mission and roles? (multiple answers)

□ Serving the global community to provide global common goods

□ Global role model (for research universities, whole society, etc.)

□ Serving the national soft power

Other _____

6. Do you think WCUs function differently in different countries and regions?

○ Yes

○ To some extent

○ No

○ Not sure

7. Do China's WCUs have unique mission and roles when compared with other WCUs?

○ Yes

○ To some extent

○ No

○ Not sure

8. Are the mission and three basic roles of WCUs subject to new changes in the future (in 2030)?

○ Yes

○ To some extent

○ No

○ Not sure

9. **Do you think the WCUs will have new special mission and roles in the future (in 2030)?**

   ○ Yes

   ○ To some extent

   ○ No

   ○ Not sure

10. **What factors would bring new changes on WCUs' mission and role of education in the future? (multiple answers)**

   □ New technologies, intelligentization and digitalization (e.g., digital online learning, AI ...)

   □ Globalization and internationalization

   □ Global issues (low birth rate, aging population)

   □ Nationalism and anti-globalization

   Other _____

11. **What factors would bring new changes on WCUs' mission and role of research in the future? (multiple answers)**

   □ Open access and open science

   □ Big data

   □ Artificial intelligence

   □ Global issues (e.g., climate change, policies with international relevance)

   □ globalization and internationalization

   □ Nationalism and anti-globalization

   Other _____

12. **What factors would bring new changes on WCUs' mission and role of service in the future? (multiple answers)**

   □ New technologies, intelligentization and digitalization (e. g., social medium/networks AI, big data ...)

□ Globalization and internationalization

□ Global issues (e.g., climate change, policies with international relevance)

□ Nationalism and anti-globalization

Other _____

The name of your institution: _____

Your role:

○ (Vice) President

○ (Vice) Chancellor

○ (Vice) Rector

○ (Vice) Provost

○ Policy advisor

○ International (academic) expert

附录 7
有关人才培养功能的编码情况

世界一流大学组

符码(按来源文件数量降序排列)	编码点参考数	来源文件数
提供一流的教育/学习体验	30	27
多元化/包容性/支持性的校园文化氛围	27	23
一流的师资	23	20
科研与教学相融合/科研推动教学	22	18
培育全球/未来领袖	22	18
广泛的国际合作与交流	19	16
提倡教育公平	18	13
拥有最优秀的学生	16	13
科技融入教学	18	12
学生来自世界各地	12	12
多样化的学生群体	12	11
跨学科的培养模式	13	10
培养全球问题解决者	11	10
培养学生具备适应未来社会发展的技能	14	10
自由开放、提倡创新的学术氛围	12	10
培育全球公民	10	9
培养下一代的世界一流学者	11	9

(续表)

符码（按来源文件数量降序排列）	编码点参考数	来源文件数
创新性教学方法	12	8
培养学生的批判性思维	10	8
培养学生终身学习的能力	10	7
培养学生的创新精神	14	7
丰富的学科门类	8	7
培养学生的全球视野和跨文化交际能力	11	7
有关人才培养的战略、举措和政策	7	7
学习不止局限于校园之中	7	6
确保学生在就业上的成功（满足本国劳动力市场需求）	7	6
通识教育与专业教育并重	6	6
培养学生的数字化技能	5	5
服务型学习	8	4
全球教育卓越/全球教育中心	6	4
以学生为中心的教学法	4	4
一流的教育设施	4	3
培养大量高水平专业人才	3	3
开设灵活的学位项目	4	2
寓学于工（work-based learning）	2	2
培养多语言的国际人才	2	2
培养学生的社会责任	3	2
提供优质的本科教育	3	2
支持创新、创业的校园文化	2	1

注：“来源文件数＝1”表示有 1 所大学在任一文件中提及该参考点。43 所世界一流大学共有 43 份文档（四类官方文件文本都放入同一文档中）。

一般研究型大学组

符码(按来源文件数量降序排列)	编码点参考数	来源文件数
多元化/包容性/支持性的校园文化氛围	26	17
提倡教育公平	22	16
培养学生的就业技能(满足未来社会、本国劳动力市场的需求)	18	13
优良的师资	15	12
提供高质量的学术项目	14	12
提供良好的/启发性的教育体验	14	12
寓学于工	13	12
增加学生流动/国际交流/国际合作	14	10
培养学生终身学习的能力	10	10
多样化的师生群体	12	9
专注于特定领域的人才培养项目/培养某一领域专业人才	11	8
培养 21 世纪全面发展的人才	8	8
跨学科的培养模式	11	8
培养问题解决者	10	8
培养具备创新精神的创业人才	10	8
增加远程学习渠道	9	8
基于科研的教学/科研推动的教学	6	6
培养学生的批判性思维	6	6
提升研究生教育质量	6	6
创新性教学法	5	5
培养全球/未来领袖	8	5
培养全球公民	7	5
自由开放的学术氛围	6	4
本土国际化	5	4
服务型学习	4	4

(续表)

符码（按来源文件数量降序排列）	编码点参考数	来源文件数
科技融入教学	4	4
培养所在城市的领袖	4	4
培养学生的全球视野	4	4
支持创新、创业的校园文化	5	3
有关人才培养的战略、举措和政策	4	3
学生为中心的教学法	2	2
城市/国家层面的教育卓越	2	2
丰富的学科门类	2	2
培养有关怀精神的人才	1	1

注："来源文件数＝1"表示有1所大学在任一文件中提及该参考点。40所一般研究型大学共有40份文档（四类官方文件文本都放入同一文档中）。

附录8
有关科学研究功能的编码情况

世界一流大学组

符码(按来源文件数量降序排列)	编码点参考数	来源文件数
增进人类知识/变革性的知识创造	31	27
跨学科科研合作	25	22
最高的国际标准/最高水平的科学研究/全球科研卓越	25	21
广泛的国际合作	20	17
一流的科研人员	18	14
解决全球性问题/人类社会面临的最严峻挑战	17	15
包容/开放/自由的环境	14	12
跨文化和多元化氛围	10	11
新技术的创造者	10	10
相关战略、政策和计划等	12	9
开展尖端研究	9	8
解决(国家/国内区域/城市)问题	10	8
基础研究为重	9	8
大量的资金投入	9	7
全球科研中心	7	7
广泛的跨领域合作基础	8	6
新技术提升科研效率	8	5
合作性创新	4	4

(续表)

符码(按来源文件数量降序排列)	编码点参考数	来源文件数
全球创新中心	5	4
关注/解决医学问题	5	4
开创性的科研精神	4	4
开展变革性的科研活动	3	3
创新性的科研方法	3	3
开展应用研究	3	3
提倡开放科学	6	2
一流的科研设施	3	2

注:"来源文件数＝1"表示有1所大学在任一文件中提及该参考点。43所世界一流大学共有43份文档(四类官方文件文本都放入同一文档中)。

一般研究型大学组

符码(按来源文件数量降序排列)	编码点参考数	来源文件数
解决(国家/国内区域/城市)问题	28	20
专注于特定领域的研究	20	18
渐增的国际合作研究	20	18
跨学科科研合作	18	15
部分学科领域的科研水平达世界一流	20	12
多元化/包容性的科研文化	11	11
解决某些领域的重大问题	8	8
高质量的科研	8	8
良好的社会合作基础	8	7
与本国/所在区域大学合作	8	7
应用研究为主	10	7
世界领先的研究/全球科研卓越	10	6
推动科研商业化	9	5
解决全球问题	5	4

（续表）

符码（按来源文件数量降序排列）	编码点参考数	来源文件数
相关战略、政策和计划等	5	4
高水平的科研人员	4	4
渐增的科研投入	4	4
变革性的知识创造	5	3
关注某些领域的基础研究	3	3
国家层面的科研卓越	3	3
优化中的科研基础设施	4	2
促进知识转化	2	2

注："来源文件数＝1"表示有 1 所大学在任一文件中提及该参考点。40 所一般研究型大学共有 40 份文档（四类官方文件文本都放入同一文档中）。

附录 9
有关社会服务功能的编码情况

世界一流大学组

符码(按来源文件数量降序排列)	编码点参考数	来源文件数
服务全球	36	29
服务国家	24	21
推动国家经济发展	15	13
服务(国内)区域	21	17
(城市/国内/全球)医疗服务	18	13
广泛的社会参与/合作	13	11
应对全球(最严峻的)挑战	16	10
全球校友网络	12	10
校友服务	10	9
服务于可持续发展	12	9
造福人类/提升人类生活水平	10	8
参与国际合作解决全球问题	10	8
广泛参与(国际)公共事务	9	8
赠地大学传统	10	7
相关政策、项目及专项拨款	9	7
为城市公众提供继续教育机会	6	6
志愿者活动	6	5
社会服务的全球影响力	8	4

（续表）

符码（按来源文件数量降序排列）	编码点参考数	来源文件数
高质量校园资源对外共享	6	4
服务城市	4	3
服务弱势群体	7	2
高水平/高质量的社会服务	3	2
科技推动社会服务	4	2
贡献于未来社会的发展	2	2

　　注："来源文件数＝1"表示有1所大学在任一文件中提及该参考点。43所世界一流大学共有43份文档（四类官方文件文本都放入同一文档中）。

一般研究型大学组

符码（按来源文件数量降序排列）	编码点参考数	来源文件数
服务城市/（国内）区域经济发展	31	22
广泛的社会参与/合作	29	20
服务城市	28	20
服务（国内）区域	20	14
广泛参与城市公共事务	9	8
（在某些领域）服务全球	8	7
服务国家	7	7
服务于可持续发展	6	6
提升所在城市人民生活水平	10	6
解决（城市/国内）医疗健康问题	6	5
校友服务	8	5
解决全球问题	5	5
赠地大学传统	7	4
通过国际合作/联系开展服务	5	4
推动社会公平	4	4
为当地公众提供继续教育/在线学习机会	5	4

(续表)

符码(按来源文件数量降序排列)	编码点参考数	来源文件数
校园资源共享	4	4
解决城市/国家的严峻问题	5	4
构建服务与参与的校园文化	5	4
创业精神助推城市经济发展	4	3
志愿者活动	3	2
高质量的社会服务	2	2
服务弱势群体	2	2
兼顾城市和乡村需求	1	1

注:"来源文件数=1"表示有1所大学在任一文件中提及该参考点。40所一般研究型大学共有40份文档(四类官方文件文本都放入同一文档中)。

缩略语清单

［1］WCU：世界一流大学
［2］RU：一般研究型大学
［3］QS：QS 世界大学排名
［4］THE：泰晤士高等教育世界大学排名
［5］ARWU：世界大学学术排名
［6］UNESCO：联合国教科文组织
［7］OECD：经济合作与发展组织
［8］MOOCs：大规模在线开放课程
［9］AI：人工智能
［10］Big data：大数据
［11］Open access：开放存取
［12］Open science：开放科学
［13］STEM：科学、技术、工程与数学四门学科
［14］AGIL：Adaptation 适应；Goal：目标达成；Integration：整合；Latent pattern maintenance：
　　　模式维持

索　引